고1고2
수능국어
비문학독본

1

인문 100선

사람과 문화, 차와 말이 오가던 인류의 옛길처럼… 차마고도茶馬古道
이 책을 꿰고 다듬은 차마고도茶馬古道는 청소년을 위한 학습 및 교양콘텐츠 개발 베이스캠프다. ≪수능국어 어휘력향상 수련장≫≪중1중2 비문학독해 100≫≪중3고1 비문학독해 100≫≪고1고2 수능국어 비문학독본 1 인문 100선≫≪고1고2 수능국어 비문학독본 2 사회 100선≫≪고1고2 수능국어 비문학독본 3 과학기술 100선≫≪대입논술 기출문제 주제별 대계≫≪하루10분 생각의 발견 마음의 탄생 1, 2, 3≫≪논술구술 교양사전≫을 비롯한 여러 학습서를 출간하였다.

고1고2 수능국어 비문학독본 1 인문 100선

초판 1쇄 발행   2023년 7월 30일

편저자   차마고도
펴낸이   박동선

펴낸곳   푸른청
등록   제 2019-000006호.
주소   경기도 고양시 일산동구 장백로 13, 702호
전화   (031)918-4792
팩스   (031)921-4792

ISBN 979-11-966626-3-9 (53700)

값 18,000원

고1고2
수능국어
비문학독본

1

인문 100선

青
푸른청

고1고2 수능국어 비문학독본〈전3권〉을 펴내며…

비문학을 잡아야 수능을 잡는다

대학 입시에서 비문학이 차지하는 지위는 거의 절대적이다. 이는 문제 파악 능력이 관건인 수능의 속성 때문이기도 하지만, 근본적으로 한 사람의 사고 수준이 그의 언어 능력에 의해 결정되는 탓이다. 또 비문학은 점수 비중도 크려니와, 다루는 제재가 인문, 사회, 과학, 기술, 예술 등 학문과 삶의 다양한 영역을 포괄하기에 대입 수능의 다른 탐구 영역은 물론 대학별 논구술 시험에서 호환할 수 있는 에너지가 무척 크다. 대입 준비의 시작 단계에서 우선적으로 비문학 독해능력 신장에 눈을 돌려야 하는 까닭이 바로 여기에 있다.

비문학 독해의 핵심은 테크닉이 아닌 내용의 파악과 이해

수능 국어 영역에서 비문학을 통해 측정하고자 하는 것은 주어진 글을 읽고 잘 이해할 수 있는지, 글 속에 담긴 정보를 제대로 처리할 수 있는지와 관련된다. 독해의 열쇠는 문항의 패턴에 대한 기술적 이해보다는 제시문의 내용을 제대로 파악하고 이해하는 능력이다. 따라서 문제풀이를 위한 기술의 습득도 중요하겠지만, 그보다는 각각의 주제를 접하는 '눈'의 확립과 이해력 함양이 선행되어야 할 것이다.

본격적인 실전대비 문제풀이에 앞서 거쳐야 할 제시문 장악 훈련

이 책은 고1 고2 예비 수험생들을 위한 비문학 수련장이다. 본격적인 실전대비 문제풀이 과정에 앞서 다양한 제시문들에 친숙해지고, 제시문을 장악하는 힘을 튼튼히 다지자는 취지로 마련하였다. 비교적 접근이 용이한 글감들로 내용을 구성하였으며, 독해의 기본 원리인 추론적, 비판적, 창의적 이해의 바탕이 되는 글에 대한 '사실적 이해'를 특히 중심에 놓고 확인 문제들을 배치하였다. 글에 대한 일차적인 이해력 신장에 초점이 맞춰져 있는 셈이다.

비문학 공부는 삶과 세상의 이치를 탐구해 나가는 커다란 기획

많은 글을 읽고, 글의 중심 내용을 찾아가는 꾸준한 연습은 독해력을 향상시킬 뿐만 아니라, 독해 속도도 빠르게 해 준다. 그런데 이러한 물리적 성취만큼이나 중요한 것이 있다. 독해 훈련의 과정이 곧 다방면의 지식 습득을 통해 세상에 대한 인식의 지평을 넓히고, 사물과 현상의 본질을 꿰뚫어 볼 수 있는 '눈'의 확립 과정이라는 점이다. 비문학 공부의 과정은 어떤 자세로 임하느냐에 따라 '세상살이에 대한 경이로운 눈뜸의 길', '보다 성숙한 삶을 향해 열려 있는 길'이 될 수도 있다. 따라서 비문학을 하나의 '입시과목'이기 이전에 '진지하게 우리의 삶과 세상의 이치를 탐구해 나가는 하나의 커다란 기획'으로 대하는 대승적 관점이 필요하다 할 것이다.

비문학, 계통을 세우고 세부 영역별로 공략하라

[고1고2 수능국어 비문학독본](전3권)은 독해 훈련이 체계적으로 이루어질 수 있도록 [인문], [사회], [과학 · 기술]의 3대 분야를 각각 10개의 세부 영역으로 분류 편성하여 주제영역별 출제 경향과 맥락을 한눈에 파악할 수 있도록 하였다. 1994학년도 원년 수능부터 최근 수능까지 수백 회 넘게 치러진 대학수학능력시험, 평가원 모의수능, 전국연합학력평가, 학업성취도평가의 비문학 부문 기출문제들 가운데 해당 주제 영역을 일괄하여 이해하는 데 도움이 되는 제시문들을 엄선하여 수록하였다. 확인문제에 대한 해설은 기본적으로 시험을 주관했던 각 기관이 발표한 해설자료들에 기초하였다.

아직 충분한 준비가 되어 있지 않은 수험생들에겐 많은 분량의 텍스트를 검토한다는 것이 힘에 겨울 수도 있을 것이다. 그러나 이 책은 효율성이 매우 높은 교재라 자부한다. 국어 영역 비문학(독서) 실전 경험을 충실히 쌓는 것은 물론 올바른 독해 방법과 비판적 · 창의적 사고를 닦는데 친절한 길잡이가 될 수 있을 것이다. 아무쪼록 보다 나은 글읽기 능력을 갖추고, 한걸음 더 나가 세상에 대한 폭넓은 지식과 따뜻한 이성, 그리고 자기 운명의 진정한 주인이 되기 위해 필요한 소양을 쌓는 데 이 책이 기여할 수 있기를 희망한다.

사람과 문화, 차와 말이 오가던 인류의 옛길처럼

차마고도茶馬古道 대표 박만경

1장_ 역사

2장_ 철학일반

3장_ 서양철학1

4장_ 서양철학2

5장_ 동양철학

6장_ 윤리학

9장_ 예술

10장_ 기타

1장

역사

　역사란 무엇인가 하는 대단히 어려운 물음에 아주 쉽게 답한다면, 그것은 인간 사회의 지난날에 일어난 사실들 자체를 가리키기도 하고, 또 그 사실들에 관해 적어 놓은 기록들을 가리키기도 한다고 흔히 말할 수 있다. 그러나 지난날 인간 사회에서 일어난 사실이 모두 역사가 되는 것은 아니다. 쉬운 예를 들면, 김 총각과 박 처녀가 결혼한 사실은 역사가 될 수 없고, 한글 창제의 사실, 임진왜란이 일어난 사실 등은 역사가 되는 것이다.

　이렇게 보면 사소한 일, 일상적으로 반복되는 일은 역사가 될 수 없고, 거대한 사실, 한 번만 일어나는 사실만이 역사가 될 것 같지만 반드시 그런 것도 아니다. 고려 시대의 경우를 보면, 주기적으로 일어나는 자연 현상인 일식과 월식은 하늘이 인간 세계의 부조리를 경고하는 것이라 생각했기 때문에 역사가 되었으면서도 세계에서 가장 먼저 발명된 금속 활자는 목판본이나 목활자 인쇄술이 금속 활자로 넘어가는 중요성이 인식되지 않았기 때문에 그것은 역사가 될 수 없었다. 따라서 역사라는 것은 지난날의 인간 사회에서 일어난 사실 중에서 누군가에 의해 중요한 일이라고 여겨 뽑혀진 것이라 할 수 있다.

　'지난날의 인간 사회에서 일어난 수많은 사실들 중에서 누군가에 의해 기록해 둘 만한 중요한 일이라고 여겨 기록된 것이 역사다' 하고 생각해 보면, 여기에 몇 가지 되씹어 봐야 할 문제가 있다. 첫째는 '기록해 둘 만한 중요한 사실이란 무엇을 말하는 것인가' 하는 문제이고, 둘째는 '과거에 일어난 일들 중에서 기록해 둘 만한 중요한 사실을 가려내는 사람의 생각과 처지'의 문제이다. 여기서 '무엇이 기록해 둘 만한 중요한 문제인가, 기록해 둘 만하다는 기준이 무엇인가'에 대해서는 후세 사람들에게 어떤 참고가 될 만한 일이고, '참고가 될 만한 일과 될 만하지 않은 일을 가려내는 일'은 사람에 따라 다를 수 있으며 또 시대에 따라 다를 수 있다고 말할 수 있겠다.

　그러면 역사의 의미는 달라지는가? 앞에서 역사로 남는 것은 후세에까지 중요하고 참고될 만한 것으로 남을 사실, 뜻이 점점 높아지고 확대되는 사실이 역사로 기록되는 것이라 했지만, 또 경우에 따라서는 뜻이 높아지고 확대될 뿐만 아니라 ㉠전혀 다른 뜻으로 해석되는 역사도 많다. 일제 식민지 시기까지 계속 동학란으로 불리다가 해방 이후 동학 혁명으로 불린 1894년 전봉준 등의 행동이 그 단적인 예이다. 상감청자의 경우도 마찬가지이다. 상감청자의 제작법을 누가 언제 처음으로 만들었는지도 잘 모르고 있다가, 근대 사회로 넘어온 후에는 우수성과 독창성이 세계적으로 알려지면서 고려 시대에 상감청자가 만들어졌다는 사실은 이제 가장 중요한 역사적인 사실 가운데 하나로 남게 되었다.

　그런 점에서 '역사는 변한다.'는 말은 누구도 부인할 수 없는 진리라고 생각되고 있다. 그렇다면 이 '역사가 변해 가는 방향이 어느 쪽인가?', '인간의 역사는 결국 어느 곳으로 향해 가고 있는가?' 하는 문제에 대한 이해 없이 역사 자체를 올바르게 보기는 어렵다. 이 물음에 대해 수천 년에 걸친 인간의 역사를 분석해 온 역사학은 역사의 변화에 일정한 방향이 있다고 말하고 있다. 그 방향은 크게 말해서 인간이 정치적인 속박을 벗어나는 길, 경제적인 불평등을 극복하는 길, 사회적인 불평들을 해소하는 길, 사상의 자유를 넓혀가는 길이라 말하고 있다. 역사를 어떻게 볼 것인가. 우리들 자신이 하고 있는 일, 주변에서 일어나고 있는 일들이 이러한 방향으로 나아가는 데 궁극적으로 합치되고 있는가 그렇지 못한가를 분간할 수 있어야 한다. 그것이 역사를 보는 직접적인, 그러면서도 쉬운 방법의 하나라 할 수 있다.

1

위 글을 통해 알 수 있는 내용이 아닌 것은?

① 역사는 고정되어 있지 않으며 끊임없이 일정한 방향으로 발전한다.

② 역사가는 정확한 사실의 규명이 아니라 그 의미를 제대로 살려야 한다.

③ 역사 기록물은 사실을 보는 역사가들의 생각과 처지에 따라서도 달랐다.

④ 역사가가 다룬 사건은 한 시대의 가치관에 따라 중요하다고 선택된 것들이다.

⑤ 역사가는 역사의 일반적인 흐름을 짚어 현실을 설명하고 미래를 예견하는 사람이다.

2

㉠의 이유로 가장 적절한 것은?

① 새로운 자료가 발굴되었기 때문에

② 객관적이 판단이 불가능하기 때문에

③ 실제보다는 명분에 치우쳐 있기 때문에

④ 다루어진 사실의 중요성이 떨어지기 때문에

⑤ 시대와 상황에 따라 평가가 달라지기 때문에

(가) '역사적 사실'은 과거에 일어난 개체적 사건 그 자체를 의미하기도 하고, 역사가에 의해 주관적으로 파악된 과거의 사실만을 의미하기도 한다. 역사가의 역사 연구 태도는 이러한 '역사적 사실'에 대한 두 가지의 개념 중 무엇을 강조하느냐에 따라 달라진다.

(나) 랑케는 역사적 사실을 '신(神)의 손가락'에 의해 만들어진 자연계의 사물과 동일시했다. 그는 각 시대나 과거의 개체적 사실들은 그 자체로 완결된 고유의 가치를 지녔으며, 이는 시간의 흐름을 초월해 존재한다고 믿었다. 그래서 역사가가 그것을 마음대로 해석하는 것은 신성한 역사를 오염시키는 것이라 여기고, 과거의 역사적 사실을 있는 그대로 기술하는 것이 역사가의 몫이라고 주장했다. 이를 위해 역사가는 사료에 대한 철저한 고증과 확인을 통해 역사를 인식해야 하며, 목적을 앞세워 역사를 왜곡하지 말아야 한다고 보았다.

(다) 이에 반해 드로이젠은 역사적 사실이란 어디까지나 역사가의 주관적 인식에 의해 학문적으로 구성된 사실이라는 점을 강조했다. 그래서 그는 역사를 단순히 과거 사건들의 집합으로 보지 않았으며, 역사가의 임무는 과거 사건들을 이해하고 해석하여 하나의 지식 형태로 구성하는 것이라고 보았다. 그리고 객관적 사실을 파악하기 위한 사료 고증만으로는 과거에 대한 부분적이고 불확실한 설명을 찾아낼 수 있을 뿐이라고 했다.

(라) 하지만 드로이젠이 역사가의 주관적 인식을 강조했다고 하더라도, 역사가가 임의로 과거의 사실을 이해하고 해석한다고 본 것은 아니다. 그는 역사가가 과거의 개체적 사실들 가운데 일부를 역사적 사실로 인식하는 과정에서, 역사가의 주관이 개입하기 이전에 결정적으로 작용하는 '범주*로서의 역사'가 있다고 보았다. 즉 범주로서의 역사라고 하는 것이 역사가의 역사인식을 선험적으로 규정한다고 본 것이다. 이때, 역사인식의 범주를 형성하는 것은 '인륜적 세계'이다. 인간은 태초부터 주어진 자연의 세계보다는 인간의 의지와 행위에 의해 만들어진 인륜적 세계에 살고 있다. 따라서 역사는 이와 같은 인륜적 세계 속에서 일어나며 또한 그것과의 연관 속에서만 파악될 수 있다는 것이다.

(마) 요컨대 드로이젠은 랑케의 객관적 역사인식과 달리 역사인식의 주관성을 주장하면서도, 선험적으로 주어진 인륜적 세계가 역사가의 역사인식과 해석을 결정한다고 보았다. 따라서 그의 주관주의적 역사인식론은 결코 상대주의로 나아가지 않았다.

*범주: 사물의 개념을 분류할 때 그 이상 일반화할 수 없는 가장 보편적이고 기본적인 최고의 유개념(類槪念).

1

위 글을 통해 알 수 있는 내용으로 적절하지 않은 것은?

① 랑케는 역사적 사실의 객관적 파악을 강조하였다.

② 랑케는 과거 사건들의 고유한 가치는 변하지 않는다고 보았다.

③ 드로이젠은 인륜적 세계와 자연 세계를 동일한 개념으로 보았다.

④ 드로이젠은 사료 고증만을 중시하는 것에 대해 부정적으로 보았다.

⑤ 드로이젠은 범주로서의 역사가 역사가의 역사인식을 선험적으로 규정한다고 보았다.

2

(나) 단락에 나타난 '랑케'의 관점에서 비판할 수 있는 사례로 가장 적절한 것은?

① 원나라의 문화적 영향을 분석하기 위해 주변 국가의 어휘들을 어휘군별로 분류하였다.

② 고려시대 귀족 문화의 특성을 알아보기 위해 관리들의 장신구와 생활 용품 등을 수집하였다.

③ 고구려, 백제, 신라의 역학 관계를 규명하기 위해 영토 경계를 나타내는 비석의 문구를 채록하였다.

④ 과거에 일시 편입시킨 영토에 대한 지배권 회복을 주장하기 위해 러일전쟁 전후에 체결된 국제 조약 자료를 선별하였다.

⑤ 조선시대 농민 계층의 생활상을 파악하기 위해 임진왜란 전후의 토지 제도 변천 과정을 보여주는 사료를 정리하였다.

기원전 323년 사망한 마케도니아의 왕 알렉산드로스는 역사상 유례없을 정도의 짧은 기간에 대제국을 건설하였다. 그의 과감함과 용맹 그리고 요절은 이미 고대에 그에 대한 여러 전설을 만들어 놓았다. 하지만 그에 대한 자료를 제공하는 고대 저술가들이 모두 그에게 호의적이었던 것은 아니다. 이는 1~2세기에 활동한 세 역사가들의 저술에서 확인할 수 있다.

그 세 역사가인 아리아노스, 플루타르코스, 쿠르티우스 중에서 아리아노스와 플루타르코스는 그를 호의적으로 평가한 편이고, 쿠르티우스는 비판적이었다. 그러나 아리아노스와 플루타르코스 사이에도 약간의 차이는 있다. 아리아노스는 알렉산드로스가 명백하게 잘못한 경우에도 상대방 역시 잘못이 있다고 하여 책임 소재를 분산시킬 만큼 그에 대해 호의적이었다. 하지만 플루타르코스는 알렉산드로스를 영웅으로 그리고 있음에도 불구하고, 비판적인 묘사를 조금씩 삽입하여 반감을 약간씩 내비친다. 한편 쿠르티우스는 알렉산드로스의 천품은 좋으나, 페르시아를 정복하고 나서는 자만과 포악이 겸양을 능가하게 되었다고 비판한다.

이런 세 작가들의 입장 차이는 그들이 속한 역사적 환경과 밀접한 관계가 있다. 이 중 아리아노스와 플루타르코스는 당시 로마의 속주였던 그리스 출신이다. 그러나 전자는 로마 제국의 고위직에 올랐던 반면, 후자는 고향에서 신관으로 일했기에 정치와는 무관했다. 그들은 모두 알렉산드로스가 마케도니아·그리스 연합군을 이끌고, 과거 그리스를 침공했던 페르시아를 정복했다는 면을 중시하였다. 그러나 플루타르코스가 태어난 지역이 과거 마케도니아에 반기를 들었다가 진압 당했던 곳이라는 점을 감안하면 그의 평가에 내재하는 반감을 이해할 수 있다.

한편, 쿠르티우스는 로마의 귀족이고 원로원 의원이었다. 그가 알렉산드로스에 대해 아리아노스와 대조적인 평가를 한 데에는 시대적 배경이 있다. 쿠르티우스가 활동한 1세기는 로마 제정이 막 시작되었을 때였고, 황제는 '제1시민'이라는 호칭을 그대로 사용하며 공화정을 가장하고 있었다. 공화정을 주도했던 원로원이 유명무실해져 가는 상황에서 쿠르티우스는 알렉산드로스가 절대 권력을 행사한 데 대해 비판적 입장을 가질 수밖에 없었다. 그러나 한 세기가 더 지나 아리아노스가 활동할 때가 되면 제정은 확립되었고, 그는 속주 출신이라는 한계 때문에라도 지배자에 대해 충성의 자세를 보여야 했다. 그가 쓴 작품은 결국 황제에게 바치는 충성의 맹세였던 것이다.

1

위 글에 나타난 인물들에 대한 설명으로 옳은 것은?

① 플루타르코스는 태생의 한계를 극복하려는 정치적 의도에서 책을 썼다.

② 아리아노스와 쿠르티우스는 로마 제정 시대에 활동했다는 공통점이 있다.

③ 아리아노스는 로마의 공직자였기에 알렉산드로스의 정복에 대해 위협을 느꼈다.

④ 플루타르코스와 쿠르티우스는 다 같이 로마의 속주 출신이라는 동질감을 지녔다.

⑤ 알렉산드로스는 고대에서 현대에 이르기까지 전설의 소재이자 찬미의 대상이었다.

2

위 글의 글쓴이가 독자에게 전달하고자 하는 핵심 논지로 알맞은 것은?

① 역사가는 당대의 사건에 대해서 판단을 유보한다.

② 역사가는 서술 대상과 거리를 두고 냉엄하게 판단한다.

③ 역사가는 주관적 판단을 배제하기 위해 대상을 철저하게 조사한다.

④ 역사가의 역사 해석은 개인적 가치관과 시대적 환경의 영향을 받는다.

⑤ 역사가의 역사 서술 목적은 교훈을 주고 미래를 대비하게 하는 것이다.

역사학은 객관성을 추구하는 학문이다. 그러나 역사 인식에는 주관의 개입이 불가피하고, 이에 따라 객관성이 위협 받는다는 데에 역사학의 고민이 있다. 이와 관련하여 월쉬(W.Walsh)는 역사학자들 간의 견해 차이를 야기하는 주요한 주관적 요인으로 개인적 편견과 집단적 편견, 역사적 해석에 관한 이론과 세계관을 들고 있다. 이 네 가지 주관적 요인은 편견과 개념적 체계로 단순화 할 수 있다.

편견과 개념적 체계는 모두 역사 인식의 과정에 영향을 미친다. 하지만 그 영향력이 같은 차원에서 작용하는 것일까? 그렇지는 않다. 편견은 어떤 합리적 근거를 가지지 못한 견해이기 때문에 객관적인 진리 획득을 방해하는 심각한 장애물이 된다. 그것은 사실의 인식을 왜곡시킨다. 따라서 역사학이 객관성을 추구하는 한 편견은 배제해야 할 대상인 것이다. 그러나 합리적 근거를 가지고 있는 개념적 체계는 사실의 특정한 측면이 우리에게 드러나도록 한다. 이는 인식의 왜곡이라기보다는 인식의 제한이라고 보는 것이 옳다. 그러므로 편견은 배제되어야 할 것이지만, 개념적 체계는 유지되어야 할 주관적 요인이다.

그러면 개념적 체계는 왜 유지되어야 하는가? 그것은 우리가 전지(全知)한 신(神)의 눈으로 사물을 보는 것이 아니라 특정한 관점에서 사물을 볼 수밖에 없기 때문이다. 그렇다면, 우리가 순수한 백지 상태에서 출발하지 않고 어떤 개념적 체계에서 출발한다 할지라도 인식의 객관성을 확보할 수 있는 근거는 어디에 있는가? 근거 중의 하나는 개념적 체계의 기능을 손전등의 기능과 같이 우리의 관찰을 인도해 줄 뿐 왜곡시키지는 않는 것으로 받아들일 수 있다는 점이고, 다른 하나는 우리가 관찰의 출발점이 되는 개념적 체계에 대해서도 반성과 비판을 가할 수 있다는 점을 꼽을 수 있다.

캄캄한 밤에 어떤 물건을 확인하기 위해 손전등을 비춘다고 가정해 보자. 손전등의 강도나 각도에 따라 같은 사물이라도 우리에게 다르게 보일 것이다. 그렇다고 그것이 사물 그 자체를 왜곡시켰다거나 우리의 인식을 방해했다고 말할 수 있겠는가? 그런 것은 아니다. 손전등의 밝기나 각도에 따라 사물이 다르게 보이는 것은 다만 사물의 다른 측면이나 국면이 드러났다고 할 수밖에 없을 것이다. 우리가 손전등을 끈다면 사물을 더욱 전체적이고 객관적으로 보기는커녕 아무것도 보지 못하게 될 것이다. 개념적 체계를 우리는 바로 이런 손전등에 비유할 수 있는 것이다.

이뿐만 아니라 우리는 인식의 출발점이 되는 개념적 체계에 대해서도 반성과 비판을 가할 수 있다. 이성이란 바로 이런 능력을 가리키는 말이다. 이것은 우리가 개념적 체계에 갇힌 죄수만은 아니라는 것을 의미한다. 물론 우리가 개념적 체계에 의존하지 않고서는 아무 일도 할 수 없다는 의미에서 우리는 죄수일 수 있다. 그렇지만 우리는 특수한 의미에서의 죄수라고 할 수 있다. 왜냐하면 우리가 하려고만 든다면 언제든지 틀을 깨고 나올 수 있을 것이기 때문이다.

1

필자가 설득력을 높이기 위해 택한 글쓰기 전략을 〈보기〉에서 모두 고르면?

〈보기〉

ㄱ. 상반된 이론을 대비하여 독자의 판단을 유도한다.

ㄴ. 친숙한 경험을 끌어들여 핵심적인 개념을 설명한다.

ㄷ. 다양한 사례들을 제시하여 주장의 타당성을 확보한다.

ㄹ. 자문자답의 방법을 써서 자연스럽게 논지를 전개한다.

ㅁ. 화제와 관련된 주요 내용을 요약 정리하며 끝을 맺는다.

① ㄱ, ㄷ   ② ㄴ, ㄹ   ③ ㄱ, ㄴ, ㅁ   ④ ㄱ, ㄹ, ㅁ   ⑤ ㄷ, ㄹ, ㅁ

2

위 글을 통해 필자가 궁극적으로 주장하고자 하는 것은?

① 역사학에 주관이 작용한다는 것을 일반인들에게 널리 알려야 한다.

② 역사학은 개념적 체계가 초래하는 주관의 작용으로부터 벗어나야 한다.

③ 역사학뿐만 아니라 모든 학문이 다 개념적 체계를 지니고 있어야 한다.

④ 역사학은 현재의 관점에서 과거를 바라보는 학문 체계라고 보아야 한다.

⑤ 역사학은 엄격한 개념적 체계를 바탕으로 객관성을 추구해 나가야 한다.

19세기의 역사가 매콜리는 역사학이 이성과 상상력이라는 대립되는 두 지도자의 지배를 번갈아 가며 받고 있기 때문에 진정 위대한 역사가가 되는 일이야말로 성취하기 어려운 이상이라고 설파(說破)하였다. 매콜리의 이러한 언급은 역사학에 내재하는 문학성과 과학성이 조화를 이루기 어렵다는 것을 시사한다.

과학의 시대였던 17세기의 대표적 사상가 데카르트는 역사학에 대해 부정적인 견해를 가지고 있었다. 데카르트의 견해에 따르면, 인간의 기억은 시간이 지날수록 희미해질 수밖에 없으며 역사 서술은 이러한 인간의 기억에 의존하는 것이므로 불확실하다는 것이다. 역사가들 또한 자신의 민족사를 위대하고 영광스러운 것으로 채색하고 과장하려는 속성을 지니고 있으므로 역사 서술의 사실성을 인정할 수 없다는 것이다. 언제 어느 곳에서나 변함이 없는, '명백하고 확실한' 지식을 진리의 기준으로 삼았던 데카르트에게, 특정의 시간과 장소에서 벌어지는 일을 다루는 역사학은 시공(時空)을 초월하는 진리가 될 수 없기 때문에 근거가 의심스러운 학문이었다.

고대 그리스의 위대한 역사가 헤로도토스와 투키디데스에 대한 후대의 평가가 바뀌게 된 과정은 역사 서술에서의 문학성과 과학성의 대립상을 잘 보여 준다. 헤로도토스는 페르시아 전쟁의 원인과 결과에 대해 설명하면서 신화와 전설 같은 요인을 배제하려고 노력했다. 따라서 사람들은 헤로도토스를 흔히 '역사학의 아버지'라고 일컫는다. 그런 한편 헤로도토스에게는 '거짓말쟁이의 아버지'라는 명예롭지 못한 명칭이 붙기도 했다. 이야기체 역사에 재능을 보였던 그의 글에는 여전히 허무맹랑하게 보이는 기록이 많았기 때문이다. 그런 평가를 내리는 사람들은 투키디데스야말로 '과학적 역사학의 아버지'라는 칭호를 받아 마땅하다고 주장한다. 투키디데스는 인간의 본성과 정확한 사료(史料)를 근거로 펠로폰네소스 전쟁을 분석함으로써 역사에서의 일반적 법칙을 세우려고 하였기 때문이다.

투키디데스의 역사 서술 방식은 곧 전범(典範)이 되어 많은 역사가들이 그를 모방하여 역사를 서술했다. 당시의 역사가들은 이러한 역사 서술을 통해 역사학에 대한 대중의 관심을 고조시킬 수 있으리라 생각했지만, 실제로는 반대의 방향으로 상황이 전개되었다. 전쟁의 복잡하고 미묘한 원인을 분석하고 정확하게 서술하는 일은 당시 일반 대중의 의식과는 유리되었기 때문이다. 오늘날에도 그런 일은 벌어지고 있다. 역사에 대한 대중들의 관심이 고조되어 있는 현실에도 불구하고, 역사학을 전공으로 연구하는 학자들을 제외한 다른 사람들이 그러한 대중들의 관심을 충족시켜 주고 있는 기이한 현상이 나타나고 있는 것이다.

역사의 문학성을 강조하는 사람들은 과학성을 지나치게 강조할 경우 역사학 자체가 '지식을 위한 지식'을 추구하는 학문으로 전락할 우려가 있다고 지적한다. 괴테는 '나의 행동의 폭을 넓혀 주거나 직접적으로 생기를 불어넣어 주지 못하면서 단지 지식만 전달하는 모든 것'을 증오한다고 말했다. 숨결과 혈기를 지닌 개인들이 역사를 구성하는 최소의 단위라는 부정할 수 없는 사실에 비추어 볼 때,

역사가 우리의 삶 자체를 고양시켜 주기 위해서는 문학적 수사법이 특히 필요하다는 것이다.

1

위 글의 중심 화제로 가장 적절한 것은?

① 대중의 역사 인식

② 역사와 문학의 관계

③ 역사학의 두 가지 성격

④ 그리스의 위대한 역사가

⑤ 과학적 역사학의 연구 방법

2

위 글에 언급된 인물들이 '역사를 어떻게 서술할 것인가'에 대해 대화를 나눈다고 할 때, 적절하지 않은 것은?

① 헤로도토스 : 역사가 허구는 아니지만, 사실(史實)을 서술할 때에는 이야기식으로 꾸며서 해야 합니다. 사람들은 대체로 이야기를 좋아하거든요.

② 투키디데스 : 역사가는 사실(史實)을 통해서 보편적인 역사의 법칙들을 밝히는 데 주력해야 합니다. 그리고 이를 정확하게 서술해야 합니다.

③ 데카르트 : 그것은 역사가들에게 무리한 요구입니다. 역사가는 과학적인 사고와 서술을 할 수가 없는 사람들이기 때문입니다.

④ 매콜리 : 역사를 어떻게 서술해야 한다고 규정하기는 역시 어렵군요. 하지만, 대중의 요구를 우선적으로 고려해야 할 시점에 이르렀다는 사실은 인정해야 합니다.

⑤ 괴테 : 역사를 서술할 때 대중성을 중시한다 하더라도 감동이 없는 전달은 무의미합니다. 저는 역사가는 아니지만, 역사 또한 이런 원칙을 존중해야 가치를 얻을 수 있다고 생각합니다.

 역사가나 역사를 파악하려는 주체가 지나간 역사적 사건 속에 나오는 인물들의 의도나 목적을 파악하려는 것은, 앞으로의 역사를 어떻게 만들어 갈 것인가 하는 실천적 의도와의 관계에서이다. 칸트가 '세계 시민의 의도에서 본 역사'를 파악하려 했던 것은, 바로 앞으로의 인간의 역사를 세계 시민적인 이성을 가진 사람들이 만들어 내는 역사로 창조해야겠다는 의도와 실천 의식에서 그렇게 한 것이었다. 또, 헤겔이 세계사는 곧 자유의 의식에서의 진보사(進步史)라고 파악했던 것은, 앞으로의 역사가 보다 더 자유를 증대시키는 역사가 되도록 해야 한다는 실천 의식이 밑바탕에 깔려 있기 때문이다. 이것은 크리스트교의 구속 사관이든지, 마르크스의 유물 사관이든지, 역사의 흐름 속에서 역사의식은 곧 미래의 역사에도 이러한 실천이 있어야겠다는 의도를 암시한다고 볼 수 있다.

 원래 우리가 역사를 배우고 파악하려는 목적은 역사를 거울삼아 보다 나은 미래의 역사를 만들려는 데 있다. 과거의 잘못이나 오류를 되풀이하지 않기 위해서 역사를 공부할 뿐 아니라, 과거에 위대했던 인물이나 사건을 본받아 더욱 위대한 일을 하기 위해서 역사를 배우는 것이다. 여기서, 우리는 역사 속에서 본받아야 할 위대한 것이 무엇이며, 되풀이해서는 안 될 부정적인 것이 무엇인가를 구별해야 한다. 이 때, 우리는 불가피하게 실천의 필요에 따른 가치 판단을 하지 않으면 안 된다. 폭군이 백성들을 탄압하고, 사치와 향락을 일삼는 역사를 보면서, 백성들의 권리와 자유가 지켜지는 역사를 만들겠다는 실천 의식이 생기며, 남의 나라의 지배 하에서 착취당한 역사를 반성하면서 독립된 자주적 국가를 가져야 한다는 실천적 의지를 기르게 된다.

 역사 의식을 가지고 역사를 보아야 한다는 말은 실천적 의도를 가지고 역사를 본다는 말이다. 역사는 아마도 이런 의지를 가질 때라야 바로 줄거리가 잡히는 것인지도 모른다. 그렇지 않고서는 역사적 사건들이나 사실들은 잘 연결이 되지 않고 혼돈과 무질서만 보이게 될지도 모른다. 우리가 역사적인 사건들을 보면서 이를 종교 개혁이라든지, 시민 혁명이라든지, 반동 정권이라든지의 이름을 붙이는 것은, 이미 어떤 역사적 실천 의식과 가치관을 가지고 있기 때문에 그렇게 파악할 수 있는 것이다. 우리가 사는 오늘날 시대를 분단 시대라고 하는 것은, 미래의 우리 역사가 통일된 역사이어야 하겠다는 실천 의식과 의도에서 그렇게 부르는 것일 것이다.

 그래서 역사를 보는 우리의 눈과 의식은 과거에만 향해 있지 않고 현재를 보면서 동시에 미래를 내다보고 있다. 미래가 없다면 아마 과거를 돌이켜보는 역사적 안목이 별다른 의미를 가지지 못할 것이다. 프리드리히 슐레겔은 '역사란 뒤를 돌이켜보는 예언자'라고 표현했다. 과거를 돌이켜보되 미래를 예견하고, 미래의 실천 방향을 제시하는 역할을 한다는 의미에서 그렇게 말했다. 미래를 예언한다고 할 때, 무슨 점쟁이처럼 무슨 근거 없는 예측을 한다는 말은 아니다. 과거의 사실과 현재의 상황을 파악하는 토대 위에서 미래에 해야 할 실천 과제를 제기한다는 말이다. 역사의식은 철저히 있어온 과거의 사실, 그리고 오늘의 객관적 현실에 근거하면서 미래를 향한 실천 의식을 만들어내는 것이기 때문에, 과거와 현재와 미래가 부단히 만나고 대화를 함으로써만이 바로 이루어질 수 있는 것이라고 할 수 있을 것이다.

1

위 글의 내용과 일치하지 않는 것은?

① 헤겔은 역사를 자유에 대한 인간 의식의 발전 과정이라고 파악하였다.

② 어떤 역사적 사실에 대해 명칭을 붙이는 과정에서 역사가의 가치관이 개입될 수 있다.

③ 역사를 배우는 목적은 과거의 역사를 통해 보다 나은 미래 사회를 건설하는 데 있다.

④ 과거 역사를 올바르게 이해하여야 현대 사회의 변화 속도를 합리적으로 조절할 수 있다.

⑤ 무질서하게 보이는 역사적 사건들은 실천 의식을 전제해야 체계적으로 이해할 수 있다.

2

위 글의 글쓴이와 같은 관점에서 역사를 바라보고 있는 것은?

① 고구려의 역사는 문헌 자료와 유적·유물에 대한 실증적인 연구와 분석을 통해 실체를 규명해야 한다.

② 조선의 건국은 개인적 정권욕에서 비롯된 것이 아니라 당대의 정치·사회적 상황에 따른 필연적인 결과이다.

③ 고려 때 최초의 무신정권은 권력 소외 계층이 주도한 반란의 성격이 강하므로 긍정적 평가를 받지 못하고 있다.

④ 신라의 삼국 통일은 단일 민족 국가를 이룩했다는 점에서 오늘날 남북 통일의 당위성을 밝히는 데 시사점을 준다.

⑤ 우리 근대사는 외세의 침략에 대한 투쟁의 연속이었다는 점에서, 이민족에 대한 항쟁의 의미를 중심으로 그 의의가 규명되어야 한다.

역사가 삶을 가르치고 삶을 규정하는 조건이라면, 삶이 역사와 어떤 방식으로 관계를 가질 때 역사의 올바른 의미가 드러나는 것일까? 역사는 삶에 기여해야 한다. 삶이 역사와 관계를 맺는 것을 '기념비적 역사', '골동품적 역사', '비판적 역사'로 나누어 볼 수 있다.

㉠기념비적 역사는 과거의 위대함에 대한 회상을 통해 새로운 위대함의 가능성을 촉진하는 역사이다. 이는 '인간'의 개념을 더욱 확대하고 아름답게 성취하게 하여 인간 현존의 모습을 보다 차원 높게 만든다. 그러나 기념비적 역사를 통해 과거의 위대함이 우상 숭배적으로 찬양되어 생성과 변화가 무시된다면, 역사적 상황이나 시대적 필요와 아무 관련이 없는 특정한 위대함에 대한 광신주의가 탄생할 것이다. 과거에 대한 일방적 의미 규정, 특정한 역사적 위대함에 대한 숭배와 모방의 강요는 기념비적 역사가 지닌 위험이다.

㉡골동품적 역사는 오래된 과거를 찾아 보존하면서 전승하는 역사이다. 여기에서는 실증적 사실의 확인은 중요하지 않다. 골동품적 역사는 전통과 매개되어, 인간은 이를 통해 비로소 자신의 유래를 알고 자신을 이해하며 더욱 확장하게 된다. 비범한 대상에 대한 관심에서 시작하는 기념비적 역사와는 달리 골동품적 역사는 일상적 습관과 관습을 규정하고 보존하며, 민족의 역사적 고유성 속에서 민족 구성원 모두를 결합시키는 귀속성의 감정을 만들어 낸다. 이는 골동품적 역사를 통해 현재의 인간이 전통과 유래를 인식함으로써 행복을 느낀다는 것이다. 그러나 골동품적 역사는 과거에 대한 미라(mirra)적 숭배로 미래적 삶에 대한 뿌리를 송두리째 뽑아낼 수 있다. 이와 함께 그것은 굳은 관습으로 전락할 수 있다. 즉 골동품적 역사는 삶을 단지 보존할 줄만 알 뿐 생산할 줄은 모르게 되는 것이다.

㉢비판적 역사는 과거를 숭상하거나 보존하기 위해서가 아니라 과거를 부정하기 위한 역사이다. 비판적 역사의 유용성은 과거의 절대화와 고착화에 대항하여 삶을 과거의 폭력으로부터 해방시킨다는 데 있다. 역사적 전통은 인간에 의해 창출된 것이므로 그 안에는 판결 받아야 할 정치적 특권, 지배적 관습 등이 존재한다. 비판적 역사는 이들을 폭로하고 파괴한다. 이때 판결 기준은 절대적이고 선험적인 정의가 아니라 자기 자신의 욕구에 따른 삶 자체이다. 비판적 역사는 보존되고 전승된 과거와 투쟁을 벌여 새로운 관습과 본능을 창안하고자 한다. 인간은 비판적 역사를 통해 능동적이고 주체적으로 자신이 원하는 과거를 만들고 정당화하는 것이다. 비판적 역사 역시 위험성을 가지고 있다. 억압과 지배로부터 해방의 의지를 품었으나, 새로운 삶의 가능성을 위한 과거 부정의 척도를 세울 수 없는 비판적 역사가는 단지 과거만을 파괴하는 결과를 초래할 수 있다.

인간은 기념비적, 골동품적, 비판적 관점에서 과거를 사용하여 자신이 원하는 역사를 만들어내야 한다. 이를 통해 역사는 우리의 삶에 의미 있고 유용한 것으로 기능해야 하는 것이다.

1

위 글의 내용 전개 방식으로 가장 적절한 것은?

① 중심 화제를 관점에 따라 유형화 하고 각각의 장·단점을 설명하고 있다.

② 중심 화제와 관련한 논의 내용을 정리하고 새로운 이론을 제시하고 있다.

③ 중심 화제를 다룬 두 이론의 차이를 설명하고 구체적 사례에 적용하고 있다.

④ 중심 화제에 대한 통념의 문제점을 지적하고 반대되는 견해를 제시하고 있다.

⑤ 중심 화제의 개념을 정의하며 이론을 소개하고 이론의 발전 가능성을 언급하고 있다.

2

㉠~㉢에 대한 설명으로 적절하지 않은 것은?

① ㉠은 과거의 비범한 대상에 주목한다.

② ㉡은 민족 구성원들의 결속력을 강화할 수 있다.

③ ㉠, ㉢은 과거에 대한 인식을 바탕으로 새로운 것을 형성하고자 한다.

④ ㉠과 달리 ㉡, ㉢은 실제적 검증 과정을 중심으로 과거를 해석한다.

⑤ ㉢과 달리 ㉠, ㉡은 과거에 긍정적인 가치를 부여한다.

역사학에 관한 크로체의 유명한 언명(言明)* 중 하나는 '모든 역사는 현대사'라는 말이다. 역사학자 E. H. 카는 '역사란 역사가와 사실 사이의 상호 작용의 부단한 과정이며 과거와 현재 사이의 끊임없는 대화이다.'라고 정의한 바 있다. 그런데 이 말은 역사의 객관성(客觀性)에 대해 끊임없이 문제를 제기하는 한 요인이 되기도 한다. '역사는 객관적인가'라는 질문은 '역사는 과연 공정한가'라는 의문을 담고 있다. '역사는 승자의 기록'이라는 말은 바로 역사의 공정성(公正性)에 대한 의심에서 생겨난 말이기 때문이다.

역사가 승자의 기록이 될 수 있는 한 예가 사도세자의 경우이다. 일반인들이 지닌 사도세자에 대한 인식은 그 부인 혜경궁 홍씨가 쓴『한중록』에 의해 생기게 되었다. 수많은 역사 소설이나 텔레비전 드라마, 영화 등이 이 책을 기본 텍스트로 삼고 있다. 그러나『한중록』이 사도세자의 죽음을 애도하기 위해서 쓴 책이 아니라는 사실을 간파하지 못했기 때문에 모두『한중록』의 트릭에 걸리고 말았다.『한중록』의 주제는 간단하다. 사도세자의 죽음은 정신병자인 사도세자와 정신병자에 가까운 그 부친 영조 사이의 충돌의 결과 한 정신병자가 죽었다는 것인데, 여기서 중요한 한 세력이 빠져 있다. 그것은 바로 혜경궁 홍씨의 친정 아버지 홍봉한이 이끌었던 노론이라는 세력이다.

『한중록』의 주장이 거짓이라는 사실은 사도세자의 아들인 정조가 즉위하자마자 사도세자를 죽인 주범이 홍봉한이라는 상소가 빗발쳤고 결국 홍씨의 친정은 쑥대밭이 되었던 사실에서도 알 수 있다. 이는 혜경궁 홍씨가『한중록』을 쓴 이유를 짐작하게 해 준다. 그녀는 자신의 친정이 사도세자의 죽음과 관련이 없다는 사실을 자신의 손자인 순조에게 전하기 위해『한중록』을 쓴 것이다. 사도세자가 죽고 정조까지 죽어버린 상황에서 가장 오래 살아남았던 혜경궁 홍씨의『한중록』은 승자의 기록이 되어 오늘날까지 살아남아 있다.

그러나 역사의 진실은 때로는 몇 백 년, 어느 경우는 몇 천 년 이후에 드러난다. 물론 '사실은 그렇지 않을 것이다.'라는 막연한 상상력만으로 진실이 드러나지는 않는다. '역사가와 사실 사이의 부단한 상호 작용'을 하기 위해서는 사료*가 반드시 필요하다. 이를 위해서 영조실록, 정조실록은 물론 당시의 세자를 직접 모셨던 세자궁 관원의 수기 등 여러 사료를 참고해 새로운 역사적 해석을 할 수도 있는 것이다.

역사가 항상 승자의 기록인 것만은 아니다. 때로 역사는 현실에서는 패배했으나 추구하는 방향이 옳았던 세력의 손을 들어주기 때문에 '직필(直筆)'이란 평가를 받는다. 그러나 그것은 쉬운 일이 아니다. 현실의 권력에 맞서야 하기 때문이다. 조선 중기의 사화(士禍)를 때로는 사화(史禍)라고도 부르는 데, 그 이유는 사관들이 많은 피해를 입었기 때문이다. 사관 김일손과 권경유가 연산 4년 무오사화 때 사형을 당한 것은 역사의 객관성을 지키는 일이 얼마나 어려운 일인가를 잘 보여준다. 이들은 수양대군이 단종의 왕위를 빼앗고 끝내 목숨까지 빼앗은 사실을 후대에 전하려다가 사형을 당한 것이다.

　이처럼 어떤 역사 기록은 객관적일 수도 그렇지 않을 수도 있다. 따라서 후자를 위한 최소한의 안전 장치로 개연성*이 필요하다. 역사는 상식의 체계이기 때문에 개연성의 틀 내에서 서술된다면 상당 부분은 객관적일 수 있다. 따라서 역사적 진실을 알기 위해서는 개연성에 의거한 객관적인 시선을 갖추고, 이를 통해 허위를 꿰뚫는 식견과 자료의 잘못을 판별할 수 있는 훈련이 필요하다.

*언명(言明): 말이나 글로써 의사나 태도를 똑똑히 나타냄.
*사료(史料): 역사 연구에 필요한 문헌이나 유물. 문서, 기록, 건축, 조각 따위를 이른다.
*개연성(蓋然性): 절대적으로 확실하지 않으나 아마 그럴 것이라고 생각되는 성질.

1

위 글의 집필 의도로 가장 적절한 것은?

① 역사의 서술 대상을 한정하려고 한다.
② 역사학자의 언명이 적절한지 따져 보려 한다.
③ 역사를 보는 올바른 태도를 제시하려고 한다.
④ 역사학의 존재 가치에 대해 홍보하려고 한다.
⑤ 역사학의 범위에 대한 이견을 조정하려고 한다.

2

『한중록』을 읽은 독자의 반응 중 글쓴이의 관점과 가장 가까운 것은?

① 승자의 기록이므로 그것을 중심으로 사료를 보완해야 해.
② 다른 기록을 참고하여 역사적 진실성을 검증하고 밝혀내야 해.
③ 과거와 현재를 연결함으로써 새로운 가치를 인정받은 기록이야.
④ 처음에는 바른 기록이 아니었지만 세월이 흘러 진실성이 입증되었어.
⑤ 승자의 기록이지만 대상에 대해 부정적이므로 역사 서술에서 배제해야 해.

　　사람들이 '자유', '민주', '평화' 등과 같은 개념들을 사용할 때, 그 개념이 서로 같은 의미를 갖는 것은 아니다. '자유'의 경우, '구속받지 않는 상태'를 강조하는 개념으로 쓰이는가 하면, '자발성'이나 '적극적인 참여'를 강조하는 개념으로 쓰이기도 한다. 이러한 정의와 해석의 차이로 인해 개념에 대한 논란과 논쟁이 늘 있어 왔다. 바로 이러한 현상에 주목하여 출현한 것이 코젤렉의 '개념사'이다.

　　개념사를 역사학의 한 분과로 발전시킨 독일의 역사학자 코젤렉은 '개념은 실재의 지표이자 요소'라고 하였다. 이 말은 실타래처럼 얽혀 있는 개념과 정치 사회적 실재, 개념과 역사적 실재의 관계를 정리하기 위한 중요한 지침으로 작용한다. 그에 의하면 개념은 정치적 사건이나 사회적 변화 등의 실재를 반영하는 거울이다. 동시에 개념은 정치 사회적 사건과 변화의 실제적 요소이다. 예를 들어 우리는 '근대화' 개념을 통해 근대화라는 특정한 방향의 사회 변화를 읽을 수 있다. 이와 동시에 '근대화' 개념은 사람들로 하여금 근대화라는 특정한 사회 변화의 목표에 맞게 사회를 변화시키게 하는 동인으로 작용한다.

　　개념은 정치적 사건과 사회적 변화 등에 직접 관련되어 있거나 그것을 기록, 해석하는 다양한 주체들에 의해 사용된다. 이러한 주체들, 즉 '역사 행위자'들이 사용하는 개념은 여러 의미가 포개어진 층을 이룬다. 개념사에서는 사회 역사적 현실과 관련하여 이러한 층들을 파헤치면서 개념이 어떻게 사용되어 왔는가, 이 과정에서 그 의미가 어떻게 변화했는가, 어떤 함의들이 거기에 투영되었는가, 그 개념이 어떠한 방식으로 작동했는가 등에 대해 탐구한다.

　　또한 개념사에서는 '무엇을 이야기하는가'보다는 '어떤 개념을 사용하면서 그것을 이야기하는가'에 관심을 갖는다. 개념사에서는 과거의 역사 행위자가 자신이 경험한 '현재'를 서술할 때 사용한 개념과 오늘날의 입장에서 '과거'의 역사 서술을 이해하기 위해 사용한 개념의 차이를 밝힌다. 그리고 과거의 역사를 현재의 역사로 번역하면서 양자가 어떻게 수렴될 수 있는가를 밝히는 절차를 밟는다.

　　이상에서 보듯이 개념사에서는 개념과 실재를 대조하고 과거와 현재의 개념을 대조함으로써, 그 개념이 대응하는 실재를 정확히 드러내고 있는가, 아니면 실재의 이해를 방해하고 더 나아가 왜곡하는가를 탐구한다. 이를 통해 코젤렉은 과거에 대한 '단 하나의 올바른 묘사'를 주장하는 근대 역사학의 방법을 비판하고, 과거의 역사 행위자가 구성한 역사적 실재와 현재 역사가가 만든 역사적 실재를 의미 있게 소통시키고자 했다.

1

위 글에서 언급되지 않은 내용은?

① 개념사의 연구 방법
② 개념사가 갖는 한계
③ 개념사의 탐구 대상
④ 개념사가 출현한 배경
⑤ 개념사에서 개념을 바라보는 관점

2

위 글의 논지에 부합하는 것을 〈보기〉에서 고른 것은?

〈보기〉

ㄱ. 개념은 우리가 세상을 바라보는 방식을 형성한다.

ㄴ. 개념은 역사적 실재 속에서 사회가 추구했던 목표를 배제한다.

ㄷ. 개념사는 역사가가 무엇을 이야기하고 있는지에 초점을 맞춰 연구한다.

ㄹ. 개념은 역사 속의 정치적 사건이나 사회적 변화를 이해하는 토대가 된다.

① ㄱ, ㄴ   ② ㄱ, ㄹ   ③ ㄴ, ㄷ   ④ ㄴ, ㄹ   ⑤ ㄷ, ㄹ

기원전 5세기, 헤로도토스는 페르시아 전쟁에 대한 책을 쓰면서『역사(Historiai)』라는 제목을 붙였다. 이 제목의 어원이 되는 'histor'는 원래 '목격자', '증인'이라는 뜻의 법정 용어였다. 이처럼 어원상 '역사'는 본래 '목격자의 증언'을 뜻했지만, 헤로도토스의『역사』가 나타난 이후 '진실의 탐구' 혹은 '탐구한 결과의 이야기'라는 의미로 바뀌었다.

헤로도토스 이전에는 사실과 허구가 뒤섞인 신화와 전설, 혹은 종교를 통해 과거에 대한 지식이 전수되었다. 특히 고대 그리스인들이 주로 과거에 대한 지식의 원천으로 삼은 것은『일리아스』였다.『일리아스』는 기원전 9세기의 시인 호메로스가 오래전부터 구전되어 온 트로이 전쟁에 대해 읊은 서사시이다. 이 서사시에서는 전쟁을 통해 신들, 특히 제우스 신의 뜻이 이루어진다고 보았다. 헤로도토스는 바로 이런 신화적 세계관에 입각한 서사시와 구별되는 새로운 이야기 양식을 만들어 내고자 했다. 즉, 헤로도토스는 가까운 과거에 일어난 사건의 중요성을 인식하고, 이를 직접 확인·탐구하여 인과적 형식으로 서술함으로써 역사라는 새로운 분야를 개척한 것이다.

『역사』가 등장한 이후, 사람들은 역사 서술의 효용성이 과거를 통해 미래를 예측하게 하여 후세인(後世人)에게 교훈을 주는 데 있다고 인식하게 되었다. 이러한 인식에는 한 번 일어났던 일이 마치 계절처럼 되풀이하여 다시 나타난다는 순환 사관이 바탕에 깔려 있다. 그리하여 오랫동안 역사는 사람을 올바르고 지혜롭게 가르치는 '삶의 학교'로 인식되었다. 이렇게 교훈을 주기 위해서는 과거에 대한 서술이 정확하고 객관적이어야 했다.

물론 모든 역사가들이 정확성과 객관성을 역사 서술의 우선적 원칙으로 앞세운 것은 아니다. 오히려 헬레니즘과 로마 시대의 역사가들 중 상당수는 수사학적인 표현으로 독자의 마음을 움직이는 것을 목표로 하는 역사 서술에 몰두하였고, 이런 경향은 중세 시대에도 어느 정도 지속되었다. 이들은 이야기를 감동적이고 설득력 있게 쓰는 것이 사실을 객관적으로 기록하는 것보다 더 중요하다고 보았다. 이런 점에서 그들은 역사를 수사학의 테두리 안에 집어넣은 셈이 된다.

하지만 이 시기에도 역사의 본령은 과거의 중요한 사건을 가감 없이 전달하는 데 있다고 보는 역사가들이 여전히 존재하여, 그들에 대해 날카로운 비판을 가하기도 했다. 더욱이 15세기 이후부터는 수사학적 역사 서술이 역사 서술의 장에서 퇴출되고, ㉠과거를 정확히 탐구하려는 의식과 과거 사실에 대한 객관적 서술 태도가 역사의 척도로 다시금 중시되었다.

1

위 글의 내용과 일치하지 않는 것은?

① 오늘날에 이르기까지 역사는 수사학의 범위 안에서 점차 발전되어 왔다.

② 헤로도토스는 『역사』에서 페르시아 전쟁의 원인과 결과를 서술하였다.

③ 역사의 어원이 되는 'histor'라는 단어는 재판과정에서 증인을 지칭할 때 쓰였다.

④ 사람들이 역사를 '삶의 학교'라고 인식한 것은 역사에서 교훈을 얻고자 기대했기 때문이다.

⑤ 『역사』의 등장 이후, 사람들은 역사 서술의 효용성을 과거를 통해 미래를 예측하는 데에서 찾았다.

2

㉠의 입장에서 호메로스의 『일리아스』를 비판한 내용으로 적절하지 않은 것은?

① 직접 확인하지 않고 구전에만 의거해 서술했으므로 내용이 정확하지 않을 수 있다.

② 신화와 전설 등의 정보를 후대에 전달하면서 객관적 서술 태도를 배제하지 못했다.

③ 트로이 전쟁의 중요성은 인식하였으나 실제 사실을 확인하는 데까지는 이르지 못했다.

④ 신화적 세계관에 따른 서술로 인해 과거에 대해 정확한 정보를 추출해 내기 어렵다.

⑤ 과거의 지식을 습득하는 수단으로 사용되기도 했지만 과거를 정확히 탐구하려는 의식은 찾을 수 없다.

2장

철학일반

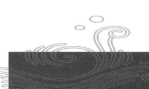

키케로가 이미 갈파했듯이, 철학자의 책 속에서 찾을 수 있는 것은 오직 어리석음뿐이다. 확실히 철학자들은 상식을 거부하고 온갖 지혜를 추구한다. 그리고 대부분의 철학적 비상(飛翔)은 희박한 공기의 상승력에 의존하고 있다. 그래서 과학은 항상 진보하고 있는 것처럼 보이는 반면에, 철학은 언제나 근거를 잃고 있는 것처럼 보인다. 그러나 이와 같이 보이는 것은 철학이 과학적 방법으로는 해결하지 못하는 선과 악, 아름다움과 추함, 질서와 자유, 삶과 죽음 등과 같은 어렵고 위험한 문제들을 다루고 있기 때문이다.

어떤 탐구 분야든지 정확한 공식화가 가능한 지식을 산출하면 곧 과학이라고 일컫는다. 과학은 철학에서 시작하여 기술(技術)로 끝나고, 또한 과학은 가설의 샘에서 발원(發源)하여 성취의 바다로 흘러간다. 철학은 미지의 것 또는 부정확한 것에 대한 가설적 해석이다. 철학이 진리 세계를 탐구하는 최전선이고 과학이 점령 지대라고 한다면, 우리의 삶은 지식과 기술로 건설된 후방의 안전지대라고 할 수 있다. 철학은 어쩔 줄 몰라 우두커니 서 있는 것 같다. 그러나 철학은 승리의 열매를 과학에게 넘겨주고 나서, ㉠거룩한 불만을 간직한 채 아직도 탐구되지 않은 불확실한 지역으로 나아가고 있다.

좀더 전문적으로 말하기로 하자. 과학은 분석적 기술(記述)이고 철학은 종합적 해석이다. 과학은 전체를 부분으로, 모호한 것을 확실한 것으로 분해하려고 한다. 과학은 사물의 가치나 이상적 가능성을 탐구하지 않으며, 사물의 전체적인 궁극적 의미를 묻지 않는다. 과학은 사물의 현상과 작용을 밝히는 데 만족하고, 현존하는 사물의 성질과 과정에만 시야를 국한한다. 과학자는 천재의 창조적 진통뿐만 아니라 벼룩의 다리에도 흥미를 느낀다.

그러나 철학자는 사실의 기술만으로는 만족하지 못한다. 철학자는 사실과 경험의 관계를 확정함으로써 그 의미와 가치를 찾아내려고 한다. 철학자는 사물을 종합적으로 해석한다. 호기심 많은 과학자가 우주라는 거대한 시계를 분해해 놓으면, 철학자는 그 시계를 이전보다 더 훌륭하게 조립하려고 애쓴다. 과정을 관찰하고 수단을 고안해 내는 지식이 과학이라면, 여러 가지 목적을 비판하고 조절하는 지혜가 철학이다. 사실이 목적과 관련되지 않는 경우에는 아무 의미가 없다. 철학이 없는 과학, 지혜가 없는 지식은 우리들을 절망으로부터 구해내지 못한다. 과학은 인간에게 지식을 주지만, 철학은 인간에게 지혜를 제공한다.

1

위 글의 내용으로 미루어 '과학'과 '철학'의 대비적 속성을 잘못 짝지은 것은?

	과학	철학
①	지식(知識)	지혜(智慧)
②	분석(分析)	종합(綜合)
③	사실(事實)	가치(價値)
④	기술(記述)	해석(解釋)
⑤	현존(現存)	현상(現像)

2

밑줄 친 ㉠의 내포적 의미와 가장 가까운 것은?

① 현실에 대한 종교적 성찰
② 철학 자체에 대한 회의
③ 진리에 대한 본원적 갈증
④ 자기를 포기한 자조적 독백
⑤ 자아 탐구의 본능적 욕구

인간은 자기 의식을 지닌 존재이다. 자기 의식은 본질적으로 기억에 의존한다. 인간이 과거 자신의 모습을 인식하기 위해서는 자신의 기억을 의식적으로 생각해 낼 수 있어야 한다. 마찬가지로 인간이 목적을 갖고 산다는 것은 적어도 미래에 어떤 일을 성취할 것이라는 인식이 전제되어야 한다. 이렇게 본다면 인간은 과거, 현재, 미래라는 명확한 시간적 구분을 하기 이전부터 이미 기억과 목적을 의식하고 있었음을 알 수 있다.

도르도뉴의 라스코 동굴을 비롯한 구석기 시대의 그림들을 보면 인간은 이미 2만 년 전, 혹은 그 이전부터 과거, 현재, 미래와 관련하여 목적 의식을 갖고 생활했음을 알 수 있다. 동굴에다 그림을 그린 것은 일종의 마법적 목적을 갖고 있었을 가능성이 높다. 즉 원시인들은 동굴의 벽이나 천장에다 동물 사냥과 같은 이미 일어난 사건을 그림으로써 시간을 고정시키고 또한 그런 사건이 미래의 다른 어떤 곳에서 또 다시 벌어지기를 기원했다. 그림을 통해서 원시인들은 과거에 벌어진 사건을 기억에 의존하여 재현할 수 있었을 뿐만 아니라 과거, 현재, 미래라는 시간의 양태도 자연스럽게 의식할 수 있었을 것이다. 그렇다고 해서 원시인들이 과거, 현재, 미래를 뚜렷하게 구분하여 인식했다고 보기는 어렵다. 끊임없는 현재에 머물면서 동물처럼 살아가려는 인간의 자연적 경향을 극복하기 위해서는 엄청난 노력이 필요했을 것이다.

원시인들은 어떻게 그런 자연적 경향으로부터 벗어날 수 있었을까? 폴 라댕은 『철학자로서의 원시인』이라는 저서에서 원시인에게는 두 가지 유형의 기질이 있다고 주장하였다. 하나는 행동하는 인간으로, 이들은 주로 외부의 대상에 정신을 집중하고 실용적인 결과에만 관심이 있으며 내면에서 벌어지는 동요에 대해서는 무관심한 사람이다. 또 다른 유형은 생각하는 인간으로, 늘 세계를 분석하고 설명하고 싶어한 사람이다. 행동하는 인간은 '설명' 그 자체에 별 관심이 없으며, 설령 설명한다고 해도 사건 사이의 기계적인 관계만을 설명하려 한다. 즉 그들은 동일 사건의 무한한 반복을 바탕에 두고 반복으로부터의 일탈을 급격한 변화로 받아들일 수밖에 없었다. 반면 생각하는 인간은 기계적인 설명을 벗어나 '하나'에서 '여럿'으로, '단순'에서 '복잡'으로, '원인'에서 '결과'로 서서히 변해간다고 설명하려 한다. 그러나 이 과정에서 외부 대상의 끊임없는 변화에 역시 당황해 할 수밖에 없다. 그래서 대상을 조직적으로 파악하기 위해 대상에 영원 불변의 형태를 부여해야만 했고, 그 결과 세상을 정적인 어떤 것으로 만들어야만 했던 것이다.

즉, ㉠대상의 본질은 변하지 않는 것이라고 믿고 싶어하는 '무시간적 사고'는 인간의 사고에 깊이 뿌리내린 사상으로 자리잡게 되었다. 생각하는 인간은 이 세상을 합리적으로 규명하기 위해 과거의 기억을 바탕으로 늘 변모하는 사건들의 패턴 뒤에 숨어 있는 영원한 요소를 찾아내려고 했으며, 또한 미래에도 동일하게 그런 요소가 존재할 것이라는 믿음을 지닐 수 있었던 것이다. 이러한 과정을 통해 인간은 시간을 통해서 자신의 모습을 인식할 수 있게 되었다. 즉 인간이 자기 인식을 할 수 있는 존재, 자기 정체성을 확인하는 존재로 거듭나게 된 것이다.

1

위 글의 글쓰기 전략으로 볼 수 없는 것은?

① 견해를 뒷받침하기 위해 구체적인 사례를 제시한다.

② 개념을 명확하게 드러내기 위해 대상의 속성을 구분한다.

③ 대상의 본질을 드러내기 위해 일반적 인식의 모순을 비판한다.

④ 독자의 이해를 돕기 위해 도입부에 개괄적인 내용을 소개한다.

⑤ 화제를 강조하기 위해 행위의 의도와 결과를 연관지어 설명한다.

2

㉠과 관련하여 이끌어낼 수 있는 내용으로 가장 적절한 것은?

① 시간의 경과에 대해 느끼는 감각은 개인마다 다르다.

② 인간은 삶의 과정에서 의미 있는 경험을 기록하려 한다.

③ 인간은 자신과 주변 사물과의 관계 변화에 초점을 둔다.

④ 인간의 생활 양식은 시대의 변화에 따라 부단히 수정된다.

⑤ 인간은 자연의 본질을 구체적으로 모방하려는 특성을 지닌다.

일반적으로 인간은 시간을 원환적(圓環的)으로 표상하기도 하고 직선적으로도 표상하는데, 전자를 ㉠'크로노스적 시간'이라 하고 후자를 ㉡'카이로스적 시간'이라고 부른다. 시간에 대한 표상은 인간의 삶의 방식에 따라 달라진다. 인간이 주로 자연에 의존해서 사는 경우, 시간은 천체의 원운동과 함께 흐르는 것으로 간주되고 인간은 이런 주기적인 흐름에 맞추어 삶을 영위한다. 즉 시간은 천체의 순환과 함께 원환적으로 표상된다. 반면 인간이 주로 역사에 의존해서 사는 경우, 시간은 직선적으로 표상된다. 역사의 흐름은 일회적이다. 물론 역사적 사건의 유형이 비슷하기 때문에 역사의 순환성을 말하는 사람도 있으나, 역사적 사건 자체는 한 번 지나가면 결코 돌아오지 않는다.

서로 대립되는 것으로 보이는 두 시간 표상의 대표적인 예를 우리는 흔히 헬레니즘과 헤브라이즘의 대비에서 본다. 불트만이 고대 그리스에서 삶을 기술하는 방식과 고대 이스라엘에서 삶을 기술하는 방식을 구별하는 과정에서 이 차이는 두드러지게 드러난다.

불트만에 따르면 고대 그리스에서 인간의 삶은 전적으로 자연에 근거하고 있다. 이 때문에 그들이 삶을 기술하는 방식은 삶의 영역을 자연의 영역으로 이해하려는 형태로 나타난다. 예를 들어, 투키디데스는 인간의 삶의 방식에도 자연에서와 같은 내재적 법칙이 있어서 인간적 사건은 자연적 사건과 다르지 않다고 보았다. 즉 그리스에서 삶을 기술하는 방식에는 신의 의지를 지향하는 인간의 삶과 목표가 없는 것이다. 그 결과 그 속에는 특정 방향과 목표를 전제하지 않은, 자연의 순환을 바탕으로 하는 원환적 시간 표상이 반영되어 있다.

반면, 고대 이스라엘에서 삶을 기술하는 방식은 인간의 행위를 신의 계명에 대한 경외와 복종으로서 이해하려는 형태로 나타난다. 인간의 삶은 신의 섭리로 진행된다. 신의 계명을 따르는 인간 삶의 과정은 모든 것이 하나의 의미로 귀결될 수밖에 없다. 이러한 인간의 삶을 이끄는 시간이 직선적으로 표상되는 것은 당연하다. 직선적 시간 표상은 시간에 시작과 끝이 있다는 것을 전제한다. 신에 의해 창조된 인간의 삶에 시작과 끝이 있다는 것은, 그 삶이 끝을 목표로 하여 진행된다는 것을 의미한다. 즉 신에 의해 창조된 인간의 삶은 최후의 심판과 심판 이후의 영원한 삶을 목표로 진행되는 것이다.

우리는 이렇게 대립되는 것처럼 보이는 두 가지 시간 표상을 가지고 살아간다. 해가 바뀌어 새해가 되어도 새해의 절기는 작년과 마찬가지로 순환하면서 되돌아온다. 그러나 그 새해는 지난해와 다를 것이며 이는 시간의 단절적 계기를 보여주는 것이기도 하다. 즉 우리는 순환적 자연 속에서 직선적 역사 세계에 살고 있는 것이다.

1

위 글의 서술 방식으로 가장 적절한 것은?

① 특정 개념의 핵심 이론을 소개하며, 그 이론의 타당성을 검증하고 있다.

② 특정 개념에 대한 기존의 관점을 반박하고, 새로운 관점을 제시하고 있다.

③ 특정 개념에 대한 의문을 제기하고, 이를 해결할 수 있는 방안을 모색하고 있다.

④ 특정 개념에 대한 인식의 차이를 설명하고, 이를 통합하는 관점을 제시하고 있다.

⑤ 특정 개념의 통시적인 변화를 설명하고, 앞으로 일어날 변화 양상을 예측하고 있다.

2

㉠, ㉡에 대한 설명으로 적절하지 않은 것은?

① ㉠과 ㉡은 모두 시간의 표상에 대한 개념이다.

② ㉠과 ㉡은 모두 인간의 삶의 방식을 반영한다.

③ ㉠과 달리 ㉡은 삶의 종말 이후의 영원한 삶을 전제한다.

④ ㉡과 달리 ㉠은 주기적인 시간의 흐름과 관련된다.

⑤ ㉡과 달리 ㉠은 자연보다 역사를 더 중시하는 태도로 나타난다.

"낫 놓고 기역자도 모른다."라는 속담이 있다. 우리가 'ㄱ'자 모양의 낫을 알 수 있는 것은 낫이 있기 때문일까, 낫을 인식할 수 있는 '인식 능력' 때문일까? 분명히 말하면 'ㄱ'자 모양의 낫이 있기 때문에 낫을 'ㄱ'자 모양으로 인식하고, 'ㄱ'자 모양의 낫을 'ㄱ'자 모양으로 '인식할 수 있는 능력'이 있기 때문에 낫을 인식하는 것이다. '대상'과 '인식 능력'이 서로 만나서 대상에 관한 어떤 관념이 생길 때, 우리는 대상에 관한 '지식을 가졌다' 또는 '대상을 인식했다'라고 한다. 이처럼 대상과 인식 능력이 동시에 서로 작용해야 대상에 대한 지식을 갖게 된다고 할 수 있다.

그러면 대상(객관적 실재, 인식 객관)과 인식 능력(주관적 관념, 인식 주관)중 어느 것이 우선일까? 대상이 우선이라는 입장을 실재론(Realism)이라 하고, 인식 능력이 우선이라고 주장하는 것을 관념론(Idealism)이라 한다. 실재론은 인식 주관과 관계없이 대상이 객관적으로, 또는 독립적으로 존재한다고 주장한다. 이에 반해서 관념론은 대상이 미리부터 밖에 있는 게 아니라, 인간의 주관에 의해 구성되는 것이라고 주장한다. 실재론 중에서 대표적인 것이 객관적 실재를 물질로 보는 유물론(唯物論)이기 때문에, 유물론과 관념론으로 나누기도 한다. 실재론과 관념론의 싸움은 철학이 생긴 이래 지금까지도 계속되고 있다. 이것은 계란이 먼저냐 닭이 먼저냐 하는 싸움과 비슷하다고 하겠다.

실재론은 인식 대상이 객관적으로 존재한다고 주장한다. 즉 대상은 미리 외부에 있으며, 이것이 감각과 이성이라는 인간의 인식 능력을 통해 반영되는 것이다. 실재론에서 말하는 인간의 인식 능력은 사물을 비추는 거울과 같다. 거울 앞에 사물이 없으면 거울에는 아무 것도 비치지 않고, 없는 것을 있게 하지도 못한다. 사물은 거울에 비치거나 비치지 않거나 스스로 존재하고, 사물이 먼저 있어야 그 다음에 거울이 기능을 발휘할 수 있다. 실재론에 의하면 인간의 인식 능력은 대상 세계를 정확히 반영한다. 그래서 우리가 알고 있는 지식은 대상 세계의 모습과 일치한다.

그런데 조금만 생각해 보면 인식 능력이 대상 세계를 정확히 반영하지 못하는 경우가 있다는 것을 알 수 있다. 같은 사물을 사람에 따라 다르게 보는 경우가 있다. 또, 같은 사람이 때와 장소에 따라 같은 사물을 다르게 볼 수도 있다. 이것이 실재론이 지니는 난점이다.

관념론은 대상이 인간의 의식을 떠나서 객관적으로 실재한다는 것을 인정하지 않는다. 대상은 그 자체로 존재하는 것이 아니라, 인식 주관이 인식함으로써만 존재한다고 주장한다. 관념론을 대표하는 철학자 칸트에 의하면, 외부에서 들어오는 대상은 인식 주관에 의해서 모양이 갖추어지는 재료에 불과하다는 것이다. 그러니까 우리가 알고 있는 세계는 인식 능력인 인식 주관에 의해 만들어진 것이다. 우리는 실재 세계의 모습을 모르며, 우리기 알고 있는 세계는 인식 주관의 형식에 따라 구성된 지식의 세계일 뿐이다.

관념론에서는 실제 세계를 알지 못하니까 세계가 어떻게 변화하는지도 모르며, 발생 원인도 알 수 없게 된다. 때문에 신과 같은 초월적이며 정신적인 존재에 의존할 수밖에 없게 되는 것이다. 그래서 관념론에서 세계는 신과 같은 초월적인 존재가 창조했고, 그 초월자만이 실제 세계의 모습을 안다고 할 수밖에 없다. 이것이 관념론이 지니는 커다란 난점 중의 하나이다.

1

위 글의 내용과 일치하지 않는 진술은?

① 실재론과 관념론의 싸움에서 현재는 실재론이 우세하다.

② 실재론을 대표하는 유물론은 인식 대상을 중요시 여긴다.

③ 관념론은 대상을 인식 주관에 의해 만들어진 것으로 본다.

④ 인식론은 인식 방법에 따라 관념론과 실재론으로 나누어진다.

⑤ 실재론은 대상 세계가 실제의 시간과 공간 속에 있다고 여긴다.

2

위 글의 내용 생성 방법을 바르게 묶은 것은?

ㄱ. 이론적 배경과 학설의 활용

ㄴ. 자유 연상을 통한 내용의 구체화

ㄷ. 유형화를 통한 주제의 구체화

ㄹ. 취사선택을 통한 독창성의 확보

---

① ㄱ, ㄴ   ② ㄱ, ㄷ   ③ ㄴ, ㄷ   ④ ㄴ, ㄹ   ⑤ ㄷ, ㄹ

영국 출신의 유명한 희극 배우인 채플린은 코 밑에 조그만 수염을 달고 머리에는 다 떨어진 모자를 쓰고, 자기 몸에 맞지 않는 바지와 신발을 신고 지팡이를 든 모습으로 무대에서 연기한다. 우리는 그의 콧수염, 모자, 바지, 신발, 지팡이 등을 보고 '이 사람이 채플린이구나.' 하고 생각한다. 눈에 보이는 콧수염, 모자, 지팡이 등은 모두가 채플린의 한 부분이며 동시에 그의 표면적 현상이다. 이처럼 우리의 감각 기관을 통하여 감득할 수 있는 것을 우리는 '감성적 인식'이라고 한다.

　그런데 인간이 사물을 인식하는 것이 이러한 감성적 인식에 그치는 것일까? 그렇지 않다. 인간은 사물의 표면적 현상만을 담는 사진기와 달라서 감성적 인식과 더불어 고도의 인식 능력을 가지고 있으며, 이러한 인식 능력 덕택으로 사물의 표면 현상뿐만 아니라 사물의 깊은 근본 성질까지도 인식할 수 있다.

　사진에 찍힌 채플린은 단지 콧수염을 기른 사람에 불과하며 그 모습 자체 말고는 우리에게 더 이상 말해 주는 바가 없다. 만약 우리가 감성적 인식밖에 할 수 없다면 채플린의 수염은 독일의 독재자 히틀러의 수염과 비슷해서 언뜻 보면 두 사람을 구별할 수 없을 것이다. 하지만 다시 한번 우리의 인식을 살펴보면 채플린의 여러 가지 표면적 현상을 떠나서 그의 근본 성질을 알게 하는 측면이 있다. 다시 말해서 채플린은 희극 배우이고 히틀러는 독재자로, 그 근본 성질이 전혀 다른 사람임을 알 수 있는 것이다. 이러한 근본 성질은 감성적 인식만으로는 인식할 수 없다. 이처럼 표면적 차이점이 아닌 그 내적 연관성의 유무를 파악하는 것은 감성적 인식을 통해서가 아니라 인간의 다른 인식 능력, 즉 '이성적 인식'을 통해서 가능해진다.

　이상에서 본 바와 같이 인간의 인식은 ㉠감성적 인식과 ㉡이성적 인식을 통해서 이루어진다. 감성적 인식은 인간의 감각 기관이 사물에 작용해서 이루어진 생생한 인식이며, 사물의 외적 측면인 현상에 대한 인식으로서 단편적, 표면적이며, 여기에는 감각, 지각과 같은 인식 형태들이 포함된다. 이에 반해 이성적 인식은 인간의 이해력을 통해서 획득하는 인식으로서, 사물의 본질과 내적 연관성을 인식한다. 여기에는 판단, 추리 같은 인식 형태들이 있다.

　그런데 감성적 인식과 이성적 인식은 서로 모순 관계에 있는 것처럼 보인다. 감성적 인식은 채플린이 콧수염이 있고 히틀러도 콧수염이 있으므로 두 사람이 같다고 혼동할 수 있다. 이에 반해, 이성적 인식은 채플린과 히틀러는 전혀 다른 사람이라고 인식한다. 또한 감성적 인식은 외모상으로 확연히 구별되는 로이드나 하디 같은 희극 배우들과 채플린은 다르다고 느끼는 데 반해, 이성적 인식은 그들의 내적 연관성을 파악하여 '희극 배우'라는 점에서 그들이 동일하다고 인식한다. 즉, 이성적 인식은 감성적 인식이 동일하다고 느낀 것을 동일하지 않다고 인식할 수 있으며, 감성적 인식이 동일하지 않다고 느낀 것을 동일하다고 인식할 수도 있다.

　하지만 채플린의 표면적인 현상을 인식할 수 없다면 희극 배우로서의 채플린도 인식할 수 없듯이 만약 감성적 인식이 존재하지 않는다면 이성적 인식도 존재할 수 없다. 감성적 인식이 외계 사물에 작용해서 그 본질을 인식할 수 있는 정보를 제공하면 이에 기초해서 이성적 인식이 진행된다. 이성적 인식은 감성적 인식과 상호 작용하면서 감성적 인식의 대상과 방향을 바로잡아 주며 사물의 본질과 내적 연관성을 깊이 인식할 수 있게 한다.

1

위 글을 학교 신문에 소개하려고 할 때, 제목으로 가장 적절한 것은?

① 인식이란 무엇인가 – 감성적 인식을 바탕으로 한 이성적 사고

② 인식에는 어떤 종류가 있는가 – 감성적 인식과 이성적 인식

③ 인식의 대상은 무엇인가 – 관념을 포함한 모든 사물

④ 인식은 어떻게 이루어지는가 – 감성적 인식과 이성적 인식의 상호 작용

⑤ 인식은 어떤 과정을 통해 확대되는가 – 감성적 인식과 이성적 인식의 지속적 대립

2

㉠, ㉡을 바르게 이해한 것은?

① ㉠은 주관적으로, ㉡은 객관적으로 정보를 해석한다.

② ㉠은 대상의 표면적 현상에, ㉡은 대상의 본질에 주목한다.

③ ㉠은 모순을 갖고 있고, ㉡은 그 모순을 극복하는 과정이다.

④ ㉠은 인식의 대상을 결정하고, ㉡은 인식의 방향을 결정한다.

⑤ ㉠은 이해력을 통해서, ㉡은 감각 기관을 통해서 이루어진다.

일반적으로 가치는 반드시 주관적인 평가가 들어가는 반면에, 사실은 주관적인 평가가 들어가지 않는다. 그러나 많은 철학자들은 사실과 가치가 분명히 구분되지 않는다고 주장한다. 이들도 사실과 가치 어느 쪽에 강조점을 두느냐에 따라 서로 다른 입장으로 나누어진다.

첫째로, 사실에 강조점을 두는 입장에서는 가치를 사실로써 설명하려고 한다. 이런 시도를 하는 철학자들의 의도는 가치 판단에 속하는 윤리적인 명제들에 대해 객관적이고 과학적인 탐구를 정당화해 보려는 것이다. 즉, 윤리의 본질, 혹은 윤리에 대한 학(學)의 성립 가능성을 확보하기 위해 가치를 사실에 환원하고자 한다. 그래서 이 입장의 철학자들은 '선하다'라는 윤리적인 가치 개념을 '쾌락을 증진시킨다'라는 사실로 설명하려고 한다든가, '옳다'라는 도덕적 개념을 개인이나 집단이 '자기 보존을 위해 노력한다'라는 등 자연적인 사실에 의해 정의하고자 한다.

이렇게 사실로부터 가치나 당위를 이끌어내고자 하는 입장을 보통 '자연주의'라고 부른다. 자연주의는 주로 근대에 들어 인간적인 경험에 근거해서 가치를 설명해 보려고 시도했다. 그러나 이 입장에 대한 반론도 만만치 않다. 어떤 철학자들은 규범이나 도덕의 가치들은 결코 사실로 환원되지 않는다고 강력히 주장한다. 직관론자로 불리는 이들은, '선하다'라는 성질은 직관에 의해서만 파악되는 것이지, '행복하다'든지 '바라고 있다'라는 경험적 사실에 의해 정의될 수 없다고 주장하면서 가치를 사실에 환원하는 것을 '자연주의적 오류'라 비판한다.

둘째로, 가치를 중요시하는 입장에서는 반대로 사실이 항상 엄격한 객관성을 가지고 있다는 주장에 의문을 제기한다. 아울러 많은 경우 우리가 사실이라고 생각하는 것은 주관적 요소의 개입이 전혀 없는 벌거벗은 사실이 아니라 이미 어떤 가치의 옷을 입고 있는 사실이라고 주장한다. 즉, 많은 경우 사실은 가치의 개입을 전제한다는 것이다.

이런 입장을 가진 사람들의 주장에 의하면, 사실 판단과 가치 판단은 논리적으로는 구분이 되지만 실제의 지적인 활동에서는 서로 결합될 수밖에 없다는 것이다. ㉠이런 주장은 상당히 설득력을 가진다. 인간은 과학을 통해서 사실의 구조를 인식하며 윤리를 통해서 가치를 판단하기 때문에 사실 판단과 가치 판단은 적어도 논리적으로는 확연히 구분될 수 있는 별개의 영역이다. 그러나 실제로 한 인간이 어떤 생각이나 판단을 할 때에는 이 두 영역이 서로 맞붙어 있는 경우가 허다하다.

1

위 글의 핵심 논제로 가장 적절한 것은?

① 사실과 가치는 정의할 수 있는가?

② 사실과 가치의 공통점은 무엇인가?

③ 사실과 가치는 분명하게 구분되는가?

④ 사실과 가치는 과학적으로 검증되는가?

⑤ 사실과 가치는 논리적으로 설명이 가능한가?

2

㉠의 이유로 적절한 것은?

① 사실과 가치는 도덕과 규범의 문제이기 때문에

② 사실과 가치는 결합되어 판단되는 경우가 많기 때문에

③ 사실과 가치의 판단은 주관적 요소가 개입되기 때문에

④ 사실과 가치는 논리적으로 서로 다른 영역이기 때문에

⑤ 사실과 가치는 직관에 의해서 판단이 가능하기 때문에

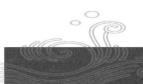

　모든 논증에서는 전제를 통해 결론에 이르는 근거를 찾는다. 그래서 논증을 접했을 때 제일 먼저 제기하는 물음은 그 논증의 전제들이 과연 참인가 하는 것이다. 물론 이 물음에 답하기 전에 우리에게는 전제의 참과 거짓을 구별할 수 있는 사실적 지식이 있어야 한다. 논증의 전제들이 참일 경우 제기될 수 있는 또 다른 물음은 이 전제들이 논증의 결론을 제대로 이끌어 내는가 하는 것이다. 이에 대한 답은 논증의 구조에서 찾을 수 있다. 이 때 논증의 구조는 구체적 지식을 참고하지 않고도 해결할 수 있는 일반적인 방식이어야 한다.

　일반적으로 논증의 구조에 대한 물음을 살펴보면, 전제들이 참일 경우 '그 전제들이 어떻게 결론을 지지하고 있는가'라는 것이 중심 요소임을 알 수 있다. 이러한 점을 고려할 때, 논증은 결론을 이끌어 내는 방식에 따라 다음과 같이 구분할 수 있다. 우선 전제가 결론을 지지하는 경우이다. 이 경우에는 전제가 결론을 결정적으로 지지하는가, 부분적으로 지지하는가에 따라 논증의 구조가 달라진다. 전제가 결론을 '결정적으로 지지한다'는 말의 의미는 논증의 전제들이 참일 경우 결론 역시 참이라는 것이다. 이러한 특성을 지닌 논증을 '타당한 연역 논증'이라 부른다.

　논증의 전제들이 결론을 '부분적으로 지지한다'는 말은 전제가 참이라면, 그 전제들은 우리가 결론을 받아들일 수 있는 충분한 근거를 제공하지만, 결정적인 근거가 되지는 못한다. 다시 말해서 전제들이 모두 참이라면, 결론은 아마 참일 것이지만 거짓일 가능성도 있다는 것이다. 이러한 유형의 논증을 '올바른 귀납 논증'이라 부른다.

　전제가 결론을 거의 지지하지 않거나 결코 지지하지 않는 경우는 올바른 귀납 논증도 타당한 연역 논증도 아닌 부류에 속하기 때문에 '오류 논증'이라 부른다. 오류 논증에 사용된 전제들은 언뜻 보면 결론을 지지하는 것처럼 보인다. 그래서 논증 자체가 연역 논증이나 귀납 논증과 유사한 느낌을 준다. 하지만 이렇게 제시된 증거들은 실제로는 매우 빈약하거나 결론과 무관한 것들이다. 따라서 오류 논증의 전제들은 비록 그것들이 참일지라도 결론의 참을 보장하지 않는다. 오류 논증의 결론은 아마도 우연히 참일 수 있을 것이다. 하지만 이러한 논증의 전제들은 결론을 참으로 보장할 만큼 충분한 근거가 되지는 않는다는 점을 기억해야 한다.

　연역 논증이나 귀납 논증이 각자에 적합한 방식으로 결론을 지지하고, 각 논증의 모든 전제들이 참일 때 우리는 '건전한 논증'이라 부른다. 만약 우리가 결론의 참을 확립하고자 한다면 건전한 논증의 과정을 거쳐야 한다. 왜냐하면 비록 어떤 논증이 논리적으로 아무런 결함을 가지지 않을지라도 전제들 중 일부가 거짓이라면, 결론의 참은 결코 보장되지 않기 때문이다.

1

위 글의 내용과 일치하지 않는 것은?

① '올바른 귀납 논증'의 전제가 모두 참이라면 결론은 언제나 참이 된다.

② '오류 논증'이라고 하여도 전제가 결론을 지지하는 것처럼 보일 수도 있다.

③ '오류 논증'의 경우, 전제가 모두 참이라고 할지라도 결론이 늘 참이 아닐 수도 있다.

④ 논증의 전제가 결론을 결정적으로 지지하는 경우를 '타당한 연역 논증'이라고 한다.

⑤ 모든 전제가 참이고 적합한 방식으로 결론을 지지하는 논증을 '건전한 논증'이라고 한다.

2

위 글의 서술상의 특징과 그 효과로 가장 적절한 것은?

① 다양한 관점을 비교하여 신뢰성을 높이고 있다.

② 상반된 두 견해를 대비하여 차이점을 부각시키고 있다.

③ 필요한 부분에 적절한 사례를 들어 이해를 쉽게 하고 있다.

④ 핵심 개념을 체계적으로 정리하여 독자의 이해를 돕고 있다.

⑤ 구체적 자료로 문제를 도출하여 해결 방안을 제시하고 있다.

삼단 논법이란 두 개의 전제와 하나의 결론, 즉 세 단계의 명제로 구성된 추리 방식을 말한다. 전제가 모두 참일 때 거짓인 결론이 도출될 수 없는 추론 형식을 타당하다고 한다. 논리학에 있어 타당성은 추론 절차의 올바름을 뜻하며, 이는 명제의 참·거짓과는 관계가 없다. 전통 논리학에서는 삼단 논법을 이루는 세 명제들의 성질과 관계를 분석하여 타당한 추리의 형식을 체계화하였다.

삼단 논법의 타당성을 결정하는 요소들 중 하나는 주연(周延)이다. 주연은 명제에서 주어 개념이나 술어 개념이 그 대상의 전부를 지칭하느냐 아니냐를 구별하기 위해서 사용하는 용어이다. 명제 안에서 어떤 개념이 그 대상의 전부를 지칭하도록 사용되었을 때 '주연되었다'고 하고 그 대상의 일부분만 지칭하도록 사용되었을 때 '부주연되었다'고 한다. 다음 삼단 논법의 예를 보자.

대전제 : 모든 남학생들은 축구팬이다.
소전제 : 모든 이 학교의 학생들은 남학생들이다.
결론 : 그러므로 모든 이 학교의 학생들은 축구팬이다.

삼단 논법의 세 명제는 세 개념의 관계를 나타낸다. 위 삼단 논법에는 '남학생들', '축구팬', '이 학교의 학생들'이라는 세 개념이 등장한다. 이 중 결론의 주어 개념인 '이 학교의 학생들'을 소개념이라 하고, 소개념이 들어 있는 전제를 소전제라고 한다. 그리고 결론의 술어 개념인 '축구팬'을 대개념이라 하고, 대개념이 들어 있는 전제를 대전제라고 한다. 또 두 전제에 공통적으로 등장하여 소개념과 대개념의 매개 역할을 하는 '남학생들'을 매개념이라고 한다. 여기서 대전제의 '남학생들'은 이 세상의 모든 남학생들을 지칭하므로 주연되었다. 그런데 소전제의 '남학생들'은 이 세상의 모든 남학생들 중에서 '이 학교의 학생들'인 남학생만을 지칭하므로 부주연되었다. 따라서 위 삼단 논법에서 매개념인 '남학생들'은 대전제에서 주연되고 소전제에서 부주연되었다고 할 수 있다.

주연과 관련하여 삼단 논법의 타당성을 판단하는 한 가지 법칙은 ⊙'타당한 삼단 논법에서는 매개념이 적어도 한 번은 주연되어야 한다.'는 것이다. 매개념은 대전제와 소전제에서 공통적으로 등장하기 때문에 같은 대상을 지칭하는 것처럼 보여도 각각에서 부주연되었을 때 지칭하는 범위가 서로 다를 수 있다. 즉, 두 전제에서 각각 대상의 서로 다른 부분을 지칭하고 있다면 결론이 타당하게 도출될 수 없는 것이다. 이러한 경우를 '매개념 부주연의 오류'라고 하며, 그 예는 다음과 같다.

대전제 : 어떤 남학생들은 축구팬이다.
소전제 : 모든 이 학교의 학생들은 남학생들이다.
결론 : 그러므로 모든 이 학교의 학생들은 축구팬이다.

위 삼단 논법에서 두 전제에 공통적으로 등장하는 매개념은 '남학생들'이다. 그런데 대전제의 '남학생들'은 '어떤 남학생들'이므로 전체 남학생들의 일부만을 지칭한다. 소전제의 '남학생들' 역시 '이 학교의 학생들'인 남학생만을 의미하므로 남학생들의 일부만을 지칭하고 있다. 즉, 매개념이 두 전제에서 다 부주연되었다. 따라서 '모든 이 학교의 학생들은 축구팬이다.'라는 결론은 논리적으로 타당하지 않은 것으로 판명된다.

1

위 글과 일치하지 않는 것은?

① 삼단 논법에서 대개념은 대전제와 결론에 등장한다.

② 삼단 논법은 세 단계의 명제로 구성된 추리 방식이다.

③ 삼단 논법에서 결론은 주어 개념과 술어 개념으로 이루어져 있다.

④ 삼단 논법에서 추론 형식의 타당성은 전제가 참인지 거짓인지에 따라 결정된다.

⑤ 삼단 논법에서 '주연'과 '부주연'은 개념이 지칭하는 대상의 범위에 관한 용어이다.

2

㉠의 이유로 가장 적절한 것은?

① 매개념이 두 전제에서 모두 주연되면, 매개념이 소전제와 결론에서 지칭하는 부분이 서로 다를 수 있기 때문이다.

② 매개념이 두 전제에서 모두 주연되면, 매개념이 대전제와 소전제에서 서로 다른 부분을 지칭할 수 있기 때문이다.

③ 매개념이 두 전제에서 모두 부주연되면, 매개념이 대전제와 결론에서 지칭하는 부분이 서로 다를 수 있기 때문이다.

④ 매개념이 두 전제에서 모두 부주연되면, 매개념이 대전제와 소전제에서 지칭하는 부분이 같아질 수 있기 때문이다.

⑤ 매개념이 두 전제에서 모두 부주연되면, 매개념이 대전제와 소전제에서 지칭하는 부분이 다를 수 있기 때문이다.

무엇인가를 알아내는 사고 방법에는 여러 가지가 있는데 그 중 하나가 유추이다. 유추란 어떤 사물이나 현상의 성질을 그와 비슷한 다른 사물이나 현상에 기초하여 미루어 짐작하는 것을 말한다. 이는 학문 또는 예술 활동에서뿐만 아니라 일상생활에서도 흔히 행하고 있는 사고법이다.

유추는 '알고자 하는 특성의 확정-알고 있는 대상과의 비교-결론 내리기'의 과정을 통해 이루어진다.

동물원에 가서 '백조'를 처음 본 어린아이가 그것이 날 수 있는가의 여부를 판단하는 과정을 생각해 보자. 이 경우 '알고자 하는 대상'과 그 '알고자 하는 특성'을 확정하면 '백조가 날 수 있는가?'가 된다. 그런데 그 아이가 자신이 이미 알고 있는 '비둘기'를 떠올리고는 백조와 비둘기 사이에 '깃털이 있다', '다리가 둘이다', '날개가 있다' 등의 공통점을 발견하였다. 이렇게 공통점을 발견하는 것이 바로 비교이다. 그 다음에 '비둘기는 난다'는 특성을 다시 확인한 후 '백조가 날 것이다'고 결론을 내리면 유추가 끝난다.

많은 논리학자들은 유추가 판단을 그르치게 한다고 폄하한다. 유추를 통해 알아낸 것이 옳다는 보장이 없기 때문이다. 위의 경우 '백조가 난다'는 것은 옳다. 그런데 똑같은 방법으로 '타조'에 대해 '타조가 난다'라는 결론을 내렸다면, 이는 사실에 어긋난다. 이는 공통점이 가장 많은 대상을 비교 대상으로 선택하지 못했기 때문이다. 이렇게 유추를 통해 알아낸 것은 옳을 가능성이 있다고는 할 수 있어도 틀림없다고는 할 수 없다.

결국 유추를 통해 옳은 결론을 내릴 가능성을 높이는 것이 중요한데, '범위 좁히기'의 과정을 통해 비교할 대상을 선정함으로써 그 가능성을 높일 수 있다. 만약 어린아이가 수많은 새 중에서 비둘기 말고, 타조와 더 많은 공통점을 갖고 있는 것, 예를 들면 '몸통에 비해 날개 크기가 작다'는 공통점을 하나 더 갖고 있는 '닭'을 가지고 유추를 했다면 '타조는 날지 못할 것이다'는 결론을 내렸을 것이다.

옳지 않은 결론을 내릴 가능성을 항상 안고 있음에도 불구하고 유추는 필요하다. 우리 인간은 모든 것을 알고 태어나지 않을 뿐만 아니라 어느 한 순간에 모든 것을 알아내지는 못한다. 그런데도 인간이 많은 지식을 갖게 된 것은 유추와 같은 사고법을 가지고 있기 때문이다.

1

위 글에 대한 설명으로 가장 적절한 것은?

① 유추의 활용 사례들을 분석하면서 그 유형을 소개하고 있다.

② 유추의 방법과 효용을 알려주면서 그 유용성을 강조하고 있다.

③ 유추에 대한 학문적 논의의 과정을 시간 순서대로 소개하고 있다.

④ 유추의 문제점을 지적하면서 새로운 사고 방법의 필요성을 역설하고 있다.

⑤ 유추와 여타 사고 방법들과의 차이점을 부각하면서 그 본질을 이해시키고 있다.

2

위 글을 바탕으로 〈보기〉의 내용을 이해한 것으로 적절하지 않은 것은?

〈보기〉

화성에도 생명체가 존재할까? 이에 대한 답을 얻기 위해서는 우리가 가장 잘 알고 있는 행성인 지구와 비교함으로써 둘 사이의 공통점을 찾아보는 것이 필요할 것이다. 태양계의 다른 행성들에 비해 화성은 태양과의 거리가 지구와 가장 비슷하다. 화성은 대기 온도가 영하 76℃까지 떨어지기도 하지만 지구의 최저 기온과 크게 차이가 없는 편이다. 또한 화성에서는 지구에서와 같이 암석과 물의 존재가 확인되었다. 그런데 지구에는 생명체가 존재한다. 그러므로 화성에도 생명체가 존재할 가능성이 높다.

① '화성과 태양의 거리'를 확인함으로써 '알고자 하는 특성'을 확정했다.

② 비교할 대상으로 '지구'를 선택했다.

③ '암석과 물의 존재' 등의 특성은 비교의 결과 확인한 공통점이다.

④ 결론을 내리기 전에 '생명체가 존재한다'는 '지구'의 특성을 다시 확인하고 있다.

⑤ 최종적으로 내린 결론은 '화성에 생명체가 존재할 가능성이 높다'이다

'쾌락주의(hedonism)'는 우리가 궁극적으로 원하는 것은 '쾌락'이고, 이 목적의 달성에 기여하는 것은 '선(善)'이라고 보는 관점의 주장이다. 여기서 말하는 '쾌락(快樂)'은 그 의미를 좁게 해석할 때 인간의 자연적인 욕구와 관련된 개념이다. 인간은 다양한 욕구와 충동을 가지고 있다. 허기, 갈증, 분노, 시기, 동정심 등과 같은 감정도 이에 해당된다. 이 욕구들이 충족될 때 우리는 쾌감 또는 만족 감을 느끼게 된다. 사람들이 그러한 쾌감을 얻겠다는 분명한 목표 의식을 가지고 그것을 일관되게 추구한다는 것이 쾌락주의의 핵심이다. 이러한 쾌락주의를 이해하기 위해서는 두 가지 사항을 검토할 필요가 있다.

우선 '사실'의 문제로서, 인간이 항상 쾌락을 실제로 추구하는지를 검토해 보자. 쾌락주의에서는 인간이 의도적으로 행하는 모든 행위의 목적이 자신의 쾌락에 놓여 있다고 본다. 그들은 타인을 위해 희생하는 행위조차도 그 행위를 통해서 만족을 얻게 되기 때문에 그렇다고 본다. 그러나 자신의 쾌락 과 관계없는 어떤 다른 목표를 지향하는 행위도 실제로 있지 않은가? 우리가 어떤 행위를 통해 만족 을 얻는 것은 사실이지만, 항상 행위를 통해 얻으리라고 기대되는 '만족감 때문에' 그 행위를 하는 것 이 아니다.

이렇게 볼 때 쾌락은, 직접적 추구의 대상이라기보다 그 자체로서는 반드시 쾌락과 관련되어 있다 고 볼 수 없는 어떤 행위의 부산물이라고 보는 편이 적절할 것이다. 따라서 우리가 참으로 쾌락을 얻 는 바람직한 방법은 쾌락을 의식하지 않고 중립적 목표를 추구하는 것이다. 결국 '인간의 모든 행동 은 오로지 자신의 만족감을 얻기 위해서 행해진다.'는 주장은 행위의 목적과 그 부산물을 혼동한 데 에서 나온 것이라 할 수 있다.

다음으로 '가치'의 문제로서 '쾌락은 바람직한 것, 즉 선'이라는 주장에 대해서 살펴보자. 이 주장 은 '인간은 쾌락을 추구하는 것이 좋겠다.'라는 권고 내지 당위를 말하는 이론이다. 그렇다면 우리가 추구할 만한 가치가 있는 쾌락이란 어떤 것이고, 어떤 쾌락이 인간을 행복하게 하는 진정한 쾌락이 라 할 수 있을까? 일찍이 에피쿠로스학파는 욕구나 결핍을 충족시킴으로써 쾌락을 극대화하는 것에 는 한계가 있다는 것을 알았다. 그래서 사람들에게 욕망을 적게 가지라고 충고했고, 또 남에게 선의 나 자비와 같은 덕을 베풀 것을 권고했다. 왜냐하면 그렇게 함으로써 참된 기쁨을 맛볼 수 있다고 보 았기 때문이다.

그러나 에피쿠로스처럼 이렇게 소극적으로만 쾌락을 추구할 것이 아니라, 보다 적극적으로 쾌락을 추구하는 어떤 방법은 없을까? 다음과 같은 쾌락 기계를 한번 가정해 보자.

쾌락 기계 속에 한 사람이 누워 있다. 이 장치를 통해 온갖 행복감이 느껴지도록 제어된 자극 이 그의 뇌에 전달된다. 이 사람은 평소 꿈꿔 왔던 모든 종류의 행복을 누린다. 그는 이것이 실제라고 믿기 때문에 지극히 행복하다. 그러다 이 상태를 유지할 수 없게 되면, 기계 장치가 꺼짐과 동시에 아무런 고통 없이 죽게 된다. 자, 당신은 기꺼이 이 기계에 들어가겠는가?

아마도 우리들 대부분은 이러한 제의를 거절할 것이다. 그것은 진짜가 아니기 때문이다. 이는 우리가 근본적으로 원하는 것은 단순한 쾌락의 획득이 아니라는 것을 보여준다. 우리는 꿈 속의 쾌락보다는 비록 고통이 동반된다 할지라도 현실의 경험을 선택한다. 이 현실의 경험이야말로 우리 삶의 참다운 내용이기 때문이다. 즉 우리는 환상적인 행복감이 아니라 현실에 뿌리를 둔 행복을 원한다. 그러자면 먼저 쾌락에 관심을 둘 것이 아니라 현실(reality)에 직면해야 한다. 그러는 가운데 현실과의 화해를 통해서 우리 자신을 성장시켜 나가야 한다.

1

위 글의 내용과 일치하지 않는 것은?

① 인간에게 쾌락의 대상이 되는 욕구는 다양하다.
② 쾌락은 욕구나 결핍이 충족되었을 때 최고조에 이른다.
③ 쾌락은 개인에 따라 행위목표이기도 하고 행위 결과이기도 하다.
④ 인간은 실제적 체험과 관련된 기쁨으로서의 쾌락을 추구하려 한다.
⑤ 개인의 만족과 타인에게 베푸는 사랑은 모두 쾌락 추구의 한 방법이다.

2

위 글의 글쓰기 전략을 〈보기〉에서 골라 바르게 묶은 것은?

〈보기〉

ㄱ. 기존의 견해를 비판하면서 새로운 해석을 시도한다.

ㄴ. 상황의 가정을 통해 바람직한 방향을 제시하고 있다.

ㄷ. 구체적인 사례를 통하여 대상의 원리를 이끌어 내고 있다.

ㄹ. 주요 개념들을 설명하여 주장에 대한 설득력을 높이고 있다.

① ㄱ, ㄴ   ② ㄱ, ㄷ   ③ ㄴ, ㄷ   ④ ㄴ, ㄹ   ⑤ ㄷ, ㄹ

3장

서양철학1

우리에게 소크라테스가 철학의 화신으로 기억되고 있다면 동시에 우리는 철학이 '대화'라는 사실에 암묵적으로 동의하고 있는 셈이다. 소크라테스의 철학은 대화에서 시작하여 대화로 끝나고 있기 때문이다.

그는 진리가 이 대화 밖에서 발견될 것으로 믿지 않았다. 소위 지식 있는 자들의 일방적인 가르침들, 출처가 의심스러운 신탁이나 전언들을 모두 불신했지만 대화만이 진리의 진정한 원천이라고 보았다. 신이 자신을 아테네에 보낸 사명은 황소처럼 깊이 잠든 아테네 시민들을 깨우는 것이라고 그는 믿었다. 그러므로 그 방법으로 사용한 대화는 그 잠을 깨우기 위해 사용했던 아픈 침과 같은 것이었다. 그에게 철학은 곧 대화함이었다. 혼자 있을 때에도 그는 자신 안에 있는 내면의 또 다른 영혼 다이몬과 대화를 했다. 그는 이 다이몬이 늘 자신에게 무엇을 하지 말라는 말을 한다고 불평하곤 했다.

그리고 그는 곧잘 대화를 분만에 비유했다. 그에게는 모든 사람들이 진리를 수태한 산모들이었고, 대화는 진리가 신생아처럼 태어나는 진통의 과정이었다. 그래서 그는 자신이 진리의 씨를 뿌리는 파종자가 아닌 산파일 뿐이라고 말했다. 대화를 시작하면서 그가 항시 사용했던 말은 "나는 무지한 자이다."라는 고백이었으나, 결코 이것은 알려져 있듯이 소피스트들을 궁지에 몰아넣기 위한 전략적 상투어가 아니었다.

이것은 지금 시작하는 대화가 이미 알고 있는 지식의 확인 또는 전수와 같은 형식화된 절차가 아니라 순수하게 열린 대화임을 분명히 하는 말이었다. 이미 알고 있는 자는 대화하려고 하지 않는다. 단지 가르치려고 말하거나 논쟁에서 싸워 이기려고 공격하여 말할 뿐이다. 따라서 그들의 대화는 언제나 빤한 것일 수밖에 없었다. 가르쳐 주는 것, 뽐내고 자랑하는 것, 또는 논쟁하여 승복을 받아 내는 것 등으로서.

"나는 무지한 자"라는 고백과 함께 소크라테스가 즐겨 썼던 말은 "너 자신을 알라."라는 말이었다. 물론 이것은 먼저 흐트러진 자신을 추스르고 수습하고자 자기에게 던지는 말이었다. 그러나 동시에 이것은 상대방 또한 무지한 자임을 스스로 인정해야 한다는 요구를 담은 양날의 칼이었다.

대화 당사자 중의 어느 한 쪽이라도 알고 있는 자로 밝혀지면, 대화는 이제 설득이나 교육의 기술로 전락될 수밖에 없다. 그러므로 '소크라테스와의 대화'는 쌍방간에 부풀려진 지식과 명예의 허상이 이 칼에 의해 낱낱이 도려내어진 다음에서야 비로소 시작되었던 것이다.

그러나 이 대화가 늘 진리의 성공적인 분만이라는 아름다운 이야기로 끝맺음된 것은 아니었다. 실패하여 그르쳐버린 대화들도 많았다. 결국 그를 죽음으로 몰아넣은 직접적인 원인은 소피스트들과의 대화였고 그 실패한 대화는 앙금처럼 원한으로 남게 되었다. 자신들의 언어가 현실을 창조하는 마술이라고 떠벌렸던 자들, 진리는 승리한 말싸움에 지나지 않는다고 우겼던 자들, 지식은 그저 그렇게 믿도록 설득하는 힘일 뿐이라고 외쳤던 자들의 말을 그는 모두 궤변이라 일축해버렸다.

1

위 글의 내용을 정리한 것으로 적절하지 않은 것은?

표현		의미
① 너 자신을 알라	→	무지의 자각 : 대화자의 기본 자세
② 산모	→	지혜로운 철학자
③ 산파	→	조력자 : 소크라테스
④ 신생아	→	진리
⑤ 진통과 분만	→	대화

2

위 글의 내용과 일치하지 않는 것은?

① 소크라테스는 철학의 방법으로 대화를 선택하였다.

② 소크라테스는 소피스트의 말을 궤변이라 비판하였다.

③ 소크라테스는 대화를 효과적인 교육의 기술로 보았다.

④ 소크라테스는 대화를 통해 진정한 진리에 도달할 수 있다고 보았다.

⑤ 소크라테스는 누구나 진리를 발견할 수 있는 가능성이 있다고 생각했다.

　　플라톤은 최선의 세계를 만들기 위해서 무엇보다 먼저 이 세계에 있는 모든 대상들이 지닌 성질을 정확하게 인식해야만 한다고 보았다. 그런데 대상은 규정되어 있지 않은 것이다. 인간뿐만 아니라 신도 마음대로 어쩌지 못하는, 그 자신만의 고유한 성질을 지니고 있다. 따라서 인간의 이성은 그 대상을 인식하기 위하여, 우선 명확히 설명할 수 있는 부분을 오려 내어 하나의 고정치로 확정지어야 한다. 대상의 바로 이런 고정화된 모습을 플라톤은 이데아(idea)라 부른다.

　　플라톤의 이데아는 초기 작품에서는 '개별적 사물의 공통된 모습'으로, 원숙기의 작품에서는 '진정한 존재, 영원불변한 어떤 실체'로 규정된다. '개별적 사물의 공통된 모습'은 무엇을 의미하는가? 인간을 예로 들어 보자. 우리는 인간이 무엇인가를 규정하기 위하여 학생·농부·사업가·정치가 등과 같은 특정의 사람에 대해서가 아니라, 그러한 사람들 모두에 공통적인, 즉 일반적인 인간에 대해서 살펴보게 된다. 따라서 '개별적 사물의 공통된 모습'으로서의 이데아에 대한 규정은 보편자 개념을 통한 규정이고, 그러한 규정은 대상을 단순히 감각적 차원에서 한 번만 경험하고 흘려보내는 일시적인 것이 아니라, 이성적 차원에서 개념 체계의 좌표를 통해 파악하고 정리해 두려는 학문적 인식의 출발점이 된다.

　　그렇다면 이러한 의미에서의 이데아, 즉 한 사물의 보편적 성질만 알면 그 사물에 대해 완전하게 인식하게 되는 것인가? 물론 그렇지 않다. 개별적 사물에 대해 완전히 알기 위해서는 그 사물의 이데아에 대해서도 알아야 할 뿐만 아니라, 그 사물만이 고유하게 갖고 있는 개별적 특수성에 대해서도 알아야 한다. 사실 플라톤의 초기 작품에 나오는 이데아에 대한 앎은 한 사물의 본질에 대한 학문적 차원에서의 앎은 제공해 줄 수 있어도, 그것의 고유성까지 꿰뚫는 완벽한 앎은 제공해 주지 못한다. 그래서 플라톤은 그의 원숙기에 속하는 작품에서부터 개별자와 연관을 맺고 있는 이데아에 대해 주로 고찰하게 된다. 그런데 이러한 배경에서 나온 새로운 차원의 이데아론은 이데아와 현상계에 대한 비유적 표현 때문에 철학사적으로 가장 심각한 오해를 받아 왔다.

　　사실 이데아는 영원불변한 실체이고, 현상계의 개체는 그것의 그림자라는 비유적 표현은 일반인들에게는 잘못 이해될 수 있는 소지를 충분히 안고 있다. 인식론적 관점에서 볼 때, 이데아를 안다는 것은 하나의 대상을 학문적 인식 체계 속에서 그 대상이 속해 있는 유개념을 파악했음을 의미하는 것이고, 이데아의 그림자인 개별자를 안다 함은 이데아라는 보편적 성질과 함께하고 있는 개별자 자체의 고유한 특성에 대한 앎을 의미하는 것이다. 따라서 그의 이데아론에는 보편자에 대한 개념적 파악과 개별적 특수성에 대한 내용적 파악을 동시에 해낼 수 있는 이중적 시선이 작용하고 있다. 바로 이러한 사실을 깨달아야만, 우리는 플라톤의 이데아론이 학문적 인식 체계에서 차지하는 진정한 의의를 알 수 있게 된다.

1

위 글에 대한 설명으로 적절하지 않은 것은?

① 구체적인 예를 들어 독자의 이해를 돕고 있다.

② 묻고 답하는 방식을 통해 논의를 확장하고 있다.

③ 용어나 명제에 대한 설명을 바탕으로 논의를 전개하고 있다.

④ 개념의 이해와 관련하여 빚어질 수 있는 오해를 경계하고 있다.

⑤ 하나의 가설을 세우고 이를 증명해 나가는 방식을 취하고 있다.

2

위 글의 내용을 바탕으로 강연을 한다고 할 때, 강연의 제목으로 가장 적절한 것은?

① 플라톤 철학의 위대성 – 플라톤의 업적을 중심으로

② 플라톤 철학에 대한 인식의 변화 – 이데아 개념을 중심으로

③ 플라톤 철학에 대한 올바른 이해 – 이데아론을 중심으로

④ 사물 간의 관계에 대한 탐구 – 보편성과 개별성을 중심으로

⑤ 인간의 본성에 대한 올바른 이해 – 플라톤의 이데아론을 중심으로

인간은 지식을 추구하는 존재이다. 그래서 우리의 삶은 일상적인 것에서부터 전문적인 것에 이르기까지 지식을 알기 위한 과정의 연속으로 볼 수 있다. 이런 지식에 대해 체계적으로 고찰하는 철학의 한 분야가 인식론(認識論)이다. 인식의 문제는 고대에도 소피스트, 플라톤, 아리스토텔레스 등에 의하여 논의되었으나 철학의 중심 문제로 등장한 것은 비교적 근대의 일이다. 그 이유는 근대에 이르러 철학적 지식도 자연 과학적 지식과 같은 확실성을 요구하게 되면서 지식의 문제가 자연히 부각되었기 때문이다. 근대 인식론은 크게 경험주의와 합리주의의 두 유형으로 나타났다.

17세기 영국을 중심으로 발전한 경험주의는 감각적 경험을 통해 얻은 것만을 지식이라고 생각했을 뿐만 아니라 모든 지식은 인간의 경험으로 도출될 수 있다고 믿었다. 그래서 감각적 경험으로 알 수 없는 선험적(先驗的)인 것은 지식으로 인정하지 않는다. 경험주의는 지식을 얻는 방법론으로 주로 귀납적 방법을 이용하였다. 즉 개별 현상들을 관찰하고 검증함으로써 공통된 특징을 찾아내거나 동일한 관계를 찾아내고, 이를 바탕으로 현상들에 공통되는 법칙을 구성하거나 동일한 개념을 발견하려고 하였다. 그러나 ㉠유럽의 백조가 희다고 전 세계의 백조가 희다고 할 수 없는 것처럼, 방법론 자체에 문제점을 내포하고 있다.

한편 유럽 대륙을 중심으로 발전한 합리주의는 감각에 의해 얻어지는 개별적 사실들은 항상 변화할 수 있기 때문에 지식이라고 보지 않았다. 그들은 지식이란 영원히 불변하는 것이라고 믿었기 때문에 보편적인 것을 추구하였고, 이는 이성에 의해서만 가능하다고 생각했다. 따라서 합리주의는 이성에 의한 지식만을 가장 이상적인 지식으로 여긴다. 여기서 이성이란 후천적인 감각 능력에 대립되는 선천적인 인식 능력을 말한다. 합리주의는 지식을 얻는 방법론으로 주로 연역적인 방법을 이용하였다. 즉 합리주의는 보편으로부터 개별을 이끌어내려고 하였다. 그러나 합리주의는 감각 경험과 물리적 현상을 도외시했기 때문에 구체적 현실에 대한 지식을 무시한다는 점과 새로운 사실의 발견에 대해 적절하게 설명할 수 없다는 문제점이 있다.

이러한 경험주의와 합리주의의 대립에 대해, 칸트는 이를 극복할 수 있는 새로운 인식 체계를 제시한다. 칸트는 인간의 인식 능력 중에는 감성과 오성이 있다고 보았다. 감성이란 외부 세계로부터 들어오는 자극(감각 자료)을 감각적인 직관으로 만드는 능력을 말하고, 오성이란 감각적인 직관에 대해 사유하여 개념화하는 능력을 말한다. 칸트는 인간의 지식은 내용과 형식을 가지고 있는데, 이 두 가지가 반드시 합쳐져야 지식이 된다고 생각했다. 여기서 내용은 감각 경험을 말하고, 형식은 오성을 말한다. 다시 말해 칸트는 외부에서 잡다하게 자극이 주어지면 감성이 이것을 감성의 형식으로 질서를 만들고, 오성은 이것을 오성의 형식인 범주를 통해 구성하여 지식을 완성한다고 보았다. 이렇게 해서 칸트는 감각적 경험에만 의존하는 경험주의의 문제점과 감각 경험을 도외시하는 합리주의의 문제점을 비판적으로 수용하고 종합했던 것이다.

1

위 글의 내용과 일치하지 않는 것은?

① 합리주의는 선천적 인식 능력을 통해 지식을 얻으려 하였다.

② 합리주의는 개별 현상들에서 동일한 개념을 발견하려고 하였다.

③ 칸트는 경험주의와 합리주의의 문제점을 비판적으로 수용하였다.

④ 경험주의는 지식을 얻는 방법론으로 주로 귀납적 방법을 사용하였다.

⑤ 경험주의는 지식이 인간의 감각 경험에서 도출될 수 있다고 생각했다.

2

㉠과 사례가 유사한 것은?

① 학자가 자동차 사고를 냈다고 그의 학문적 업적까지 폄하해서는 안 된다.

② 타인의 잘못을 지적한다고 자신의 잘못이 없어진다고 생각하는 것은 곤란하다.

③ 만수가 경수를 싫어하지 않는다고 해서 경수를 사랑한다고 판단하는 것은 적절하지 않다.

④ 유명한 시인이 평론했더라도 그 평론이 미술 작품에 관한 것이라면 권위를 인정하기 어렵다.

⑤ 내가 지금까지 먹어본 사과가 달콤하다고 이 세상의 모든 사과가 달콤하다고 말할 수는 없다.

철학(philosophy)이라는 말의 어원은 '지혜에 대한 사랑'이라는 뜻으로 서양에서 비롯되었다고 한다. 그래서 철학을 애지학(愛智學 :지혜를 사랑하는 학문)이라고 옮기기도 한다. 이 말을 처음 쓴 소크라테스는 당시 스스로 많은 지식을 소유하고 있다고 자만하며, 지식의 소매상 노릇을 하던 소피스트[지자(知者)]들을 통렬히 비난했다. 이들과는 달리 소크라테스는 자신은 지식을 이미 소유한 자가 아니라, 지혜를 추구하고 동경하며 갈망하는, 다시 말하자면 지혜를 사랑하는 자, 즉 필로소포스[철학자]라고 했다.

무엇인가를 사랑할 수 있다는 것은 우선 그것을 소유하고 있지 않을 때 가능하다. 사랑이란 무소유의 상태에서 어떤 것을 소유하고자 끊임없이 그것을 그리워하고 갈망할 때에 이루어지는 것이라 생각된다. 하여튼 지혜에 대한 사랑으로서의 철학은 지혜의 무소유 상태로부터 지혜의 소유 상태로의 과정 속에서 성립하는 것이며, 그런 뜻에서 철학은 언제나 진행형이며 결코 완결될 수 없는 학문인지도 모른다. 스스로 지혜를 소유하고 있다는 지적(知的) 교만은 이런 의미에서 '철학의 죽음'이라고 할 수 있을 것이다.

그래서 소크라테스가 말한 철학자의 일차적 자격 요건이 바로 지적인 겸손이다. 지적으로 겸손한 자만이 철학이라는 고귀한 활동에 동참할 자격을 갖추게 된다는 뜻이다. 자기가 진정 아는 것이 없다는 자각을 '무지(無知)의 지(知)'라고 한다. 이러한 자각에 이르기 위해서는 지금까지 우리가 가지고 있던 독단과 편견으로부터 해방되는 일이 더없이 중요하다. 다시 말하자면 크고 작은 우상(偶像)들을 남김없이 파괴할 필요가 있다는 것이다.

본격적으로 우상의 파괴론을 철학적으로 전개한 사람은 영국의 철학자 베이컨이다. 그는 신의 존재 등 몇 가지 가정(假定)을 자명한 명제로 받아들이고 이 전제로부터 연역 논증을 통해 각종 진리들을 도출하는 중세의 우상 숭배자들에게 반기를 들었다. 즉 진정한 지식은 모든 독단과 편견을 버린 후 경험에 바탕을 둔 귀납적 논증을 통해서만 획득될 수 있다고 생각했던 것이다.

그는 진정한 지식을 갖는 데 방해가 되는 인간의 편견인 우상을 '종족(種族)의 우상', '동굴의 우상', '시장(市場)의 우상', '극장(劇場)의 우상'이라고 부르고, 이 네 가지 우상을 파괴해야 함을 강력하게 주장했다.

종족의 우상은 우리가 인간이기 때문에 모든 것을 인간중심적으로 생각하는 버릇이 있으며, 무엇이든 의인화해서 생각함으로써 하느님마저도 인간의 모습을 가졌다고 생각한다는 것이다. 소는 소의 형상을 한 하느님만을 생각할 것이며, 말은 말의 형상을 한 하느님만을 생각할 것이라고 한다.

동굴의 우상은 개인마다 각자 자기 나름으로 가지고 있는 편견들이다. 우리는 서로 다른 환경에서 저마다 상이한 인생 경험을 하면서 살아간다. 그러는 가운데 우리는 서로 다른 안경을 끼고 세상을 바라보게 되고, 그러한 세상 모습을 절대적인 것으로 고집하며 서로 옳다고 우기게 된다. 각자 자신의 동굴을 파고 들어가 그 속에서 세상을 바라보고 있는 것이다. 우리는 자기만의 동굴에서 빠져 나와야 할 것이고, 그러기 위해서는 겸허한 태도로 타인들과의 허심탄회한 대화에 참여해야 할 것이다.

시장의 우상은 말로 인해 생겨나는 갖가지 우상을 말한다. 시장은 많은 사람들이 운집하는 곳을 상징한다. 그곳에서는 실제로 없는 사실인데도 말만 생겨나 떠돌게 됨으로써 편견이 확대, 재생산된다는 것이다.

극장의 우상은 권위로 인해 생겨나는 우상을 말한다. 극장 무대에서 배우들이 분장을 그럴 듯하게 하고 조명을 휘황하게 비추면 우리는 그것이 현실인 양 함께 울기도 하고 웃기도 하게 되는 것이다. 그와 같이 어떤 주장이건 그것에 권위의 빛을 비추게 되면 우리는 쉽게 믿어버리는 버릇이 있고, 그 때문에 편견이 생겨난다는 것이다.

아무튼 이 같은 갖가지 편견과 우상으로부터 해방되기 위해서는 끊임없는 철학적 자기 반성과 성찰, 그리고 독자적인 사고와 홀로서기를 향한 과감한 용기가 있어야 할 것이다.

1

위 글에서 알 수 있는 사실이 아닌 것은?

① 철학은 연역 논증을 통해 진리를 도출한다.
② 소크라테스는 소피스트들을 부정적으로 평가하였다.
③ 철학자의 기본적인 자격 요건은 지적 겸손 여부이다.
④ 우상의 파괴는 무지에 대한 자각을 하기 위한 것이다.
⑤ 철학은 지혜를 소유하기 위한 과정 속에서 성립하는 것이다.

2

베이컨이 말한 네 가지 우상에 해당되지 않는 것은?

① 인간이 만물의 척도(尺度)라고 믿는 경우
② 비가 올 것이라고 예상하여 우산을 가지고 나갔으나, 비가 오지 않은 경우
③ 백두산 천지에 괴물이 산다는 소문을 듣고, 그 괴물이 실제로 있다고 믿는 경우
④ 일반인이 그린 그림을 유명 화가가 그렸다고 하니, 곧바로 높은 가격에 팔린 경우
⑤ 물이 든 투명 유리컵 속의 곧은 젓가락이 휘어져 보이므로 젓가락이 굽은 것이라고 믿는 경우

우리 인간은 많은 지식을 가지고 있다. 그런데 이 지식들은 절대적이고 확실한 것인가? 이와 관련하여 데카르트는 모든 지식의 정당성에 대해 근본적으로 회의하는 철학적 반성을 시도하였는데, 이를 '방법적 회의'라고 부른다.

데카르트는 지식을 세 가지로 분류한다. 첫째는 경험적 원천을 통해 파악된 외부 세계에 대한 경험적 지식이고, 둘째는 내적인 성찰을 통해 파악할 수 있는 내부의 마음 상태에 대한 내성적 지식이다. 셋째는 수학적 지식인데, 이는 외부 경험이나 내성을 통해 얻을 수 없다는 점에서 비경험적 지식이다.

경험은 때때로 우리를 기만하기 때문에 데카르트는 경험적 지식에 정당성을 부여할 수 없다고 한다. 경험은 언제나 우리를 속일 가능성이 있다. 가령 물이 담긴 컵 속에 막대기를 넣으면 막대기는 굽어 보이지만, 실재하는 막대기는 굽어 있는 것이 아니다. 이렇게 외부 세계에 대한 경험은 외부 세계의 실재를 보여 주는 것이 아니라 기껏해야 우리에게 나타난 바인 현상만을 보여 줄 뿐이기 때문에 그 정당성을 의심할 수밖에 없다는 데카르트의 논점은 우리 내부의 마음 상태에 대한 내성적 지식에도 동일하게 적용된다.

우리는 자신이 아프다는 것을 직접적으로 안다고 생각한다. 나아가 이런 지식은 틀릴 수 없는 것으로 생각하기도 한다. 그러나 과연 그러한가? 분명히 나는 아프다는 것을 느낀다. 그러나 이러한 느낌은 착각에 지나지 않을 수도 있다. 그렇다면 우리의 내성적 지식 역시 지식으로서의 정당성을 가지고 있지 않다.

경험에 근거한 외부 세계에 대한 지식이나 내성적 지식뿐만 아니라 비경험적 원천을 지녔다고 생각되는 수학적 지식에 대해서도 데카르트는 의심한다. 우리는 '2+3=5'라고 당연하게 생각한다. 그런데, 실제로는 '2+3=6'인데 인간이 계산할 때마다 악신(惡神)이 장난을 하여 '2+3=5'라고 믿게 할 수도 있다. 이러한 악신의 존재 가능성이 부정되지 않는 한 우리는 수학적 지식의 정당성을 입증할 수 없다는 것이다.

우리는 교육과 경험을 통해 많은 지식을 배운다. 하지만 데카르트가 보여주었듯 우리 머릿속에 존재하고 있는 지식들 중에서 우리 스스로가 분명하게 지식이라고 말할 수 있는 것이 과연 얼마나 있겠는가? 우리가 당연하게 지식으로 간주하였던 경험적 지식이나 내성적 지식, 나아가 수학적 지식조차도 지식으로서의 정당성을 갖추지 못한 것이라면 우리가 지식이라고 부를 수 있는 것은 거의 없는 것이나 마찬가지이다.

그렇다면 우리가 그 정당성을 입증할 수 있는 진정한 지식이란 무엇이며, 그것에 도달하는 방법은 무엇인가? 우리는 그 단서를 데카르트의 '방법적 회의'에서 찾을 수 있다. 데카르트의 방법적 회의는 할 일 없는 철학자의 단순한 소일거리로 보일 수도 있다. 그러나 그것은 인간 지식에 대한 총체적인 반성을 보여주고 있다. 이런 점에서 철학을 하고자 원하는 자뿐 아니라 지혜를 추구하는 이성적 인간이라면 누구에게나 방법적 회의가 필요하다. 그저 신념과 믿음에 불과한 것을 지식인 것처럼 착각하고 이를 내세운다면 이는 자신의 독단적 믿음을 타인에게 강요하는 억압에 불과하다. 바로 이러한 맥락에서 데카르트의 방법적 회의는 빛을 발하게 되는 것이다.

1

위 글에 대한 설명으로 가장 적절한 것은?

① 데카르트 철학의 의미를 밝히고 그 한계를 지적하고 있다.
② 데카르트의 방법적 회의를 소개하고 그 의의를 밝히고 있다.
③ 데카르트의 철학에 대한 기존의 평가에 대해 반박하고 있다.
④ 데카르트 철학에서 방법적 회의가 갖는 위상을 규명하고 있다.
⑤ 데카르트의 방법적 회의를 다른 방법론과 비교하여 설명하고 있다.

2

'방법적 회의'에 주목하여 격언을 만들어 보았다. 가장 적절한 것은?

① 모든 것을 분류하라, 그리고 통합하라!
② 현재를 반성하라, 그리고 경험을 존중하라!
③ 모든 것을 의심하라, 그리고 다시 시작하라!
④ 자신을 믿으라, 그러나 독선에는 빠지지 말라!
⑤ 존재를 회의하라, 그러나 허무에는 빠지지 말라!

18세기 경험론의 대표적인 철학자 흄은 '모든 지식은 경험에서 나온다.'라고 주장하면서, 이성을 중심으로 진리를 탐구했던 데카르트의 합리론을 비판하고 경험을 중심으로 한 새로운 철학 이론을 구축하려 하였다. 그러나 지나치게 경험만을 중시한 나머지, 그는 과학적 탐구 방식 및 진리를 인식하는 문제에 대해서도 비판하기에 이른다. 그 결과 ㉠흄은 서양 근대 철학사에서 극단적인 회의주의자로 평가받는다.

흄은 지식의 근원을 경험으로 보고 이를 인상과 관념으로 구분하여 설명하였다. 인상은 오감(五感)을 통해 얻을 수 있는 감각이나 감정 등을 말하고, 관념은 인상을 머릿속에 떠올리는 것을 말한다. 가령, 혀로 소금의 '짠맛'을 느끼는 것은 인상이고, 머릿속으로 '짠맛'을 떠올리는 것은 관념이다. 인상은 단순 인상과 복합 인상으로 나뉘는데, 단순 인상은 단일 감각을 통해 얻은 인상을, 복합 인상은 단순 인상들이 결합된 인상을 의미한다. 따라서 '짜다'는 단순 인상에, '짜다'와 '희다' 등의 단순 인상들이 결합된 소금의 인상은 복합 인상에 해당한다. 그리고 단순 인상을 통해 형성되는 관념을 단순 관념, 복합 인상을 통해 형성되는 관념을 복합 관념이라 한다. 흄은 단순 인상이 없다면 단순 관념이 존재하지 않는다고 보았다. 그런데 '황금 소금'은 현실에 존재하지 않기 때문에 그 자체에 대한 복합 인상은 없지만, '황금'과 '소금' 각각의 인상이 존재하기 때문에 복합 관념이 존재할 수 있다. 따라서 복합 관념은 복합 인상이 없더라도 존재할 수 있다. 하지만 흄은 '황금 소금'처럼 인상이 없는 관념은 과학적 지식이 될 수 없다고 말하였다.

흄은 과학적 탐구 방식으로서의 인과 관계에 대해서도 비판적 태도를 보였다. 그는 인과 관계란 시공간적으로 인접한 두 사건이 반복해서 발생할 때 갖는 관찰자의 습관적인 기대에 불과하다고 말하였다. 즉, '까마귀 날자 배 떨어진다'라는 속담이 의미하는 것처럼 인과 관계는 필연적 관계임을 확인할 수 없다는 것이다. 그는 '까마귀가 날아오르는 사건'과 '배가 떨어지는 사건'을 관찰할 수는 있지만, '까마귀가 날아오르는 사건이 배가 떨어지는 사건을 야기했다.'라는 생각은 추측일 뿐 두 사건의 인과적 연결 관계를 관찰할 수 없다고 주장한다. 결국 인과 관계란 시공간적으로 인접한 두 사건에 대한 주관적 판단에 불과하므로, 이런 방법을 통해 얻은 과학적 지식이 필연적이라는 생각은 적합하지 않다고 흄은 비판하였다.

[A] 또한 흄은 진리를 알 수 있는가의 문제에 대해서도 회의적인 태도를 취했다. 전통적인 진리관에서는 진술의 내용이 사실(事實)과 일치할 때 진리라고 본다. 하지만 흄은 진술 내용이 사실과 일치하는지의 여부를 판단할 수 없다고 보았다. 예를 들어 '소금이 짜다.'라는 진술이 진리가 되기 위해서는 실제 소금이 짜야 한다. 그런데 흄에 따르면 우리는 감각 기관을 통해서만 세상을 인식할 수 있기 때문에 실제 소금이 짠지는 알 수 없다. 그러므로 '소금이 짜다.'라는 진술은 '내 입에는 소금이 짜게 느껴진다.'라는 진술에 불과할 뿐이다. 따라서 비록 경험을 통해 얻은 과학적 지식이라 하더라도 그

것이 진리인지의 여부는 확인할 수 없다는 것이 흄의 입장이다.

　이처럼 흄은 경험론적 입장을 철저하게 고수한 나머지, 과학적 지식조차 회의적으로 바라보았다는 점에서 비판을 받기도 했다. 하지만 그는 이성만 중시했던 당시 철학 사조에 반기를 들고 경험을 중심으로 지식 및 진리의 문제를 탐구했다는 점에서 근대 철학에 새로운 방향성을 제시했다는 평가를 받는다.

1

위 글을 통해 알 수 있는 내용이 아닌 것은?

① 데카르트는 이성을 중시하는 관점에서 진리를 찾으려고 하였다.

② 전통적 진리관에 따르면 진리 여부를 판단하는 것은 불가능하다.

③ 흄은 지식의 탐구 과정에서 감각을 통해 얻은 경험을 중시하였다.

④ 흄은 합리론에 반기를 들고 새로운 철학 이론을 구축하려 하였다.

⑤ 흄은 인상을 갖지 않는 관념은 과학적 지식이 될 수 없다고 보았다.

2

[A]를 바탕으로 할 때, ⊙의 이유로 가장 적절한 것은?

① 인상이 없는 지식은 진리가 아니라고 보았기 때문에

② 이성만으로는 진리를 탐구할 수 없다고 보았기 때문에

③ 실재 세계의 모습은 끊임없이 변한다고 보았기 때문에

④ 주관적 판단으로 진리를 찾을 수 있다고 보았기 때문에

⑤ 경험을 통해서도 진리를 확인할 수 없다고 보았기 때문에

루소의 사상은 인간이 자연 상태에서는 선하고 자유롭고 행복했으나, 사회와 문명이 들어서면서 악해지고 자유를 상실하고 불행해졌다는 전제에서 출발한다. 그는 『에밀』의 첫머리에서 이렇게 말하고 있다.

이 세상 만물은 조물주의 손에서 나올 때는 선하지만, 인간의 손에 와서 타락한다. 인간은 어떤 땅에다 다른 땅에서 나는 산물을 재배하려 드는가 하면, 어떤 나무에 다른 나무의 열매를 열리게 하려고 애를 쓴다. 인간은 기후·환경·계절을 뒤섞어 놓기도 한다. 무엇 하나 자연이 만들어 놓은 상태 그대로 두지 않는다.

루소에 의하면, 자연 상태에서 인간은 필요한 만큼의 욕구가 충족되면 그 이상 아무 것도 취하지 않았으며, 타인에게 해악을 끼치지도 않았다. 심지어 타인에게 도움을 주려는 본능적인 심성까지 지니고 있었다. 그러나 인지(認知)가 깨어나면서 인간의 욕망은 필요로 하는 것 이상으로 확대되었다. 이 이기적인 욕망 때문에 사유 재산 제도가 형성되고, 그 결과 불평등한 사회가 등장하게 되었다. 즉 이기적 욕망으로 인해 인간은 타락하게 되었고, 사회는 인간 사이의 대립과 갈등으로 가득 차게 되었다.

이러한 인간과 사회의 병폐에 대한 처방을 내리기 위해 쓰여진 것이 『에밀』로서, 그 처방은 한마디로 인간에게 잃어버린 자연을 되찾아 주는 것이다. 즉 인간에게 자연 상태의 원초의 무구(無垢)함을 되돌려 주어, 선하고 자유롭고 행복하게 살 수 있는 사회를 만들게 하는 것이다. 루소는 이것이 교육을 통해서 가능하다고 보았다.

그 교육의 실체는 가공(架空)의 어린이 '에밀'이 루소가 기획한 교육 프로그램에 따라 이상적인 인간으로 성장해 가는 과정을 통해 엿볼 수 있다. 이 교육은 자연 상태의 인간이 본래의 천진무구함을 유지하면서 정신적·육체적으로 스스로를 도야해 가는 과정을 따르는 것을 원리로 삼는다. 그래서 지식은 실제 생활에 필요한 정도만 배우게 하고, 심신의 발달 과정에 따라 어린이가 직접 관찰하거나 자유롭게 능동적인 경험을 하도록 하는 것이다. 그럼으로써 자유로우면서도 정직과 미덕을 가진 도덕적 인간으로 성장해 나갈 수 있게 된다. 이것은 자연 상태의 인간을 중시하는 그의 인간관이 그대로 반영된 것이다.

루소의 자연으로 돌아가자는 주장은 공허한 외침으로 들리기도 한다. 루소가 말하는 자연으로 돌아가기에는 이미 인류의 역사가 너무 많이 진행되었기 때문이다. 그러나 인간이 본래 무구한 존재라고 본 그의 인간관과 인간 사이의 유대를 도모하고 평등을 실천 할 수 있는 인간상을 추구했던 그의 이상은 인간을 탐욕의 노예로 몰고 가는 오늘날에 더욱 빛을 발한다.

1

위 글에 나타난 루소의 견해와 일치하지 않는 것은?

① 문명의 발전을 인성의 발전과 동일시하였다.

② 사유 재산 제도를 부정적인 시각에서 평가했다.

③ 무구함의 회복이 인간의 행복과 통한다고 여겼다.

④ 사회 병폐에 대한 처방책의 핵심을 교육으로 보았다.

⑤ 도덕적 인간 양성이 이상적인 사회 구축의 첩경이라고 믿었다.

2

위 글에서 루소가 말하는 '교육'의 개념과 가장 유사한 것은?

① 교육은 지식의 습득을 기본 목표로 한다.

② 교육은 국가의 백년지대계(百年之大計)이다.

③ 교육은 자아의 독립과 완전한 개성을 이루게 하는 것이다.

④ 교육은 특권을 주는 것이 아니라 책임감을 부여하는 것이다.

⑤ 교육은 제멋대로 흐르는 개울을 반듯한 수로로 변하게 하는 것이다.

인류의 역사에는 위대한 사상가들이 많다. 그러한 사상가들은 현실의 문제를 새로운 관점에서 비추어 보고 해결하는 지혜를 후세들에게 제공해 준다. 독일의 시인이자 사상가인 괴테(Goethe)도 마찬가지이다. '진정한 인간성'을 추구하는 그의 사상은 현대에 사는 우리에게도 꺼지지 않는 불꽃으로 남아 있다.

괴테는 정신 세계에 다양한 요소를 지닌 사람이었다. 예리한 판단력, 풍부한 상상력 그리고 예민한 감수성을 괴테만큼 두루 지녔던 사람도 드물다. 그런데 이런 특성들이 선천적이라기보다는 자기 스스로 노력하고 탐구하여 얻은 것이라는 데 그의 매력이 있다. 그는 평생 동안 완전한 자기 자신을 만들기 위해 노력한 사람이다. 시인이며 자연 과학자이고, 사상가이며 정치가인 삶을 살았지만, 그는 이 모든 것에 앞서 인간다운 인간이 되고 싶어했다. 그가 말하는 '진정한 인간성'은 이러한 삶의 목표를 반영하고 있다. 여기서 인간다운 인간은 한 곳에 안주하지 않고 끊임없이 노력하는 사람이며, 동시에 어떠한 상황에서도 고결하고 선량하며 동정심을 잃지 않는 사람을 말한다. 아울러 그 바탕에는 내면 세계를 부단히 성찰하면서 자신의 참 모습을 일구어 가는 진지함이 자리잡고 있다. 이러한 품성을 두루 갖춘 인간성을 괴테는 자연과 유사한 상태로 간주하였다.

'진정한 인간성'을 강조하는 괴테의 목소리에 귀기울이며 현대 사회의 척박함 속에서도 개인이 인간성을 자유롭게 실현할 수 있을까 하는 의문을 가져 본다. 여러 가지 점에서 현대인은 자연스럽지 못한 상태로 변해 가고 있다. 인간성의 근원인 자연에서 점점 멀어지면서, 현대인은 자신의 참 모습을 만들기 위해 노력하기보다는 물질이나 이념과 같은 외면적 가치에 더욱 매달리고 있다. 그리하여 우리는 왜곡된 인간성에 의해 저질러지는 폭력과 살생을 자주 목격한다. 인간에게 근본적으로 부여된 고귀함을 잊은 채 욕망이 이끄는 대로 휩쓸려 가는 사람들의 모습을 보면, 어둠 속에서 미소를 짓고 있는 악마 메피스토펠레스가 떠오른다.

한편 '진정한 인간성'에 대한 요구는 개인과 집단간의 대립을 야기하기도 한다. 괴테는 인간의 목표가 각자의 개성과 존엄성을 통해 보편성에 이르는 데 있다고 보았다. 즉 그는 자연이라는 근원에서 나온 개체에 대해서는 자연과 동일한 권리를 부여하였지만, 개체와 근원 사이에 존재하는 중간 단계에 대해서는 상대적으로 관심이 적었다. 그리하여 나폴레옹이 그의 조국을 점령하였을 때에, 그는 피히테(Fichte)만큼 열성적으로 활동하지는 않았다. 물론 그도 자기 민족의 자유를 원했고 조국에 대해 깊은 애정을 표시했지만, 그의 마음을 더욱 사로잡은 것은 인간성이나 인류와 같은 관념이었다. 이런 점에서 볼 때, 괴테는 집단 의식보다는 개인의 존엄성을 더 중시했다고 할 수 있다.

그런데 이전보다 훨씬 다양한 집단에 속한 채 살아야 하는 현대인에게는 개인과 집단의 관계를 어떻게 설정하느냐 하는 문제가 더욱 중요하게 떠오른다. 이러한 문제가 발생할 때 다수의 논리를 내세워 개인의 의지를 배제한다면 그것은 바람직한 해결책이라 할 수 없다. 현대 사회가 추구하는 효율성의 원칙만을 내세워 집단을 개인의 우위에 두면 '진정한 인간성'이 계발되기 어렵다. 그러므로 우리는 개인이 조직 사회에 종속됨으로써 정신적 독립성을 잃게 되는 위험성을 항상 경계해야 한다.

괴테가 세상을 떠난 지 긴 세월이 지난 오늘날, 우리는 그의 의미를 새롭게 발견한다. 그는 현대의 공기를 마셔 보지 않았지만 대단히 현대적인 시각에서 우리에게 충고를 하고 있다. 지금 진행되고 있는 이 무서운 드라마를 끝내기 위해서는 모든 사람이 다 함께 '진정한 인간성'을 추구해야 한다. 물질적 편리함을 위해 정신적 고귀함을 간단히 양보해 버리고, 집단의 목적을 위해 개인의 순수성을 쉽게 배제해 버리는 세태 속에서 우리는 자신의 혼을 가진 인간으로 살기 위해 노력해야 한다. 이런 점에서, 순수하고 고결한 인간성을 부르짖은 괴테의 외침은 사람 자체를 존중하는 마음이 사라져 가는 오늘날의 심각한 병폐를 함께 치유하자는 세계사적 선서의 의미를 지닌다. 모든 사람들이 근본적으로 지니고 있는 사랑하는 마음과 선량한 마음을 잃지 않고 각자 '진정한 인간성'을 행동으로 실천한다면, 현대 사회의 비인간화 현상은 극복될 수 있을 것이다.

1

위 글의 내용과 일치하지 않는 것은?

① 현대인은 정신적 고귀함보다는 물질적 편리함을 추구한다.
② 괴테는 민족 의식을 고취하기 위하여 진정한 인간성을 활용하였다.
③ 괴테는 개성과 존엄성을 통한 보편성의 획득을 인간의 목표로 간주하였다.
④ 위대한 사상은 당대에만 의미를 지니는 것이 아니라 후대에도 영향을 미친다.
⑤ 현대 사회의 비인간화 현상을 극복하기 위해서는 모든 사람들의 실천 의지가 요구된다.

2

위 글의 주된 논지 전개 방식은?

① 가설을 제시하고, 구체적 자료를 통해 이를 검증한다.
② 비유적인 예를 들어 문제를 제기하고, 이를 일반화한다.
③ 상반된 두 주장을 비판하고, 여기서 절충적 관점을 도출한다.
④ 핵심 개념을 제시하고, 이를 토대로 문제 해결 방안을 모색한다.
⑤ 개념의 일반적 정의를 소개하고, 이러한 정의의 문제점을 분석한다.

그리스어인 '에우다이모니아(eudaimonia)'는 일반적으로 '행복'이라고 번역된다. 현대인들은 행복을 물질적인 것을 통해 느끼는 안락이나 단순한 쾌감과 동일시하는 경향이 있다. 그러나 아리스토텔레스는 에우다이모니아를 현대인들이 생각하는 행복과는 다르게 설명한다. 그는 에우다이모니아를 인간 고유의 기능인 이성을 발휘하여 그것을 완전하게 실현한 상태라고 규정하였다. 막스 뮐러는 아리스토텔레스가 말한 에우다이모니아에 시간적 속성을 부여하여 이를 세 가지 측면으로 나누어 설명하였다. 막스 뮐러의 견해는 다음과 같다.

첫째, ㉠'감각적 향유로서의 에우다이모니아'는 먹고 마시는 행위와 같은 신체적 감각을 통한 향유가 이성의 테두리 안에서 이루어질 때 얻게 되는 것이다. 인간은 정신과 신체의 통일체로서 존재하기 때문에 감각을 통한 향유도 무시할 수 없다. 다만 감각적 향유가 이성을 벗어나 타인을 배려하지 않고 극단적 탐닉에 빠질 때에는 부정적인 것으로 인식된다. 그런데 감각적 향유 자체는 찰나적인 것이므로 감각적 향유의 과정에서 실현할 수 있는 에우다이모니아는 순간적인 것으로 규정된다.

둘째, '공동체적 삶을 통해 실현할 수 있는 에우다이모니아'는 공동체 속에서 인간이 자유를 누리면서도 이성을 발휘하여 책임 있는 행동을 함으로써 얻게 되는 것이다. 인간의 이성은 공동체의 훈육을 통해서만 개발될 수 있으므로 인간은 공동체를 떠나서 에우다이모니아를 구하려고 해서는 안 된다. 그런데 공동체에서의 인간의 행위는, 수시로 변화하는 역사적 상황 속에서 이루어지기 때문에 이러한 에우다이모니아는 역사적 시간에 의해 규정되는 것이다.

셋째, ㉡'관조(觀照)의 삶을 통해 실현할 수 있는 에우다이모니아'는 인간이 세계의 영원한 질서를 인식하게 됨으로써 얻을 수 있는 것이다. 여기서 '관조'란 쾌락을 목적으로 하는 향락적 활동이나 부를 목적으로 하는 영리적 활동이 아니라, 감각적으로 포착할 수 없는 영원불변한 진리를 학문을 통해 바라보는 영혼의 활동을 말한다. 이는 이성을 통해 이루어지며 인간에게 가장 궁극적인 에우다이모니아를 가져다준다. 이러한 에우다이모니아는 시간적 한계를 뛰어넘는 영원성을 갖는다.

뮐러에 따르면 인간의 이성을 통해 실현되는 에우다이모니아는 모두 그 자체로 의미가 있다. 그리고 그는 에우다이모니아의 순간성, 역사성, 영원성이 서로 무관한 것이 아니므로, 인간은 전 생애에 걸쳐 이 세 가지 에우다이모니아를 함께 구현하기 위해 노력해야 한다고 보았다.

1

위 글을 통해 파악할 수 있는 내용으로 적절하지 않은 것은?

① 현대인들은 행복을 물질적 안락이나 쾌감과 동일시하는 경향이 있다.

② 밀러는 시간적 속성을 부여하여 에우다이모니아를 설명하였다.

③ 인간은 공동체 안에서 에우다이모니아를 얻을 수 있다.

④ 관조는 쾌락과 부를 목적으로 하지 않는 영혼의 활동이다.

⑤ 밀러가 설명하는 에우다이모니아는 서로 관련 없이 개별적으로 존재한다.

2

㉠과 ㉡에 대한 설명으로 적절하지 않은 것은?

① ㉠은 감각적 향유의 과정에서 극단적 탐닉에 빠지지 않음으로써 실현된다.

② ㉡은 감각적 차원을 넘어선 질서에 대한 인식을 통해서 실현된다.

③ ㉠과 ㉡은 모두 이성의 발휘를 통해 이루어질 수 있다.

④ ㉠은 ㉡과 달리 정신을 배제한 신체적 감각을 중시하는 가치 판단을 전제한다.

⑤ ㉡은 ㉠과 달리 시간적 속성에 있어서 순간성이 아니라 영원성에 의해서 규정된다.

니체, 신은 죽었다

니체는 신이 죽었다는 말을 통해 세상을 깜짝 놀라게 했고, 그 말로 인해 많은 사람들에게 비판을 받았다. 니체는 왜 신이 죽었다고 말했을까? 과연 니체가 말한 신의 죽음이란 어떤 것일까? 우선 생각해 볼 수 있는 것은 기독교와 유일신에 대한 믿음이 사라졌다는 사실이다. 사람들은 더 이상 신의 존재를 진지하게 믿지 않는다. 심지어 교회에 나가는 사람조차 『성경』의 모든 구절을 곧이곧대로 믿지는 않는다.

하지만 인간에게 신이 어떤 존재인지를 생각해 보면 신의 죽음에는 훨씬 많은 의미가 숨겨져 있음을 알게 된다. 만물은 신에 의해서 그 존재를 보장받으며, 그 가치는 신의 뜻에 비추어서 평가된다. 다시 말해서 신은 만물이 존재하는 토대이고 그 가치의 기준이다. 그렇기 때문에 신의 죽음은 만물을 존재하게 해주는 어떤 초월적 실체의 사라짐이자, 선악(善惡)이나 미추(美醜)를 판단케 해주는 기준이 사라졌다는 것으로 해석될 수 있다.

형이상학에 대한 니체의 비판은 확대된 의미에서 신의 죽음이 갖는 의미를 잘 보여주고 있다. 형이상학은 우리에게 나타나는 세계(현상계)를 가능케 해주는 세계(실재계)를 탐구한다. 형이상학자들은 가변적이고 유한한 우리의 경험 세계와는 달리 영원불변하고 순수한 초경험적 세계, 초자연적 세계가 있다고 믿으며, 참된 진리나 아름다움이 바로 그 세계에 속한다고 생각한다. 세계에 대한 이러한 이분법적 접근은 역사적으로 수많은 버전들을 가지고 있다. 플라톤이 말하는 '이데아의 세계'가 그렇고, 칸트가 말하는 '물(物) 자체의 세계'가 그렇다. 이러한 이분법은 기독교의 사고 방식과도 닮았다. 기독교들도 죄 많은 '이 세계'와 천국이 있는 '저 세계'의 이분법을 가지고 있다.

우리가 경험할 수도 없는 그런 세계가 있든 말든 그게 무슨 상관이냐고 따질 수도 있겠지만 문제는 그리 간단치 않다. '저 세계'는 항상 '이 세계'에 대한 어떤 의지나 명령을 담고 있기 때문이다. 플라톤이 이데아의 세계에 대해서 말할 때, 그는 자신의 여행기를 들려주고 있는 게 아니다. 기독교가 '저 세계'에 있는 천국에 대해 말할 때, 그것은 우리가 죽고 나서 좋은 일이 있을 거라고 귀띔해 주는 게 아니다. 플라톤은 지금 '이 세계'가 참된 세계가 아님을 역설하고 있는 것이며, 기독교도 '이 세계'가 죄로 타락한 세계라고 말하는 것이다. 또한 니체가 강조하듯이 '저 세계'는 그 존재를 증명할 수 없을 때조차 우리에게 하나의 의무를 부여하고 명령을 내린다. 거기에는 항상 무엇이 선하고 옳은지, 어떻게 살아야 바르게 사는 것인지에 대한 명령이 담겨있다.

니체는 형이상학자들이 우리가 살고 있는 세계를 다른 어떤 세계, 바로 그들이 참된 세계라고 명명한 그 세계의 관점에서 평가절하하고 있다고 말한다. '신의 죽음'은 바로 '이 세계'를 평가절하하는 기준이 되고 있는 그 영원한 진리나 초월적인 선이 존재하지 않는다는 것, 더 나아가 그런 참된 세계 자체가 존재하지 않는다는 선언인 셈이다.

니체의 이런 생각은 지금 우리에게 현실의 삶을 소중하게 생각하고 그 자체를 평가해야 한다는 점을 강조한 것으로, 또 다른 절대적 선의 기준으로 우리의 삶을 평가하지는 않는지 우리로 하여금 되돌아보게 한다.

1

위 글의 논지 전개 방식으로 적절한 것은?

① 다양한 화제를 병렬적으로 나열하고 있다.

② 화제에 대한 상반된 관점을 절충하고 있다.

③ 화제가 지닌 심층적 의미를 다양한 시각으로 해석하고 있다.

④ 구체적인 여러 사례로부터 일반적인 결론을 이끌어내고 있다.

⑤ 기존의 여러 이론들을 바탕으로 새로운 이론을 도출하고 있다.

2

위 글의 '니체'가 〈보기〉에 대해 비판한다고 할 때, 가장 적절한 것은?

〈보기〉

근대 정치가 추구하는 보편적 가치들, 가령, 자유와 평등, 최대 다수의 행복, 사유 재산, 공공선 등은 진리의 자리를 꿰차고 있다. 그런데 근대 정치에서는 이런 진리에 혼란을 불러올 수 있는 새로운 가치 창조와 관련된 근원적인 질문을 봉쇄한다. 더 나아가 근대 정치는 기존의 가치를 추구하고 내면화하는 수동적인 인간을 길러내며, 우매한 대중을 양산한다. 그래서 근대 정치는 이를 유지하기 위해 새로운 우상, 즉 '국가'를 만들어 낸 것이다.

① 근대 정치는 참된 세계의 절대적 진리를 부정하는군.

② 근대 정치는 신의 존재를 부정하기 위해 '국가'를 만들어 냈군.

③ 근대 정치가 추구하는 가치는 세계를 이분법적으로 바라보는 것에 반대하는군.

④ 근대 정치는 새로운 가치 창조를 통제함으로써 참된 세계의 필요성을 역설하는군.

⑤ 근대 정치의 '국가'는 '저 세계'의 또 다른 명칭으로 인간에게 명령과 의무를 부여하는군.

4장

서양철학2

시계는 시간의 경과를 시계 바늘의 이동 거리로 보여 준다. 이는 시간의 경과를 공간화한 것으로, 사람들은 시계를 통해 자신이 시간을 얼마나 썼는지 혹은 낭비했는지를 눈으로 확인할 수 있다. 보통 우리가 타인과 공유하는 시계의 시간은 생활의 편의를 위해 구상된 객관적이고 물리적인 시간이다.

　　하지만 시계로 측정된 물리적인 시간은 우리 경험의 질적 차이를 구분해 주지 못한다. 가령 사랑하는 사람과 데이트를 하는 놀이동산에서의 10시간과 출장길에 타고 가는 비행기에서의 10시간을 비교해 보자. 이 두 '10시간'은 결코 같을 수 없다. 이처럼 시간 경험과 인식은 개인의 문제임에도 불구하고 공공장소에 걸린 시계는 마치 시간이 모든 이에게 동일하고 균일한 것인 듯한 인상을 준다.

　　프랑스의 철학자 앙리 베르그송은 경험의 질적 차이를 구분해 주지 못하는 물리적인 시간은 진짜 시간이 아니라고 말한다. 베르그송은 물리적인 시간과 구별되는 의식의 시간이 있다고 말하고 이를 '지속'이라 불렀다. 지속이란 '흐름'이다. 흘러가는 강물을 칼로 잘라서 어느 한 지점의 고정된 물을 얻을 수 없듯이 시간은 명확하게 분절되지 않는다는 것이다.

　　베르그송에 따르면 흐름의 속성을 가진 시간은 단절적인 점들이 쭉 이어져 있는 선이 아니라 서로 침투하여 융합하는 것이다. 예를 들어 내가 길을 가다가 친구를 만났다고 해 보자. 내가 지금 인식하고 있는 친구에게는 현재 포착한 친구의 모습에 과거부터 지금까지 그 친구와 관련된 경험들이 함께 용해되고 중첩되어 있다. 이처럼 과거는 현재에 의해 밀려 사라지는 것이 아니라 현재 속에 스며들어 융합되어 있는 것이다.

　　베르그송은 누구에게나 객관적이고 동일한 시간은 진정한 시간이 아니며 사람마다 서로 다른 '시간들'이 중요하다고 본다. 우리에게 의미 있는 것은 객관적인 시간에서 해방되어 자기의 시간, 흐르고 침투되어 융합되는 지속을 자기 스스로가 체험하는 것이다. 이런 사람에게 시간은 물리적인 시간처럼 '만들어진 것'이 아니라 언제나 자기에 의해 '만들어지고 있는 것'이다. 그러므로 우리에게 시간은 얼마만큼 '썼는가?', '남았는가?'의 문제가 아니라 우리로 하여금 '어떻게 보내고 있는가?', '어떤 태도를 취하게 하는가?'의 문제가 된다. 이것이 바로 베르그송이 우리에게 던지는 메시지이다.

1

위 글에 대한 설명으로 적절하지 않은 것은?

① 개념에 대한 설명을 통해 이해를 돕고 있다.

② 대조의 방법을 토대로 화제에 접근하고 있다.

③ 대상의 특성을 다른 것에 빗대어 설명하고 있다.

④ 구체적 사례를 들어 독자의 관심을 이끌어 내고 있다.

⑤ 역사적인 관점에서 대상의 변화 과정을 고찰하고 있다.

2

위 글에서 〈보기〉의 ⓐ, ⓑ에 각각 대응하는 것을 바르게 고른 것은?

〈보기〉

아름다운 음악을 듣는다고 해 보자. 이것은 앞에 들었던 음들을 기억하면서 아직 오지 않은 음을 기대하는 과정이다. 우리가 어떤 음악을 듣는 것은 ⓐ끊어져 있는 음들을 인식하는 것이 아니라, ⓑ그 음악의 흐름을 인식하는 것이다.

	ⓐ	ⓑ
①	물리적인 시간	의식의 시간
②	물리적인 시간	객관적인 시간
③	동일한 시간	객관적인 시간
④	진정한 시간	의식의 시간
⑤	진정한 시간	동일한 시간

20세기 초 막스 셸러는 이전의 경험과학이 인간에 대해서 창출한 개별적인 과학적 지식들만으로는 '인간이란 무엇인가'라는 질문에 대해 충분히 답할 수 없다고 보았다. 그래서 그는 인간에 대한 총체적인 이해의 기틀을 마련하기 위해 '철학적 인간학'을 탄생시켰다. 철학적 인간학은 경험과학적 연구 성과와의 밀접한 관련성을 바탕으로 다른 생명체와 차별화된 인간의 본질을 규명하고자 한 학문으로, 대표적인 학자로는 셸러 이외에 헬무트 플레스너, 아놀드 겔렌 등이 있다.

㉠셸러는 동물학자 쾰러의 연구 결과를 바탕으로 인간과 동물 사이에 본질적인 차이가 있음을 밝히고자 하였다. 그는 인간이 동물과 달리 '정신'을 가지고 있고, '정신' 작용의 하나인 '자아의식'에 의해 외부 대상뿐만 아니라 자신의 내면까지도 대상화할 수 있다고 보았다. 그는 '자아의식'이라는 것이 인간이 보고 듣고 생각한다는 것을 스스로 의식하는 '정신' 작용이며, 이런 '자아의식'에 의해서 인간은 충동적인 욕구에 따라 행동하지 않고 스스로를 반성할 수도 있다고 보았다.

한편 플레스너는 생명체가 자신을 둘러싼 환경과 상호작용하는 방법을 중심으로 인간의 본질을 규명하고자 했다. 그에 의하면 독립성이 없어 주변 환경에 대해 능동적으로 적응할 수 없는 식물과 달리, 독립성이 있는 인간과 동물은 자신의 상황에 따라 환경에 적응해 갈 수 있다고 보았다. 그런데 플레스너는 동물이 자신만을 중심으로 환경에 적응해 간다면, 인간은 자기중심적인 삶과 일정한 거리를 둘 수 있는 '탈중심성'을 가진다고 강조했다. 그리고 이러한 '탈중심성'이라는 인간만의 특성으로 인해 인간은 스스로를 반성하고 항상 새로운 자신을 발견하고 변화시킬 수도 있다고 보았다.

철학적 인간학의 또 다른 학자인 ㉡겔렌은 동물학자 포르트만의 이론에 근거를 두고 인간의 본질을 밝히고자 했다. 그는 인간을 동물과 달리 신체적인 한계를 갖고 태어나 자연에 적응하기 어려운 결핍된 존재로 보았다. 이러한 결핍을 보완하기 위해 인간은 일정한 '행위'를 하게 되며, 나아가 그런 '행위'를 통해 자신의 생존에 적합한 문화를 창조한다고 보았다. 그에 따르면 인간은 자신이 창조한 문화에 다시 영향을 받아 특정한 '행위'를 하기도 한다. 예를 들면, 문화의 한 형태인 여러 가지 사회적 제도의 영향으로 인간은 충동을 억제하는 '행위'를 하고, 인간다운 삶을 보장받기 위해 자신이 만든 제도의 틀 안에서 어느 정도 타율적 삶을 감수하는 '행위'를 하기도 하는 것이다.

이와 같이 셸러는 인간이 '자아의식'을 통해 자신을 대상화할 수 있다는 점에서, 플레스너는 인간이 '탈중심성'을 가지고 있어 스스로를 반성할 수 있다는 점에서, 겔렌은 인간이 여러 '행위'를 통해 결핍된 부분을 보완한다는 점에서 다른 생명체와 차별화된 인간의 본질을 규명하고자 했다. 결국 그들이 말하는 인간이라는 존재는 끊임없이 외부 환경이나 자기 스스로를 변화시키며 나아가는 존재라고 볼 수 있다.

1

위 글의 내용 전개 방식으로 가장 적절한 것은?

① 구체적 사례를 제시하며 이론의 한계를 설명하고 있다.

② 다양한 관점들을 절충하며 새로운 대안을 제시하고 있다.

③ 핵심 개념을 정의하며 이론의 발전 가능성을 언급하고 있다.

④ 세 이론의 우열을 가리며 특정 이론을 구체적으로 서술하고 있다.

⑤ 새로운 이론의 등장 배경을 소개하며 학자들의 견해를 밝히고 있다.

2

㉠과 ㉡에 대한 설명으로 적절하지 않은 것은?

① ㉠과 ㉡의 연구 내용은 모두 경험과학적 지식과 무관하지 않다.

② ㉠과 ㉡은 모두 인간과 동물이 본질적인 차이를 가지고 있다고 보았다.

③ ㉠은 ㉡과 달리 대상화할 수 있는 능력은 인간만이 갖고 있다는 점에 주목했다.

④ ㉡은 ㉠과 달리 인간의 '자아의식'과 '행위'가 충동적 욕구의 결과임에 주목했다.

⑤ ㉡은 ㉠과 달리 인간이 자연에 적응하기에는 신체적인 한계를 가지고 태어났다는 점에 주목했다.

서양철학에서는 많은 철학자들이 기억을 중요한 사유로 인식하며 논의해 왔다. 플라톤은 사물의 영원하고 불변하는 본질적 원형인 이데아가 기억을 통해 인식될 수 있다고 하였다. 이데아에 대한 기억이 그것에 대한 망각보다 뛰어난 상태라고 이야기함으로써 둘 사이에 가치론적 이분법을 설정한 것이다. 더 나아가 하이데거는 진리가 망각이 없는 상태, 즉 기억이 지배하는 상태를 의미한다고 강조하였다. 이렇듯 전통적 서양철학에서 기억은 긍정적인 능력으로, 망각은 부정적인 능력으로 인식되어 온 것이다.

이와 같은 철학적 사유 속에서, 피히테는 '자기의식'이라는 개념을 체계적으로 확대하여 설명하는 과정에서 ㉠기억을 세계 경험에 대한 최고 수준의 기능으로 인식하였다. 그는 어떤 대상에 대해 '㉡A는 A이다'라는 명제에 의거하여 주장을 할 때, '나는 나이다'가 성립해야만 한다고 생각하였다. 이는 동일성을 주장하는 '의자는 의자이다'와 같은 명제로 이해할 수 있다. 예전에 친구와 같이 앉았던 의자를 보았을 때, 우리는 이 의자가 바로 그때의 의자라고 주장할 수 있다. 즉 'A는 A이다'라는 명제는 '과거의 A가 현재의 A이다'라는 주장으로 현실화된다. 이러한 주장이 가능하기 위해서는 과거의 의자를 기억하고 있어야 한다는 것이 전제되어야 하고, 이는 과거 그 의자에 앉았던 자신을 기억하는 것과 마찬가지라는 것이었다. 따라서 그가 주장한 ㉢자기의식은 기억의 능력을 통해 과거의 '나'와 현재의 '나'가 같음을 의식하는 것으로 볼 수 있다. 자기의식을 망각한다면 우리는 친구를 만나도 친구인 줄 모를 것이므로, 그의 입장에서는 기억이 없다면 세계도 존재할 수 없는 것이었다.

한편, 니체는 이와 같은 사유 전통을 거부하며 기억 능력에 대해 비판하였다. 그는 기억이 부정적이고 수동적인 능력이라면, 망각은 능동적이며 창조적인 능력이라고 인식하였다. 그에게 있어 망각은 기억을 뛰어넘고자 하는 치열한 투쟁이었다. 그는 망각에 대해 긍정하기 위해 신체와 관련된 사례를 제시하였다. 새로운 음식을 먹으려면 위를 비워야 하며 음식물을 배설하지 못한다면 건강한 삶을 살아갈 수 없듯이, 과거의 기억들이 정신에 가득 차 있다면 무언가를 새롭게 인식하는 것은 불가능하다고 주장하였다. 그에 따르면 기억에만 집착하는 사람들은 새로운 것을 낯설고 불편한 것으로 여겨 변화와 차이를 긍정할 수 없기 때문에 현재를 행복하게 살아갈 수 없는 것이었다.

또한 그는 건강한 망각의 역량을 복원하기 위해서 궁극적으로 순진무구한 아이와 같은 모습이 되어야 한다고 주장하였다. 예를 들어 아이가 바닷가에 놀러가 모래성을 만들었을때, 이것이 부서지더라도 슬퍼하기보다는 웃으면서 즐거워할 것이라고 보았다. 아이는 그 자리에 다시 새로운 모래성을 만들 수 있음을 직감하기 때문에 부서진 모래성을 기억하면서 좌절하고 우울해 할 필요가 없다는 것이었다. 이렇듯 니체에게 아이는 망각의 창조적 능력을 되찾은 인간을 상징하였다. 결국 그는 현재를 행복하게 살아가기 위한 능력으로써 망각을 긍정적으로 바라보았던 것이다.

그러나 니체가 인간이 가진 기억 능력 자체를 완전히 제거하자고 주장했던 것은 아니다. 철저한 망각은 현실적으로 불가능할 뿐만 아니라, 현재를 향유할 수 있도록 어느 정도 지속되는 기억이 필요했기 때문이었다. 마치 음식이 위에서 전혀 머무르지 않고 바로 배설된다면 건강한 삶을 살 수 없는 것처럼 말이다. 그럼에도 불구하고 기억이 주된 사유로 인식되던 서양철학에서 망각의 능력을 찾아내고자 했다는 점에서 니체의 사유를 주목할 필요가 있을 것이다.

1

위 글의 내용과 일치하지 않는 것은?

① 플라톤은 가치론적 이분법을 통해 기억을 설명하였다.

② 하이데거는 기억이 지배하는 상태를 진리로 인식하였다.

③ 니체는 망각을 긍정적인 능력이라고 판단하며 서양철학의 전통적 사유를 비판하였다.

④ 니체는 음식물이 위에 가득 남아 있는 상황과 정신이 기억으로 가득 찬 상태가 유사하다고 생각하였다.

⑤ 니체는 현재를 행복하게 살아가기 위해 철저한 망각이 필요하다고 판단하였다.

2

㉠~㉢에 대한 이해로 가장 적절한 것은?

① ㉠이 없어도 ㉡에 의거한 주장이 가능하다.

② ㉠이 가능해야만 ㉢도 가능하다.

③ ㉡이 성립해야만 ㉠이 성립한다.

④ ㉢은 ㉠을 위해 존재한다.

⑤ ㉢은 ㉡이 전제되어야 한다.

우리는 흔히 '불안'을 부정적인 감정, 극복해야 할 감정으로 여긴다. 그런데 여기 불안을 긍정적인 의미로 바라보고 있는 한 학자가 있다. 그는 바로 독일의 실존주의 철학을 대표하는 하이데거이다. 하이데거가 바라본 불안의 의미를 알기 위해서는 하이데거의 철학 전반에 대해 살펴볼 필요가 있다.

돌멩이나 개, 소는 '존재'가 무엇인가라는 의문을 갖지 않는다. 오직 인간만이 '존재'란 무엇인가를 생각한다. 그런 인간을 하이데거는 '현존재(現存在)'라고 이름 붙였다. 현존재라는 말을 사용함으로써 하이데거는 인간을 존재에 대한 의문을 가지는 독특한 존재로 간주한다.

현존재는 세계 안에 거주하고 있으며 현존재와 세계는 떼려야 뗄 수 없는 관계에 있다. 하이데거는 현존재와 세계와의 관계를 '도구 연관'으로 설명했다. 도구 연관이란 세계의 모든 것들은 서로 수단-목적의 관계로 이루어져 있는데 이 관계가 반복적으로 이어진다는 것을 의미한다. 그래서 세계 속 사물은 다른 사물의 수단이 되고 동시에 또 다른 사물의 목적이 될 수 있다. 하이데거가 설명하는 도구 연관 네트워크는 궁극적으로 현존재의 생존을 위한 것이며 도구 연관 네트워크의 최종 목적의 자리에는 현존재가 있다.

그런데 바로 여기에서 문제가 발생한다. 인간은 현존재인 자신을 위해 사물을 도구로 사용하지만 그 사물에 얽매일 수 있다. 현존재가 목적으로서의 위상을 지니지 못하고 도구에 종속되어 자기 자신으로 살아가지 못하게 됨으로써 현존재는 세계 속의 도구와 수단 속에서 잊히는 것이다. 이것은 현존재의 퇴락을 의미한다.

하이데거는 이러한 상태에서 벗어날 수 있는 가능성을 불안에서 찾는다. 불안은 우리가 특수한 사물이나 상황을 통해 구체적으로 느끼는 공포와는 다르다. 불안은 인간이라는 존재에게만 고유하게 있는 것으로 어떤 구체적 대상에 대한 것이 아니라 인간의 삶이 가지는 유한성에서 오는 것이다. 인간의 유한성을 인식하고 여기에서 오는 불안을 느끼는 사람은 자기의 본래적이고 고유한 삶을 살아갈 수 있다. 불안이 있기에 인간은 현존재의 퇴락에서 벗어나 수단이 아닌 목적으로서 현존재의 위상을 가질 수 있는 것이다.

인간의 유한성을 외면하는 사람은 비본래적인 세상에 몰두함으로써 불안을 느끼지 않고 일상인의 위치로 살아간다. 그러나 인간의 유한성에서 유래하는 불안을 느끼는 현존재는 자신의 본래성을 회복할 수 있다. 불안을 느끼는 현존재만이 주체적이고 능동적으로 최종 목적으로서의 삶을 살아갈 수 있는 것이다. 하이데거가 불안을 긍정적으로 바라보는 이유가 바로 여기에 있다.

1

위 글에서 궁극적으로 추구하는 삶으로 가장 적절한 것은?

① 인간의 한계를 부정하며 도전적으로 살아가는 삶

② 과거 자신의 삶을 되돌아보고 반성하며 살아가는 삶

③ 자신이 가진 것들을 다른 사람들과 나누며 살아가는 삶

④ 인간 삶의 한계와 자신의 본질을 생각하며 살아가는 삶

⑤ 인간을 위해 존재하는 것들을 소중히 생각하며 살아가는 삶

2

위 글과 〈보기〉의 '불안'에 대한 이해로 적절한 것은?

〈보기〉

인간은 세계 속에서 자유롭게 자신의 삶을 결정한다. 그런데 그 결정에는 항상 책임이 뒤따르기 때문에 인간은 '불안'을 느낀다. 이를 극복하기 위해 인간은 자유에 걸맞은 신중함을 내면화하게 된다.

① 위 글과 〈보기〉는 '불안'을 극복의 대상으로 여기고 있다.

② 위 글과 〈보기〉는 '불안'이 인간에게 미치는 영향을 밝히고 있다.

③ 위 글과 〈보기〉는 '불안'을 해소할 수 있는 방법을 제시하고 있다.

④ 위 글은 〈보기〉와 달리 '불안'을 인간이라면 누구나 느끼는 것으로 설명하고 있다.

⑤ 〈보기〉는 위 글과 달리 '불안'을 인간과 사물 사이의 관계에서 기인하는 것으로 보고 있다.

　　'본질이란 무엇인가'라는 질문은 서양 철학의 핵심적 질문이다. 탈레스가 세계의 본질을 '물'이라고 이야기했을 때부터 서양 철학은 거의 모든 것들에 대해 불변하는 측면과 그렇지 않은 측면을 탐구하기 시작했다. 본질은 어떤 사물의 불변하는 측면 혹은 그 사물을 다른 사물과 구별시켜 주는 특성을 의미하는데, ㉠본질주의자는 이러한 사물 본연의 핵심적인 측면을 중시한다. 예를 들어 책상의 본질적 기능이 책을 놓고 보는 것이라면, 책상에서 밥을 먹는 것은 비본질적 행위이고 이러한 비본질적 행위는 잘못된 것이라고 본다.

　　그런데 본질주의자들이 강조하는 사물의 본질이란 사실 사후적으로 구성된 것이라 할 수 있다. 책상 자체가 원래 '책을 놓고 보는 것'이라는 본질을 미리 갖고 있었던 것이 아니라, 인간이 책상에서 책을 보거나 글을 쓰면서, 즉 책상에 대해 인간이 경험적으로 행동을 해 보고 난 후에 책상의 본질을 그렇게 규정한 것이라 할 수 있다.

　　㉡비트겐슈타인의 말을 인용하여 책상의 본질에 대해 생각해 보자. 비트겐슈타인은『철학적 탐구』라는 저서에서 " '그럼에도 불구하고 그건 이러해.'라고 나는 되풀이해서 중얼거린다. 만일 내가 나의 시선을 이 사실에다 그저 아주 명확하게 맞출 수만 있다면, 나는 틀림없이 사물의 본질을 파악할 수 있을 것 같은 느낌이 든다." 라고 말했다. 책상을 보고서 책상은 이렇게 사용되어야 한다고 되풀이해서 중얼거리는 것은 사후적 구성의 논리가 작동되는 것이라 할 수 있으며, 어떤 사물의 본질을 파악한 것만 같은 느낌은 사후적 구성의 반복을 통해 책상의 본질을 파악할 수 있다고 착각한 것이라 할 수 있다.

　　비트겐슈타인은 또한 그의 저서에서 '본질적이니 비본질적이니 하는 것들이 언제나 명료하게 분리되어 있지는 않다.'라고 말한다. 램프의 본질적 기능은 빛을 내는 것이지만 방을 장식하는 기능을 할 수도 있다. 빛을 내는 것이 램프의 본질적 기능이라고 믿으며 램프의 사용 목적에 편집증적으로 집착할 경우, 자신이 믿고 있는 본질을 어기는 타자에 대해 보수적인 태도를 보일 수 있다.

　　파이프를 그린 화가 마그리트의 〈이미지의 배반〉이라는 그림을 예로 들어보자. 마그리트는 파이프를 닮은 형상을 그리고 그 아래에 '이것은 파이프가 아니다.'라고 써 놓았다. 사람들은 그동안의 경험에 의해 그림 속 형상을 파이프로 인식할 것이지만, '이것은 파이프가 아니다.'라는 글자는 사람들의 인식을 배반하게 만든다. 이 그림을 본질에 대한 문제와 연결해 보면, 우리가 알고 있는 본질이 불변하는 것이 아니라 사후적 구성에 의해 획득되는 것임을 알 수 있다. 결국 본질주의자들이 강조한 사물의 본질은 단지 인간의 가치가 투영된 것에 지나지 않는다.

1

위 글을 통해 글쓴이가 말하고자 하는 바로 가장 적절한 것은?

① 사물의 본질은 절대적인 것이 아니다.

② 사물의 본질이 사물의 속성을 결정한다.

③ 사물의 본질은 사용 목적에 따라 정의된다.

④ 사물의 본질과 비본질은 명료하게 구분된다.

⑤ 본질과 비본질을 모두 경험한 후에야 본질을 파악할 수 있다.

2

〈보기〉에 대한 ㉠과 ㉡의 반응으로 가장 적절한 것은?

〈보기〉

동양의 불교 사상에서는 오래전부터 공(空)을 이야기해 왔다. 불교에서 본질이란 것은 '자기
동일성'을 의미하는 '자성(自性)'이라고 불린다. 이런 자성이 존재하지 않는다는 것, 다시 말해
'무자성'이야말로 불교에서 가장 강조해 온 '공'의 핵심적인 의미이다. 불교의 공은 본질을 맹신
하는 집착을 치유하기 위해 제안된 개념이다.

① ㉠: 〈보기〉의 '자성'은 인간 개인이 생각하는 가치가 투영된 것이라고 볼 수 있군.

② ㉠: 〈보기〉의 '자기동일성'은 오랜 수양을 통해 획득할 수 있는 후천적인 것이라고 볼 수 있군.

③ ㉡: 〈보기〉의 본질에 대한 '맹신'은 사후적 구성의 반복에 의한 것이라고 볼 수 있군.

④ ㉡: 〈보기〉의 '공'은 경험적 행동을 통해 얻은 본질의 가치를 강조하는 것이라 할 수 있군.

⑤ ㉡: 〈보기〉의 '무자성'의 경지는 대상의 본질을 정확하게 파악할 수 있는 경지라고 할 수 있군.

우리는 세계를 어떻게 이해하게 되는가? 우리가 어떤 것을 이해할 때 아무 것도 모르는 상태에서 새로운 이해에 도달하는 것은 불가능하며, 이해를 위해서는 이해의 배경이 되는 지식이 필요하다. 현대 해석학의 거장인 가다머는 '선이해'와 '지평 융합'의 개념을 도입하여 세계에 대한 이해를 설명하고 있다.

선이해란 어떤 대상에 대해 미리 판단하는 일종의 선입견을 의미한다. 이성적인 이해를 중시했던 ㉠계몽주의 학자들은 선입견을 올바른 이해를 가로막는 잘못된 생각이라 보았다. 그들에 따르면 선입견은 개인의 권위나 속단에서 비롯된 비이성적인 것이다. 이와 달리 가다머는 세계에 대한 이해를 위해서는 선입견이 반드시 필요하다고 주장하였다. 그가 제시하는 선입견이란 개인적 차원에서 임의로 만들거나 제거할 수 있는 편협한 사고가 아니라, 문화나 철학, 역사와 같이 과거로부터 전승되어 온 전통에 의해 형성된 사고를 뜻한다. 이러한 선입견은 이해의 기본 조건으로, 우리가 세계를 이해할 수 있도록 인도하는 역할을 한다.

그렇다면 선이해를 기본 조건으로 하는 이해의 과정은 어떠한가? 가다머는 이를 '현재 지평'과 '역사적 지평'이 결합되는 '지평 융합'이라는 개념으로 설명하고 있다. 그가 말하는 현재 지평이란 인식의 주체가 선이해를 바탕으로 형성한 이해로, 이해 주체의 머릿속에 형성된 지식이나 신념 등과 관련이 있다. 반면 역사적 지평이란 과거로부터 축적되어 온 이해의 산물로, 텍스트를 통해 전해 내려오는 수많은 지식들이 대표적인 예이다. 이해의 과정이란, 서로 다른 두 지평이 만나 새로운 지평을 형성해 나가는 과정이다. 현재 지평은 역사적 지평과의 융합을 통해 상호작용하면서 끊임없이 수정되고 확장되어 나간다. 따라서 두 지평이 융합된 결과 형성된 지평은 주체가 기존에 가졌던 현재 지평과 다른 새로운 것이 된다.

이와 같은 이해의 과정으로서 지평 융합은 일회적으로 끝나는 것이 아니라 반복적으로 이루어진다. 즉, 주체가 가진 현재 지평은 역사적 지평과 융합하여 새로운 지평이 되고, 이것이 다음 이해의 선이해로 작용하며 또 다른 이해로 이어지는 과정을 반복한다. 이와 같은 순환 과정을 고려할 때, 이해는 결과가 아니라 언제나 도상(途上)에 있다고 볼 수 있다. 결국 가다머가 말하는 세계에 대한 이해는 완성된 것이 아니라 과정에 있는 것이며, 고정된 것이 아니라 끊임없이 변화하고 확장되어 가는 것이다.

1

위 글의 논지 흐름을 정리해 보았다. (   ) 안에 들어갈 내용으로 가장 적절한 것은?

핵심 개념들과 함께 중심 화제 제시

↓

다른 견해와의 대비를 통한 첫째 핵심 개념 설명

↓

(   )

↓

핵심 개념들을 종합한 중심 화제 설명

① 둘째, 셋째, 넷째 핵심 개념에 대한 설명
② 첫째 핵심 개념과 둘째 핵심 개념의 관계 설명
③ 관련 있는 개념들을 통한 둘째 핵심 개념 설명
④ 첫째 핵심 개념과 대비되는 둘째 핵심 개념 설명
⑤ 둘째 핵심 개념을 통한 첫째 핵심 개념의 보충 설명

2

위 글을 통해 알 수 있는 ㉠에 대한 설명으로 가장 적절한 것은?
① 선입견을 이성의 일부로 인정하였다.
② 개인보다는 집단의 생각을 중시하였다.
③ 비이성적인 판단을 수용할 수 있다고 보았다.
④ 선입견을 통해 세계를 올바르게 이해할 수 있다고 보았다.
⑤ 개인의 권위나 속단에서 비롯된 생각을 부정적으로 보았다.

서양 사람들은 전통적으로 영혼·정신·의식·마음 등으로 인간을 이해하고자 했다. 몸을 종속적이거나 부차적인 것으로 여겼던 것이다. 이와 달리 몸을 중심으로 인간의 존재를 규명하고자 한 학자들이 있었는데, 푸코와 메를로퐁티가 그들이다.

우리는 지하철에서 사람을 볼 때 사람이 앉아 있는 자세만 보아도 그 사람이 남자인지 여자인지 알 수 있다. 이러한 자세의 차이를 만드는 것은 무엇일까? 푸코는 구성주의 이론을 대표하는 학자로 우리의 몸이 어떻게 규율화되는지를 ㉠'몸─권력'의 개념으로 설명한다. 푸코는 인간의 몸이 정치·사회적 권력에서 요구하는 행동 양식을 따르게 된다고 보았다. 푸코에 따르면 학교, 군대 등의 근대적인 정치·사회 조직이 통제된 일람표를 사람들에게 제시하여, 반복적인 훈육을 통해 할 일과 하지 않아야 할 일을 체화시킨다. 개인들은 모두 어떤 식으로든 규정된 행동 양식을 따르게 되고, 이러한 규제는 몸에 각인되며 몸을 통해 실현된다는 것이다. 앞서 언급한 지하철에서의 남자와 여자의 자세 차이도 이러한 정치·사회적 권력의 요구가 하나의 행동 양식으로 체화된 결과인 것이다.

그러나 푸코는 우리의 몸이 어째서 규율을 받아들이는지에 대해서는 말해 주지 않았다. 이 문제에 대한 해답을 제시한 학자는 메를로퐁티이다. 그는 ㉡'몸─주체'의 개념을 제시하여 이 문제에 대한 답을 제시했다. 메를로퐁티는 몸과 정신은 분리하여 이해할 수 없는 영역의 것이라는 관점에서 '세계에의 존재'로서의 우리는 세계에서 의도를 가지고 세계와 관계 맺으며 살고 있는 몸이라고 보았다. 우리는 우리를 둘러싼 환경인 세계에서 삶을 전개하기 위해 습관을 형성하고 그것들로 인하여 능숙하게 행동할 수 있게 된다고 보았다. 습관을 유기체가 생명을 유지하기 위해 하는 행위, 즉 실존적 행위로 본 그는 인간의 습관은 사회성 및 역사성을 띤다고 보았다. 왜냐하면 인간이 '세계에의 존재'라고 말할 때, 이 세계는 우리의 물리적 환경만을 말하는 것이 아니라, 제도와 문화까지 포함하는 세계, 인간적인 세계라고 생각했기 때문이다. 그리고 인간 존재는 세계에서 능동적으로 살아가는 주체로 그 세계와 적극적으로 상호 작용하면서 의미를 생산해 낸다고 보았다.

몸을 행위의 주체로 파악하여, 행위의 사회적 의미를 분석하고자 한다는 점에서 푸코와 메를로퐁티의 입장은 서로 통하지만 몇 가지 차이를 보인다. 우선 푸코는 정치·사회적 권력에 입각하여 몸과 행위를 이해하는 데 비해, 메를로퐁티는 실존성에 입각하여 몸과 행위를 이해한다. 둘째, 푸코는 몸의 불안정성과 변화를 강조하는 경향이 있는 데 반해, 메를로퐁티는 몸─주체가 습관으로부터 안정성을 끌어낸다고 보았다. 다시 말해 푸코에 의하면 인간에게 안정적인 것은 없으며 규율이 변화하는 시기에 인간의 몸은, 몸을 파헤치고 분해하며 재조립하는 권력 장치 속으로 들어가게 됨으로써 변화 가능성을 갖게 되는 것이다. 이에 비해 메를로퐁티는 인간의 몸은 행위를 통해 세계에 주체적으로 참여하는 것으로 보고, 이러한 행위가 습관화되면서 안정성을 얻는다고 보았다.

1

위 글의 집필 의도로 가장 적절한 것은?

① 구체적인 사례들을 통해 일반화된 이론을 정립하기 위해

② 공통점과 차이점을 중심으로 두 학자의 견해를 소개하기 위해

③ 새로운 이론이 사회적 합의에 의해 성립된 것을 증명하기 위해

④ 상식적인 개념을 제시한 후 그것과 대립되는 현상을 보여주기 위해

⑤ 어떤 학자가 주장한 이론을 소개하고 그 이론의 한계를 지적하기 위해

2

㉠과 ㉡에 대한 설명으로 적절한 것은?

① ㉠은 세계를 긍정적으로, ㉡은 부정적으로 인식한다.

② ㉠은 외부와 몸의 관계를 우연적인 것으로, ㉡은 필연적인 것으로 본다.

③ ㉠은 세계에 반응하는 주체의 의도에, ㉡은 세계에 의해 변화된 결과에 주목한다.

④ ㉠은 인간을 이상을 추구하는 존재로, ㉡은 인간을 현실에 순응하는 존재로 보는 관점이다.

⑤ ㉠은 규제에 의해 몸이 규율화되는 과정에, ㉡은 세계와 상호작용하면서 의미를 만들어 내는 과정에 주목한다.

철학사에서 욕망은 보통 부정적인 것이며 무언가의 결핍으로 생각되어 왔다. 그러나 ㉠들뢰즈와 가타리는 욕망을 다르게 인식하였다. 그들은 욕망이 결핍과는 무관하다고 보았다. 또한 욕망은 무의식적 에너지의 능동적 흐름이며 부정적인 것이 아니라 무언가를 생산하는 긍정적인 힘이라고 생각했다.

욕망은 창조적이며 생산적인 무의식이므로 사회는 이를 자유롭게 발현할 수 있는 방법을 모색해야 하지만 권력을 가진 자는 늘 타인의 욕망을 적절히 통제하고 순응시키는 쪽으로만 전략을 수립해 왔다. 들뢰즈와 가타리는 여기에 주목했고 이러한 욕망의 통제 방식을 '코드화'라고 부르며 사회 체제가 갖는 문제점을 설명하였다.

그들에 따르면 부족을 이루며 생활했던 원시 사회부터 욕망은 통제되기 시작한다. 코드화가 이루어지는 시기인 셈이다. 하지만 이때까지는 다양한 욕망의 흐름을 각각에 어울리는 코드로 통제하는 방식이며 통제의 중심이라 할 만한 게 없는 시기이다. 욕망을 본격적으로 통제하게 되는 시기는 고대 사회이다. 여기서는 왕이 국가를 지배하며 이를 중심으로 욕망이 통제된다. 이것은 하나의 강력한 코드 아래에 다른 모든 코드들을 종속시킨다는 의미에서 '초코드화'라고 부를 수 있다 이러한 초코드화 사회는 왕권이 붕괴되고 자본주의가 출현하기 이전까지 욕망을 다스리는 방식이었다.

현대 사회는 왕이 사라지고 코드화의 중심이 없어짐으로써 다양한 욕망이 자유롭게 충족될 수 있는 탈코드화 사회인 것처럼 보인다. 하지만 들뢰즈와 가타리는 고대 사회의 왕의 역할을 자본이 대신하며 이를 중심으로 욕망이 통제된다는 점에서 현대 사회는 오히려 어느 사회보다도 강력한 초코드화가 이루어진 사회라고 보았다. 왜냐하면 현대 사회는 겉으로는 이전 사회에서 금기시되었던 모든 욕망을 충족시켜 주는 듯 보이나 실상은 자본에 의해 욕망이 통제되고 있기 때문이다.

이처럼 들뢰즈와 가타리는 욕망의 코드화라는 개념을 적용하여 사회 체제의 변화를 설명하였고 욕망이 갖고 있는 능동성과 생성의 에너지가 상실되는 현상을 비판하였다. 이러한 제약을 해결하기 위해 그들은 코드화로부터 벗어나려는 태도가 필요하다고 보았다. 이것이 바로 '노마디즘'이다 노마디즘은 주어진 코드에 따라 사유하고 행동하는 것이 아니라 늘 새로운 것, 창조적인 것을 찾아나서는 유목의 도(道)를 말하며 특정한 가치와 삶의 방식에 얽매이지 않고 끊임없이 새로운 자아를 찾아가는 태도를 뜻한다.

1

위 글을 통해 알 수 있는 내용으로 적절하지 않은 것은?

① 욕망에 대한 견해는 학자들마다 차이가 있다.

② 사회 체제는 욕망의 통제를 근간으로 유지되어 왔다.

③ 코드화라는 개념을 통해 사회를 통시적으로 구분할 수 있다.

④ 현대 사회는 자본을 중심으로 더 강력한 코드화를 이루었다.

⑤ 노마디즘적 사유와 행동을 지향하면 원시 사회의 형태로 돌아가게 된다.

2

'욕망'에 대한 견해가 ㉠과 가장 유사한 것은?

① 욕망에는 특정한 대상도 범위도 없다. 욕망은 우리가 가지고 있지 않은 모든 것으로부터 시작된다.

② 욕망은 정신적인 것, 물질적인 것을 모두 포함하여 나에게 없는 어떤 것을 영원히 소유하고자 하는 것이다.

③ 인간의 삶은 고통이며 그 고통의 원인은 욕망에 있으므로 욕망으로부터 벗어날 때 비로소 깨달음에 이를 수 있다.

④ 인간의 욕망은 대상으로부터 주어지는 것이 아니라 욕망하는 인간이 스스로 발산하는 것이기 때문에 능동적인 정서이다.

⑤ 욕망은 인간에 내재한 가장 기본적인 특성이다. 하지만 성숙한 인간이라면 이성의 힘으로 욕망을 적절히 억압해야 한다.

인간의 무지로부터 비롯된 자연에 대한 공포가 종교적 세계관을 낳았지만, 계몽주의는 이성과 합리성을 통해 이를 극복하였다. 르네상스와 종교개혁을 거치면서 성립된 ㉠근대 계몽주의는 중세를 지배했던 신(神) 중심의 사고에서 벗어나 합리적 사유에 근거한 인간 해방을 추구하였다. 계몽주의의 합리적 사고는 자연과학의 성립으로 이어졌으며, 우주와 자연에서 신비로운 요소를 걷어낸 과학 기술의 발전은 인류에게 그 어느 때보다 풍요로운 물질적 부를 가져왔다. 하지만 이 같은 문명의 이면에는 환경 파괴와 물질만능주의, 인간소외와 같은 근대화의 병폐가 숨어 있었다.

이에 대해 프랑크푸르트학파로 대표되는 비판이론가들은 계몽주의의 이성이 근본적으로 결함이 있다고 본다. 그들은 목적 달성을 위해 대상을 도구화하고 수단의 효율성만 중시했다는 점에서 계몽주의의 이성을 '도구적 이성'으로 규정하며 그 폭력성을 고발한다. 이성에 대한 과신이 자연과 인간이 지니는 고유한 의미와 가치를 망각하게 한다고 보았기 때문이다.

하버마스는 자신이 속한 프랑크푸르트학파를 계승하면서도 그들과는 다른 행보를 보였다. 그도 계몽주의의 일방적인 이성주의는 반대한다. 하지만 인간의 이성이 부정적인 측면만 있는지에 대해서는 의문을 품었다. 그래서 하버마스는 앞선 시대의 프랑크푸르트학파가 이성을 지나치게 협소하고 편향되게 이해한 것에 반대하고, 이성의 힘을 긍정하며 '의사소통적 이성'을 제안하였다.

하버마스에 의하면 진정한 사회의 진보는 의사소통적 이성을 바탕으로 사회구성원들이 함께 문제를 인식하고 공론화하여 자율적 합의를 통해 장애 요소를 공동으로 제거해 나갈 때 가능하다고 본다. 의사소통적 이성이야말로 도구적 이성으로 인해 빚어진 사회의 여러 문제를 극복하고 진정한 자유와 해방을 인간에게 가져다 줄 수 있다는 것이다.

그렇다면 의사소통적 이성은 어떻게 구체적으로 나타날 수 있을까? 하버마스는 여기서 '이상적 담화 상황'을 전제한다. 화자와 청자가 대등한 관계에서 자기의 생각을 말하고 상대방의 생각을 받아들이면서 의견 차이를 좁혀갈 때 갈등을 해결할 수 있다고 보았다. 대화 참여자들이 일정한 윤리적 테두리 안에서 담화를 해야 한다고 보기 때문에 이를 '담론윤리학'이라고 부르기도 한다. 이렇듯 하버마스는 의사소통적 이성을 통해 사회를 변화시킬 수 있다는 낙관적인 믿음을 주었다는 점에서 의의가 있다.

1

위 글의 내용 전개 방식에 대한 설명으로 적절한 것은?

① 기존의 관점을 비판하는 새로운 이론의 특징을 진술하고 있다.

② 구체적 증거를 활용하여 통념에 대해 문제를 제기하고 있다.

③ 다양한 이론을 소개한 후 이를 실생활에 적용하고 있다.

④ 이론의 핵심을 유추의 방법을 통해 설명하고 있다.

⑤ 이론의 장단점을 비교, 대조하고 있다.

2

㉠의 관점에 부합하지 않는 것은?

① 합리적 사유를 통해 인간 해방은 가능하다.

② 목적을 이루기 위한 수단의 효율성은 중요하다.

③ 이성에 대한 지나친 믿음이 근대화의 병폐를 야기한다.

④ 자연은 더 이상 공포의 대상이 아니라 이용의 대상이다.

⑤ 우주의 원리는 신의 섭리가 아닌 자연과학으로 설명할 수 있다.

현대 철학자 알랭 바디우는 정치란 세상을 변화시키는 것이라고 말하며, 더 나은 세상을 만들기 위해서는 좋은 지도자를 뽑아 정부를 잘 운영하는 것으로는 부족하고 사회 구조의 변화가 이루어져야 한다고 말한다. 그렇다면 사회 구조의 변화는 어떻게 가능한 것인가? 이에 대해 바디우는 ㉠'사건'을 계기로 ㉡'진리'가 만들어지면서 사회 구조가 변화하게 되는 것이라고 설명한다.

바디우에 따르면, 사건이란 기존의 사회 구조를 뒤흔들 만큼 충격적인 일이면서 미리 계획하거나 예측할 수 없는 일이다. 또한 사건은 의도적으로 발생시킬 수 없는 것으로, 사회에 엄청난 충격을 일으키지만 사회 전체에서 일어나는 것이 아니라 사회 내의 특정한 지점에서 발생한다. 바디우는 사건은 일시적으로 나타났다가 사라져 버리는 것이지만 사회 구조 변화의 출발점이 된다는 것을 강조한다. 그는 사건의 대표적 예로 1871년 프랑스 파리에서 일어났던 파리코뮌을 들고 있다.

바디우는 기존의 사회 구조를 벗어나는 독특한 사건이 발생하면 사회 구성원들은 이 사건을 전에 없던 '이름'으로 부르고 이 이름은 사건이 사라진 후에도 사회에 흔적으로 남는다고 본다. 사건이 사라지고 난 후, 개인이나 집단은 사건의 이름을 통해 사건을 떠올리며 사회 안의 각 요소들과 사건의 관련성을 살펴보는 시도를 한다. 즉 개인이나 집단이 사회 안의 제도, 행위, 발언 등을 검토하여 그것이 사건을 이어 갈 수 있는 것인지 아닌지를 가려낼 수 있다고 보는 것이다. 사회 안의 요소들 중에서 사건에 충실한 요소와 그렇지 않은 요소를 가려내는 이러한 작업을 바디우는 '탐색'이라고 부르고, 탐색의 판단 기준을 '충실성'이라고 부른다. 이때 탐색에 참여하는 개인이나 집단은 어떤 의도를 가지고 사회 안의 특정한 요소를 선택해 그것의 충실성 여부를 검토하는 것이 아니라 사회 안에서 우연히 마주치게 되는 요소들이 사건과 어떤 관계를 가지는지를 조사한다.

바디우는 탐색을 통해 사건에 충실한 것으로 분류된 요소들이 진리를 이룬다고 말한다. 즉 바디우에게 있어 진리란 거짓에 반대되는 사실을 가리키는 것이 아니라, 사건을 계기로 이루어진 탐색의 결과이자 사회 안에서 사건에 충실한 요소들의 집합체이다. 바디우는 이러한 진리는 정치 이외에도 과학, 예술, 사랑의 영역에서 만들어질 수 있다고 본다.

바디우는 진리가 만들어지는 과정, 즉 진리 절차에서 진리를 이루는 부분들을 '주체'라고 부른다. 진리를 만들어 가는 개인이나 집단의 행위, 발언 중에서 충실한 요소들이 모여 주체가 되는 것이다. 따라서 진리 절차에 참여하는 사람이라도 그 사람 자신이 곧 주체는 아니며, 그 사람의 행위나 발언 중 사건에 충실한 것만이 주체의 일부가 된다. 이러한 바디우의 시각이 개인을 보잘것없게 만든다고 비판하는 사람들도 있다. 하지만 이에 대한 반대급부가 있다. 어떤 사람이 정치적 활동을 하면서 예술 활동을 하고 있다면 이 활동은 정치적 주체의 일부이면서 예술적 주체의 일부가 될 수 있으므로 개인은 다양한 영역에서 활동할 수 있다는 것이다.

특히 바디우는 자신의 철학을 펼치면서 사건은 진리가 만들어지는 데 필수적이지만 그 자체가 진리는 아니라고 강조하며, 사회 구조의 변화를 위해 중요한 것은 우연한 사건보다 시간의 경과 속에서 만들어지는 진리라고 말한다. 이는 바디우가 말하는 '용기'의 중요성과도 연결된다. 바디우에게 있어 용기란 진리를 좇는 용기, 즉 사회 안의 요소들을 진리에 속하는 것과 아닌 것으로 나누는 작업을 포기하지 않고 지속할 수 있는 용기이다. 결국 바디우는 사회 구조의 변화를 위해서는 앞으로의 일이 아니라 이미 일어났던 사건에 관심을 가지고 그 사건을 이어 가기 위해 노력해야 한다고 보는 것이다.

1

위 글에 제시된 '바디우'의 견해와 부합하는 것은?

① 정치의 목적은 정부 운영을 잘하는 것이다.
② 사건은 사회 전체에서 일어난 것이어야 의미가 있다.
③ 개인은 사회 안의 제도나 행위에 대해 검토할 수 있다.
④ 거짓이 아닌 사실들을 체계적으로 정리하는 과정을 진리 절차라고 한다.
⑤ 사회 구조를 변화시키기 위해서는 앞으로 일어날 사건을 예측할 수 있어야 한다.

2

㉠과 ㉡에 대해 이해한 내용으로 적절하지 않은 것은?

① ㉠은 ㉡이 만들어지는 과정의 시발점이 된다.
② ㉠은 ㉡이 만들어지는 데 필수적이지만 ㉠ 자체가 ㉡은 아니다.
③ ㉡을 이루는 요소는 ㉠을 이어 갈 수 있다고 판단된 것들이다.
④ ㉠은 일시적으로 일어났다 사라지며 ㉡은 시간의 경과 속에서 만들어진다.
⑤ ㉡보다 ㉠을 발생시키기 위한 노력이 사회 구조의 변화를 위해 더 중요하다.

5장

동양철학

노자의 『도덕경』을 관통하고 있는 사고방식은 "차원 높은 덕은 덕스럽지 않으므로 덕이 있고, 차원 낮은 덕은 덕을 잃지 않으므로 덕이 없다."에 잘 나타나 있다. 이 말에서 노자는 '덕스럽지 않음'과 '덕이 있음', '덕을 잃지 않음'과 '덕이 없음'을 함께 서술해 상반된 것이 공존한다는 생각을 보여 주고 있다. 이러한 사고방식은 '명(名)'에 대한 노자의 견해와 맞닿아 있다.

노자는 하나의 '명(A)'이 있으면 반드시 '그와 반대되는 것(~A)'이 있으며, 이러한 공존이 세계의 본질적인 모습이라고 생각했다. 이 관점에서 보면, '명'은 대상에 부여된 것으로 존재나 사태의 한 측면만을 규정할 수 있을 뿐이다. "있음과 없음이 서로 생겨나고, 길고 짧음이 서로 형체를 갖추고, 높고 낮음이 서로 기울어지고, 앞과 뒤가 서로 따른다."라는 노자의 말은 A와 ~A가 같이 존재하는 세계의 모습에 대해 비유적으로 말한 것이다.

노자에 따르면, A와 ~A가 공존하는 실상을 알지 못하는 사람들은 'A는 A이다.'와 같은 사유에 매몰되어 세계를 온전하게 이해하지 못한다. 이 관점에서 보면 인(仁), 의(義), 예(禮), 충(忠), 효(孝) 등을 지향함으로써 사회의 무질서를 바로잡을 수 있다고 본 유가(儒家)의 입장에 대한 비판이 가능하다. 유가에서의 인, 의, 예, 충, 효 등과 같은 '명'의 강화는 그 반대적 측면을 동반하게 되어 결국 사회의 혼란이 가중되는 방향으로 나아가게 된다고 비판할 수 있는 것이다.

노자는 "법령이 더욱 엄하게 되면 도적도 더 많이 나타난다."라고 하였다. 도적을 제거하기 위해 법령을 강화하면 도적이 없어져야 한다. 그러나 아무리 법이 엄격하게 시행되어도 범죄자는 없어지지 않고, 오히려 교활한 꾀와 탐욕으로 그 법을 피해 가는 방법을 생각해 내는 도적들이 점차 생기고, 급기야는 그 법을 피해 가는 도적들이 더욱더 많아지게 된다는 것이 노자의 주장이다. 이러한 노자의 입장에서 볼 때, 지향해야만 하는 이상적 기준으로 '명'을 정해 놓고 그것이 현실에서 실현되어야 사회 질서가 안정된다는 주장은 설득력이 없다.

'명'에 관한 노자의 견해는 이기심과 탐욕으로 인한 갈등과 투쟁이 극심했던 사회에 대한 비판적 분석이면서 동시에 그 사회의 혼란을 해소하기 위한 것이라고 할 수 있다. 노자는 당대 사회가 '명'으로 제시된 이념의 지향성과 배타성을 이용해 자신의 사익을 추구하는 개인들로 가득 차 있다고 여겼다. 노자는 문명사회를 탐욕과 이기심 및 이를 정당화시켜 주는 이념의 산물로 보고, 적은 사람들이 모여 욕심 없이 살아가는 소규모의 원시 공동체 사회로 돌아가야 한다고 주장하였다. 노자는 '명'으로 규정해 놓은 특정 체계나 기준 안으로 인간을 끌어들이는 것보다, 인위적인 규정이 없는 열린 세계에서 인간을 살게 하는 것이 훨씬 더 평화로운 안정된 삶을 보장해 준다고 생각했다.

1

위 글을 읽고 알 수 있는 내용으로 적절하지 않은 것은?

① 『도덕경』에는 '상반된 것의 공존'에 관한 노자의 생각이 들어 있다.

② 노자는 법의 엄격한 시행이 오히려 범법자를 양산할 수 있다고 생각했다.

③ 노자는 탐욕과 이기심을 정당화하는 이념을 문명사회의 문제점으로 보았다.

④ 노자에 따르면, 'A는 A이다.'와 같은 사유에 매몰된 사람은 세계를 온전하게 이해하기 어렵다.

⑤ 노자의 입장에서 '명'은 대상에 부여되어 그 대상이 지닌 상반된 속성을 사라지게 만드는 것이다.

2

위 글의 '노자'와 〈보기〉의 '공자'에 대해 이해한 내용으로 적절하지 않은 것은?

〈보기〉

공자의 '정명론(正名論)'은 "임금은 임금다워야 하고, 신하는 신하다워야 하고, 아버지는 아버지다워야 하고, 아들은 아들다워야 한다(君君臣臣父父子子)."라는 말로 요약된다. 이와 같이 'A는 A답게 되어야 한다.'는 공자의 논리는 현실 속의 개체는 이상적인 개체가 되기 위해 노력해야 한다는 것이다. 이는 불변하는 이상적 기준인 '명(名)'에 부합해야만 한다는 논리이다. 공자는 이러한 생각을 기반으로 마땅히 예(禮)를 따라야 한다고 역설했다. 공자는 사회 구성원들이 예에 따라 자신이 맡은 역할을 제대로 수행해야 사회 혼란을 바로잡을 수 있다고 보았다.

① 노자는 공자와 달리 '명'이 불변하는 이상적 기준으로서의 역할을 수행할 수 없다고 보았다.

② 노자는 공자와 달리 '예'와 같은 이념이 실현되려면 이념을 지향해 초래되는 문제들을 극복해야 한다고 보았다.

③ 공자는 노자와 달리 '예'에 의해 사회의 혼란이 개선될 수 있다고 보았다.

④ 공자는 노자와 달리 사회 구성원들이 '명'에 부합하도록 마땅히 제 역할을 다할 수 있어야 한다고 보았다.

⑤ 노자와 공자 모두 사회의 혼란을 바로잡는 데에 관심을 기울였다.

장자는 타자와의 소통이라는 과제를 자신의 철학적인 문제로 끌어안고 집요하게 사유했던 사람이다. 장자는 다음과 같은 '송나라 상인 이야기'를 통해 타자와 마주친 상황을 설명한다. "송나라 상인이 모자를 밑천삼아 월나라로 장사를 떠난다. 그러나 월나라 사람들은 머리를 짧게 깎고 문신을 하고 있어 모자가 필요하지 않았다." 월나라에서 모자를 팔려던 송나라 상인은 전혀 다른 문화 속에서 '낯섦'과 마주친 것이다. 장자는 자신에게 낯선 공간이야말로 타자와 만날 수 있는 공간이기 때문에 '낯섦'에 머물러야 한다고 조언한다.

장자가 이렇게 조언한 이유는 무엇일까? 이 질문에 답하기 위해서는 장자가 언급한 '성심(成心)'이라는 말에 주목할 필요가 있다. 성심이란 온전한 마음이 아니라 치우친 마음으로 자기의 입장을 극대화하여 고정된 자기 관점을 고집하는 것이다. 우리는 이러한 성심에 따라 각자의 관점을 절대적 판단 기준으로 삼고, 그 결과 '나는 옳고 남은 그르다'는 분별을 고착시킨다. 그리고 이러한 성심이 타자와의 소통과 조화를 방해하게 된다.

그렇다면 타자와 만났을 때, 이러한 성심은 어떤 문제를 일으키는가? 장자는 다음과 같은 '바닷새 이야기'를 통해 그 해답을 제시한다. "옛날 바닷새가 노나라 서울 밖에 날아와 앉았다. 노나라 임금은 이 새를 아름다운 종묘 안으로 데리고 와 술을 권하고, 아름다운 궁궐의 음악을 연주해 주고, 소와 돼지, 양을 잡아 대접하였다. 그러나 새는 어리둥절해 하고 슬퍼하기만 하다가 사흘 만에 죽어 버리고 말았다. 이는 ㉠자기를 기르는 방법으로 새를 기른 것이지, ㉡새를 기르는 방법으로 새를 기른 것이 아니다." 분명 바닷새와 같은 야생의 새는 사람들의 손길을 거부할 것이고, 사람들이 즐기는 것과 먹고 마시는 음식을 함께할 수 없다. 바닷새는 특정 기호가 아니라 그들의 고유한 성질에 따른 특성을 지니고 있기 때문에 그러한 것이다. 여기서 흥미로운 점은 노나라 임금이 새를 가두어 죽이려 한 것도, 자신의 어떤 목적을 위한 수단으로 여긴 것도 아니라는 점이다.

결국 바닷새가 죽은 것은 노나라 임금이 자신의 성심에 따라 '새'라는 타자와 관계를 맺고자 했기 때문이다. 다시 말해서 바닷새를 '나'와는 다른 '새'로서 대하지 못하고 나와 같은 '사람'으로서 대했기 때문이다. 이처럼 우리가 타자를 기성의 선입견 등으로 가득 찬 마음, 즉 성심에 따라 타자를 나로 인식하고자 할 때 타자와의 소통은 원천적으로 막힐 뿐 아니라 조화로운 관계 또한 어그러지게 된다.

이런 점을 감안할 때 우리는 장자의 철학을 '소통(疏通)'의 개념으로 이해할 수 있다. 즉 '막힌 것을 터버린다'는 '소(疏)'개념과 '타자와 연결한다'는 '통(通)'개념에서, '트임'이라는 타자로의 개방성을 상징하는 '소(疏)'개념은 결국 '비움'이라는 단계를 거쳐야 한다.

성심을 따르는 자기중심적 생각을 비움으로써 타자와의 다름을 인정한다면 타자와의 실질적인 소통이 가능할 수 있다. 장자가 고민한 타자와의 소통의 문제는 갈수록 많은 갈등을 안고 살아가고 있는 현대 사회에서 매우 중요한 의미를 가진다고 볼 수 있다.

1

위 글에 대한 적절한 설명을 〈보기〉에서 골라 바르게 묶은 것은?

〈보기〉

ㄱ. 예화를 인용하여 주요 개념에 대한 이해를 돕고 있다.

ㄴ. 질문하는 방식을 활용하여 독자의 주의를 환기하고 있다.

ㄷ. 핵심 쟁점에 대한 상반된 두 관점을 비교, 분석하고 있다.

ㄹ. 문제가 되는 현상을 제시하고 그 변화 과정을 개괄하고 있다.

① ㄱ, ㄴ   ② ㄱ, ㄷ   ③ ㄴ, ㄷ   ④ ㄴ, ㄹ   ⑤ ㄷ, ㄹ

2

㉠과 ㉡에 대한 설명으로 적절한 것은?

① ㉠은 성심을 버리지 못한 행위이고, ㉡은 성심에서 벗어난 행위이다.

② ㉠은 상대적 관점에 의한 행위이고, ㉡ 절대적 관점에 의한 행위이다.

③ ㉠은 타자와 소통하려는 행위이고, ㉡은 타자와 조화를 이루려는 행위이다.

④ ㉠은 사물을 있는 그대로 본 결과이고, ㉡은 사물을 있는 그대로 보지 못한 결과이다.

⑤ ㉠은 고정된 자기 관점을 버리지 못했기 때문이고, ㉡은 확고한 신념을 만들지 못했기 때문이다.

욕망은 무엇에 부족함을 느껴 이를 탐하는 마음이다. 춘추전국시대를 살았던 제자백가들에게 인간의 욕망은 커다란 화두였다. 그들은 권력과 부귀영화를 위해 전쟁을 일삼던 현실 속에서 인간의 욕망을 어떻게 바라볼 것인지, 그것에 어떻게 대처해야 할지를 탐구하였다.

먼저, 맹자는 인간의 욕망이 혼란한 현실 문제의 근본 원인이라고 보았다. 욕망이 과도해지면 사람들 사이에서 대립과 투쟁이 생기기 때문이다. 맹자는 인간이 본래 선한 본성을 갖고 태어나지만, 살면서 욕망이 생겨나게 되고, 그 욕망에서 벗어날 수 없다고 하였다. 그래서 그는 욕망은 경계해야 하지만 그 자체를 없앨 수는 없기에, 욕망을 제어하여 선한 본성을 확충하는 것이 필요하다고 보았다. 그가 욕망을 제어하기 위해 강조한 것이 '과욕(寡慾)'과 '호연지기(浩然之氣)'이다. 과욕은 욕망을 절제하라는 의미로, 마음의 수양을 통해 욕망을 줄여야 한다는 것이다. 호연지기란 지극히 크고 굳센 도덕적 기상으로, 의로운 일을 꾸준히 실천해야만 기를 수 있다는 것이다.

맹자보다 후대의 인물인 ㉠순자는 욕망의 불가피성을 인정하면서, 그것이 인간의 본성에서 우러나오는 것이라고 하였다. 인간은 태생적으로 이기적이고 질투와 시기가 심하며 눈과 귀의 욕망에 사로잡혀 있을 뿐만 아니라 만족할 줄도 모른다는 것이다. 또한 개인에게 내재된 도덕적 판단 능력만으로는 욕망을 완전히 제어하기 힘들다고 보았다. 더군다나 이기적 욕망을 그대로 두면 한정된 재화를 두고 인간들끼리 서로 다투어 세상을 어지럽히게 되므로, 왕이 '예(禮)'를 정하여 백성들의 욕망을 조절해야 한다고 생각하였다. 예는 악한 인간성을 교화하고 개조하는 방법이며, 사회를 바로잡기 위한 규범이라 할 수 있다. 그래서 순자는 사람들이 개인적으로 노력하는 동시에 나라에서 교육과 학문을 통해 예를 세워 인위적으로 선(善)이 발현되도록 노력해야 한다고 주장하였다. 이는 맹자의 주장보다 한 단계 더 나아간 금욕주의라 할 수 있다.

이들과는 달리 ㉡한비자는 권력과 재물, 부귀영화를 바라는 인간의 욕망을 부정적으로 바라보지 않았다. 인간의 본성이 이기적이라고 본 점에서는 순자와 같은 입장이지만, 그와는 달리 본성을 교화할 수 없다고 하였다. 오히려 욕망을 추구하는 이기적인 본성이 이익 추구를 위한 동기 부여의 원천이 되고, 부국강병과 부귀영화를 이루는 수단이 된다는 것이다. 그는 세상을 사람들이 이익을 위해 경쟁하는 약육강식의 장으로 여겼기에, 군신 관계를 포함한 모든 인간 관계가 충효와 같은 도덕적 관념이 아니라 단순히 이익에 의해 맺어져 있다고 보았다. 따라서 그는 사람들이 자발적으로 선을 행할 것을 기대하기보다는 법을 엄격히 적용하는 것이 필요하다고 강조하였다. 그는 백성들에게 노력하면 부자가 되고, 업적을 쌓으면 벼슬에 올라가 출세를 하며, 잘못을 저지르면 벌을 받고, 공로를 세우면 상을 받도록 해서 특혜와 불로소득을 감히 생각하지 못하도록 하는 것이 올바른 정치라고 주장하였다.

1

위 글에 대한 설명으로 가장 적절한 것은?

① 욕망에 대한 다양한 입장을 소개하고 그 입장들을 비교하고 있다.

② 욕망의 유형을 제시하고 그것을 일정한 기준에 따라 분류하고 있다.

③ 욕망을 보는 상반된 견해를 나열하고 그것의 현대적 의의를 밝히고 있다.

④ 욕망이 나타나는 사례들을 제시하여 욕망 이론의 타당성을 따지고 있다.

⑤ 욕망을 조절하는 여러 가지 방법을 보여주고 각각의 장단점을 분석하고 있다.

2

㉠과 ㉡의 공통된 견해로 적절한 내용을 모두 고른 것은?

> ㄱ. 인간은 이기적 본성을 지니고 있다.
>
> ㄴ. 백성의 욕망을 다스리는 방법을 제시하였다.
>
> ㄷ. 사회적 규범으로 인간 본성을 교화할 수 있다.
>
> ㄹ. 인간의 욕망은 부국강병과 부귀영화를 이루는 수단이 된다.

① ㄱ, ㄴ   ② ㄱ, ㄹ   ③ ㄴ, ㄷ   ④ ㄴ, ㄹ   ⑤ ㄷ, ㄹ

　　동양철학의 바탕에는 '도(道)'에 관한 사상이 자리 잡고 있으나 도에 대한 관점은 사상가들마다 다르다.

　　우선, ⊙공자가 말하는 도란 모든 인간이 공통적으로 지켜야 할 도리를 의미한다. 도는 구체적인 행동양식인 '예(禮)'에 의해 실천된다. 객관화된 인간의 행동규범이 예이고 그 예의 성립근거가 '도'이므로 도는 일견 객관적으로 존재하는 것처럼 보이지만, 사실은 인간이 없으면 성립되지 않는다. 그러므로 도는 인간의 내면과 관련될 수밖에 없다. 즉, '도'는 인간의 자기 자각과 훈련으로 이룩해야 하는 것이다.

　　공자는 이런 자기 자각과 훈련을 통해 이룩한 도가 실현된 사회를 꿈꾸었다. 그 사회는 법제도보다는 인격, 형벌보다는 감화에 의해 추동되는 사회였다. 그는 '정치로써 인도하고 형벌로써 다스리면 백성들은 형벌이나 면하려 들지 수치를 모르게 된다. 덕으로써 인도하고 예로써 다스리면 수치를 알고 또 올바르게 된다.'고 하여 예와 덕으로 다스리는 것의 중요성을 강조했다.

　　노자는 앞서 공자가 주장한 도에 대해 신랄하게 비판한다. 즉, 통치 질서가 무너진 주나라의 예법을 회복하기 위해 인위적인 규범을 만들어 도덕의식을 개혁하려는 것이 오히려 백성들을 힘들게 만들었다고 비판하였다. 노자는 도를 억지로 찾으려 하지 않았다. 그는 만물을 있는 그대로 두는 것이 큰 도를 찾는 방법이라고 강조했다. 그는 도를 만물이 생성하는 근원이라 보고, 이는 인간이 한정할 수 없는 존재이며, 규정할 수 없는 '무'라고 하였다. 또한 다른 것에 의존하거나 무엇에서 생긴 것이 아니기 때문에 '독립'한다고 하고, 그러한 성질을 '자연'이란 말로 표현하였다. 즉, ⓒ노자의 도는 공자의 인위적 규범인 도와 달리 자연 그 자체를 의미한다고 볼 수 있다.

　　한편, 한비자는 공자의 도와 그 도가 실현된 사회가 너무 비현실적이라고 생각했다. 특히 그는 공자에서 비롯된 유가의 겉치레를 비판하고 엄격한 형벌의 집행을 주장했다. 한비자는, 인간은 이기적인 존재여서 그대로 놓아두면 반드시 혼란에 이르기 때문에 사람을 다스리려면 법이 필요하다고 보았다. 그는 인격을 통한 감화는 인간들의 이기심을 제어할 수 없다고 보고, 법만이 천하의 가장 좋은 도라 주장하였다. 그는 유교의 원리로는 자식 교육도 기약할 수 없다고 하면서, 건달 아들을 바로잡는 것은 자식에 대한 사랑이나 스승의 교육이 아니라 엄격한 부랑자법과 몽둥이를 든 형졸이며, 인격과 학문은 무력한 데에 반해 힘과 권위는 실질적이라고 주장하였다.

　　이처럼 '도'에 대해 공자는 인간이 지켜야할 도리, 노자는 만물이 생성하는 근원, 한비자는 법 자체라고 본 것이다. 이로 보아 도라는 개념은 한마디로 정의 내리기 어렵지만 여러 사상가들이 연구해 왔던 동양철학의 근저임을 알 수 있다.

1

위 글의 표제와 부제로 가장 적절한 것은?

① 올바른 삶의 길 – 무위를 따르려한 사상가들

② 인격 배양의 길 – 노자와 비교되는 공자의 길

③ 동양철학에서의 '도' – 여러 사상가들의 관점 고찰

④ '도'를 따르는 삶 – 노자와 한비자의 서로 다른 생애

⑤ 동양 사상의 핵심 – 공자와 한비자를 중심으로 한 동양 사상

2

㉠과 ㉡에 대한 설명으로 적절한 것은?

① ㉠과 달리 ㉡은 인간의 내면에서 유래한다.

② ㉠과 달리 ㉡은 인간이 인위적으로 규정할 수 없다.

③ ㉡과 달리 ㉠은 인간이 없어도 성립된다.

④ ㉡과 달리 ㉠은 만물을 생성하는 근원이다.

⑤ ㉠, ㉡은 모두 인간의 제도적 규범을 의미한다.

중국 역사에서 전국 시대는 전쟁으로 점철된 시대였다. 여러 사상가들이 혼란한 정국을 수습하고 백성들을 고통에서 벗어나게 하기 위한 대안을 마련하였는데, 이 과정에서 그들의 이론을 뒷받침할 형이상학적 체계로서의 인성론이 대두되었다. 인성론은, 인간의 본성은 선하다는 성선설, 인간의 본성이 악하다는 성악설, 인간의 본성에는 애초에 선과 악이라는 구분이 전혀 없다는 성무선악설 등으로 분류될 수 있다. 맹자와 순자를 비롯한 사상가들은 인간 본성에 대한 이론적 탐구에서 더 나아가 사회적 · 정치적 관점으로 인성론을 구성하고 변형시켜 왔다.

[A] 맹자의 성선설이 국가 공권력에 저항하기 위해 호족들 및 지주들이 선한 본성을 갖춘 자신들을 간섭하지 말라는 이념적 논거로 사용되었다면, 순자나 법가의 성악설은 군주가 국가 공권력을 정당화할 때 그 논거로서 사용되었다. 즉 선악이란 윤리적 개념이 정치적 개념과 불가분의 관계에 놓여 있다는 사실을 확인할 수 있다. 성선설에서는 개체가 외부의 강제적인 간섭 없이도 '정치적 질서'를 낳고 유지할 수 있다고 본 반면, 성악설에서는 외부의 간섭이 없을 경우 개체는 '정치적 무질서'를 초래할 뿐인 존재라고 본 것이다.

한편 고자는 성무선악설을 통해 인간이 가지고 있는 식욕과 같은 자연적인 욕구가 본성이므로 이를 정치적이면서 동시에 윤리적인 범주로서의 선과 악의 개념으로 다룰 수 없다고 주장했다. 그는 인간의 본성을 '소용돌이치는 물'로 비유했는데, 이러한 관점은 소용돌이처럼 역동적인 삶의 의지를 지닌 인간을 규격화함으로써 그 역동성을 마비시키려는 일체의 외적 간섭에 저항하는 입장을 취하도록 하였다.

맹자는, 인간의 본성을 역동적인 것으로 간주한 고자의 인성론을 비판하였다. 맹자는 살아있는 버드나무와 그것으로 만들어진 나무 술잔의 비유를 통해, 나무 술잔으로 쓰일 수 있는 본성이 이미 버드나무 안에 있다고 보았다. 맹자는 인간이 선천적으로 지닌 이러한 본성을 인의예지 네 가지로 규정하였다. 고통에 빠진 타인을 측은히 여기는 동정심, 즉 측은지심은 인간이라면 누구나 갖고 있다고 보고, 측은한 마음은 인간의 의식적 노력에서 나온 것이 아니라 불쌍한 타인을 목격할 때 저절로 내면 깊은 곳에서 흘러나온다고 본 것이 맹자의 관점이었다. 다시 말해 인간은 스스로의 노력으로 본성을 실현할 수 있는 존재, 즉 타인의 힘이 아닌 자력으로 수양할 수 있는 존재라고 보았다. 이것이 바로 맹자 수양론의 기본 전제이다.

모든 인간은 선한 본성을 지니고 있고, 이 선한 본성의 실현은 주체 자신의 노력에 의해서만 가능하다는 맹자의 성선설을 순자는 사변적이고 낙관적이며 현실 감각이 결여된 주장으로 보았다. 선한 인간이 되기 위해서 인간은 국가 질서, 학문, 관습 등과 같은 외적인 것에 의존할 필요가 없다고 본 맹자의 논리는 현실 사회에서 국가 공권력과 사회 규범의 역할을 전적으로 부정하는 논거로도 사용될 수 있었기 때문이다. 순자의 견해처럼 인간의 본성이 악하다고 전제할 때 그것을 교정하고 순치할 수 있는 외적인 강제력, 다시 말해 국가 권력이나 전통적인 제도들이 부각될 수 있다. 국가 질서와 사회 규범을 정당화하기 위한 순자의 견해는 성악설뿐만 아니라 현실주의적 인간관에서 비롯되었다.

순자는 인간의 욕망이 무한하지만 그것을 충족시켜줄 재화는 매우 한정되어 있다고 보고 이런 모순을 해결하기 위해서 국가에 의해 예(禮)가 만들어졌다는 입장을 견지하였다. 만약 인간에게 외적인 공권력과 사회 규범이 없는 경우를 가정한다면 인간들은 자신들의 욕망 충족에 있어 턱없이 부족한 재화를 놓고 일종의 전쟁 상태에 빠지게 될 것이고, 그 결과 사회는 걷잡을 수 없는 무질서 상태로 전락하게 될 것이다. 맹자의 성선설이 비현실적일 뿐만 아니라 정치적 질서를 해칠 가능성이 있다고 본 순자의 비판은, 바로 인간과 사회에 대한 이와 같은 견해로부터 나온 것이다.

1

위 글에 대한 설명으로 가장 적절한 것은?

① 인성에 대한 세 견해의 장단점을 비교하고 있다.
② 인성론의 등장 배경과 다양한 견해를 소개하고 있다.
③ 인성론의 역사적 의의와 한계에 대해 분석하고 있다.
④ 인성론이 등장한 시대적 상황을 구체적 자료를 통해 제시하고 있다.
⑤ 인성에 대한 두 견해를 제시하며 이를 절충한 이론을 소개하고 있다.

2

[A]를 통해 '인성론'에 대해 이해한 내용으로 가장 적절한 것은?

① 사회의 발전을 위한 갈등 유지의 당위성을 인정하였다.
② 권력자의 윤리 의식과 통치력이 상반된다고 판단하였다.
③ 정치적 입장을 정당화하는 이념적인 수단으로 사용되었다.
④ 초자연적 존재와 대비되는 인간 본성의 우위를 추구하였다.
⑤ 인간의 타고난 본성을 거스르는 인위적 노력을 배격하였다.

　‘성(誠)’은 하늘의 도리이며, 인간은 하늘의 도리인 성실함을 본받으려고 노력하는 존재이다. 유학에서 제시한 ‘택선고집(擇善固執)’은 개인의 내면적 충실을 강조한 인격 수양의 한 방법으로 하늘의 도리인 ‘성’을 실현하는 것이다. 여기서 ㉠‘택선’이란 선(善)을 택하는 것이고, ‘고집’이란 그것을 굳게 지켜나가는 것이다. 인간의 내면에 있는 선을 선택한다는 것은 인간에게 내재한 본성을 자각하는 인식의 단계를 의미하고, 굳게 지킨다는 것은 자각한 본성을 행동에 옮기는 실천의 단계를 뜻한다.

　㉡‘신독(愼獨)’도 개인의 내면적 충실을 강조한 유학의 덕목으로, 홀로 있을 때에도 도리에 어그러짐이 없도록 몸가짐을 바로 하고 언행을 삼가는 것이다. 『대학』에서 ‘이른바 뜻을 성실하게 한다.’라는 것은 자기를 속이지 않는 것이니, 인간은 스스로의 만족을 얻기 위한 수양에 힘을 기울여, 다른 사람이 보지 않을 때나 혹은 보이지 않는 곳에서도 항상 도리에 어긋남이 없도록 해야 한다는 것이다. 『중용』에서도 ‘숨은 것보다 잘 보이는 것이 없고, 미세한 것보다 잘 드러나는 것이 없다. 그러므로 군자는 홀로 있을 때 더욱 조심한다.’고 하여, ㉢개인의 수양을 강조한다. 즉, 신독은 한 사람의 개인으로서 자기에게 충실하여 내면적으로 실천의 기반을 확립하는 것이다. 따라서 신독은 개인 윤리이면서 동시에 ‘안으로 성실하면 밖으로 드러난다.’고 하는 사회 윤리의 출발점이 되기도 한다.

　이러한 인간의 도덕적 자각과 사회적 실천을 강조한 개인 윤리로 ‘충서(忠恕)’가 있다. 충서란 공자의 모든 사상을 꿰뚫고 있는 도리로서, 인간 개인의 자아 확립과 이를 통한 만물일체의 실현을 위한 것이다. 이때, ㉣‘충(忠)’이란 ‘중심(中心)’이다. 주희는 충을 ‘자기의 마음을 다하는 것’이라고 설명하였다. 이것은 자신의 내면에 대한 충실을 의미한다. 이는 자아의 확립이며, 본성에 대한 깨달음이다. 또한, ㉤‘서(恕)’란 ‘여심(如心)’이다. 내 마음과 같이 한다는 말이다. 공자는 ‘내가 하고자 하지 않는 것을 남에게 베풀지 말라. 내가 서고자 하면 남도 서게 하고, 내가 이루고자 하면 남도 이루게 하라.’고 하였다. 내가 하기 싫은 일은 남들도 하기 싫어하는 것이고, 내가 하고 싶어 하는 일은 남들도 하고 싶어 하는 것이다. 즉, 역지사지(易地思之)의 마음을 지닌 상태가 ‘서’의 상태인 것이며, 인간의 자연스러운 마음이라는 것이다.

　택선고집, 신독, 충서는 먼저 인간의 천부적인 도덕성을 자각하고, 이를 실현하기 위한 실천론에서 출발한다. 다시 말하면 인간의 도덕적 실천의 근원을 하늘에 두고, 이 하늘의 도리인 성(誠)을 인간 사회에서 실현하고자 하는 것이다.

1

위 글의 내용과 일치하지 않는 것은?

① 인간은 선(善)한 본성을 지니고 있다.

② 인간의 도리는 형식을 지키는 과정에서 실현된다.

③ 하늘의 도리를 본받는 것은 선을 실행하는 것이다.

④ 본성을 자각하는 것은 윤리적 실천을 위해 필요하다.

⑤ 군자는 보이지 않는 곳에서도 본성에 충실해야 한다.

2

㉠~㉤ 중, 〈보기〉의 밑줄 친 내용과 가장 관련이 깊은 것은?

> 최근 화합의 노사 관계를 선보인 ○○기업이 화제가 되고 있다. 이 회사의 근로자들은 전 세계적인 경제 불황의 여파로 경영 실적이 좋지 않아 어려워진 회사를 위해 <u>임금 동결을 결의</u>했다. 이에 따라 회사에서도 근로자들의 고용을 보장하고, 복지 향상을 위해 노력하겠다고 화답했다.
>
> −○○신문 기사

① ㉠   ② ㉡   ③ ㉢   ④ ㉣   ⑤ ㉤

중국의 전국시대는 주 왕실의 봉건제가 무너지고 열국들이 중국 천하를 할거하면서 끝없는 전쟁으로 패권을 다투던 혼란과 분열의 시기였다. 이때 등장한 제자백가 철학은 전국시대라는 난세를 극복하고 더 나은 세상을 세우기 위한 사회적 필요와 인간에 대한 치열한 사유로부터 비롯되었다. 그렇다면 당대 사상가들은 국가 또는 공동체의 질서 회복과 개인의 삶의 관계를 어떻게 모색하였을까?

전국시대의 주류 사상가로서 담론을 주도했던 양주는 인간은 기본적으로 자신만을 위한다는 위아주의(爲我主義)를 주장했다. 이는 ㉠사회의 모든 제도와 문화를 인위적인 허식으로 보고 자신의 생명을 완전하게 지키며 사는 것이 인생에서 가장 중요하다는 생각이다. 얼핏 보면 양주의 이러한 사상이 극단적인 이기주의로 보일 수도 있으나, 이는 군주를 정점으로 하는 국가 체제를 부정하고 개인의 중요성을 강조하였다는 점에서 의미 있는 관점이다. 일반적으로 무질서한 사회의 원인을 국가나 국가 지향적 이념의 부재로 여기는 데 반해, 양주는 '바람직한 사회를 위해서 삶을 희생하라'는 국가 지향적 이념을 문제 삼은 것이다. 그는 강력한 공권력을 독점한 국가에 의해 개인의 삶이 일종의 수단으로 전락할 수 있다는 점을 통찰하고, 개인은 사회 규범이나 국가 지향적 이념에 사로잡혀 개인을 희생하지 말고 자신들의 삶의 절대적 가치를 자각해야만 한다고 역설했다.

반면, 한비자는 강력한 법치주의(法治主義)로 무장한 국가의 중요성과 절대군주론을 주장했다. 한비자는 군주가 법의 화신이 되어 엄한 법으로 다스려야 국가의 혼란을 치유할 수 있다고 믿었던 것이다. 또한 법의 실질적인 효과를 위해 법은 반드시 성문법 형식으로 만들어져 백성들 사이에 두루 알려져야 하며, 그렇게 만들어진 법은 상하귀천을 막론하고 공정하게 집행되어야 한다고 보았다. 한비자는 인간을 자신의 이익을 추구하는 이기적 존재로 간주하였기 때문에 강력한 공권력으로 상벌 체계를 확립하면 상을 얻기 위해 법을 지키게 될 것이라고 확신했다. 그렇게 된다면, 법치를 통해서 국가는 강력해지고, 동시에 백성들도 국가로부터 보호를 얻어 자신의 이득을 확보할 수 있다는 것이다. 결국 한비자가 생각하는 법치의 진정한 의의는 백성을 보호하고 이롭게 하는 것이었다.

이렇듯 양주는 국가와 같은 외적 존재가 개인의 삶에 개입하는 것을 부정한 반면, 한비자는 공평무사한 정신으로 질서를 확립하여 백성의 고통을 해결하는 군주 정치를 최선으로 여겼다.

1

위 글의 '양주'와 '한비자' 모두가 동의할 수 있는 생각으로 가장 적절한 것은?

① 인간은 자신의 이익을 중시하는 존재이다.

② 개인의 삶이 국가의 제약을 받는 것은 정당하다.

③ 개인의 권리를 보장하기 위해 사회 규범이 필요하다.

④ 개인과 국가의 이익이 조화를 이루는 사회가 이상적이다.

⑤ 사회 질서의 안정과 발전보다 개인의 의사가 더 중요하다.

2

㉠의 이유로 가장 적절한 것은?

① 국가 지향적 이념 추구가 개인의 삶을 위협한다고 보았기에

② 당대 정치가들이 난세를 극복하기에는 능력이 부족하다고 보았기에

③ 법과 제도만으로는 인간의 다양한 욕구를 충족할 수 없다고 보았기에

④ 전쟁으로 인한 제도의 혼란이 국가의 권위를 유지하기 어렵다고 보았기에

⑤ 획일화된 문화와 사회 제도가 국가체제 유지에 효율적이지 않다고 보았기에

　　춘추전국시대는 하루도 전쟁이 그치지 않는 시대였다. 공자와 묵자는 춘추전국시대의 사회적 상황을 '사회적 위기'로 파악했다. 무도(無道)하고, 불인(不仁)하고, 불의(不義)한, 이기적이고 파멸적인 시대로 규정하고 있다. 특히 묵자는 백성들이 세 가지의 고통을 받고 있는데 주린 자는 먹을 것이 없고, 추운 자는 입을 것이 없고, 일하는 자는 쉴 틈이 없다고 했다. 이러한 현실 인식을 보면 묵자가 기층 민중의 고통에 주목하고 있음을 알 수 있다.

　　묵자는 겸애(兼愛)라는 보편적 박애주의와 교리(交利)라는 상생 이론을 선언하고, 연대(連帶)라는 실천적 방식을 통하여 사회 문제를 해결하고자 했다. 묵자의 겸애는 세상의 모든 사람을 차별 없이 똑같이 사랑한다는 뜻으로, 별애(別愛)의 반대 개념이라 할 수 있다. 묵자는 나와 남을 구별하는 차별인 별애에서 사회적 혼란이 비롯됨을 역설하고 서로 이익이 되는 상리(相利)의 관계를 만들어 나갈 것을 주장하고 있다. 그리고 이를 위해 엄격한, 법과 제도의 제정과 실천을 촉구하고 있다. 상리의 관계는 개인의 태도나 윤리적 차원을 넘어서는 구조와 제도의 문제이기 때문이다.

　　또한 묵자는 전쟁으로 신음하는 당면 상황을 해결하기 위한 실천 과제로 반전 평화의 기치를 내걸고 헌신적으로 방어 전쟁에 참여했다. 묵자는 복숭아를 훔친 사람은 처벌하면서 수만 명을 죽인 사람은 영웅으로 숭배하는 당시의 사회를 비판하고 모든 침략 전쟁에 대해 반대하였다. 묵자는 작은 나라였던 제나라와 진나라가 침략 전쟁을 통해 영토를 확장하고 강대국으로 발전하였다고 예찬하는 자들에게 "만 명에게 약을 써서 서너 명만 효험을 보았다면 그는 좋은 의사가 아니다. 그리고 그것은 약이 아니다. 그러한 약을 부모님께 드리겠는가?"라고 반문하였다. 요컨대 몇 개의 전승국을 바라볼 것이 아니라 수많은 패전 국가의 비극과 파괴를 간과하지 말아야 한다는 것이었다.

　　묵가는 사상뿐만 아니라 그것의 실천에 있어서도 매우 훌륭한 모범을 보였다. 겸애와 반전 평화를 위한 실천 방법이 개인주의적이거나 개량주의적이지 않음은 물론이고, 모든 일을 진행할 때 언제나 집단적이고 조직적이며 철저한 규율로 일사불란하게 진행하였다. 묵가는 강고한 조직과 엄격한 규율을 가진 집단으로 널리 알려져 있었다. 묵가는 원칙을 지키기 위해서는 불 속에라도 뛰어들고 칼날 위에도 올라설 뿐 아니라 죽는 한이 있더라도 발길을 돌리는 법이 없었다.

　　아마 이러한 특징 때문에 전국시대, 그리고 진(秦)나라 초까지만 하더라도 묵가는 유가와 함께 가장 큰 세력을 떨칠 수 있었을 것으로 짐작된다. 그러나 묵가는 진과 한나라 이후 토지 사유를 중심으로 하는 지주 관료 중심의 신분 사회가 정착되면서 자취를 감추게 되는데 그것은 상하의 계층적 차별을 무시하는 평등주의 사상이 용납될 수 없었기 때문이라고 볼 수 있다.

1

위 글로 볼 때, 묵가 사상이 주목받았던 이유로 적절한 것은?

① 강력한 군주를 바라는 사람들이 많았기 때문에

② 현실의 고통을 내세에서 보상받을 수 있다는 믿음 때문에

③ 내적 수양으로 마음의 안정을 찾으려는 사람들이 많았기에

④ 민중의 고통에 주목하고 이를 해결하기 위해 실천적으로 노력하였기에

⑤ 지주 관료 중심의 신분제 사회가 정착되면서 백성을 위로할 사상이 필요하였기에

2

〈보기〉에 대해 위 글의 묵자가 할 수 있는 주장으로 가장 적절한 것은?

〈보기〉

섭공이 공자에게 말했습니다.

"우리 고을에 대쪽같이 곧은 사람으로 직궁이 있습니다. 그 아비가 양을 훔치자 그가 그 사실을 관청에 고발했습니다."

공자가 말했습니다.

"우리 고을의 곧은 사람은 그와 다릅니다. (비록 그런 일이 있더라도) 아비는 자식을 위해, 그리고 자식은 아비를 위해 감추어 줍니다. 곧음은 그 가운데 있습니다."

① 가족 간의 사랑이 없는 직궁이 사회적인 연대를 실천하는 것은 불가능합니다.

② 아비를 고발한 직궁은 가족 간의 분란을 일으킨 사람으로 반성해야 마땅합니다.

③ 아비가 다른 사람에게 손해를 끼쳤으므로 아비를 고발한 직궁은 곧은 사람이 맞습니다.

④ 직궁은 일단 아버지의 잘못을 감싸야 하지만 나중에 사회 봉사를 통해 보상해야 합니다.

⑤ 직궁의 아비가 양을 훔칠 수밖에 없는 필연적인 사연이 있었는지 먼저 조사해 억울함이 없게 해야 합니다.

조선 성리학의 리(理)와 기(氣)의 개념은 철학 전반에 걸쳐 중요하게 다루어져 왔다. 특히 대표적인 학자인 이황과 이이는 리와 기의 개념을 통해 인간 세상에 나타나는 선악의 문제와 성인의 길로 나아가는 방법을 제시하고자 하였다.

리가 원리·본질 등을 의미한다면 기는 현실 세계의 현상·재료 등을 의미한다. 구체적인 사물이나 사람의 입장에서 보면 리와 기는 서로 떨어져 있을 수 없는데, 이것을 '불상리(不相離)'라고 한다. 그러나 한편으로는 현상이 곧 원리라고 할 수 없으며 재료가 곧 본질이라고 할 수 없다. 그래서 리는 리고 기는 기여서 서로 섞일 수 없는데, 이것을 '불상잡(不相雜)'이라고 한다. 불상리와 불상잡 중에 어떤 것에 중점을 두느냐에 따라 서로 다른 주장들이 나오는 것이다.

이황은 불상잡의 측면을 강조하여 리를 기로부터 분리한다. 그에게 리란 본연적으로 갖추어진 것이며 공정(公正)하고 바른 마음이다. 반면에 기는 사사로움에서 비롯된 마음이며 기질적이고 이기적인 것이다. 그는 기질의 한계를 벗어나 선험적(先驗的)으로 주어진 리가 현실 속에서 실현될 수 있어야 한다는 점을 강조하였고 이것이 인간이 힘써 실천해야 할 당위(當爲)라고 생각했다. 즉 이황은 리가 보편적인 자연 법칙이자 도덕 원리일 뿐 아니라 현실에 적극적으로 개입하는 운동성을 갖는 것으로 보았다. 또 터럭만큼의 나쁨도 섞이지 않은 성인의 모습을 원했고 그 근거를 리에서 도출(導出)해 냈다. 리의 본연성이 기의 작용을 받지 않고 그대로 드러나는 것이 성인이 되는 방법이라 보았으며 인간 사회에서 리의 발현을 통해 선의지를 실현해야 함을 강조하였다.

반면에 이이는 근원적으로 리와 기가 떨어질 수 없는 존재라는 점을 강조하였다. 또 리는 운동성이 없는 원리의 개념이며, 운동하는 것은 기뿐이라고 주장했다. 리는 스스로 발현(發顯)하는 것이 아니라 기가 나타날 때 원리로서 드러나는 것이다. 리는 모든 인간에게 무형무위한 원리로 보편적이지만 기는 유형유위하기 때문에 사람에 따라 바르기도 하고 치우치기도 한다. 선악의 문제는 바로 이러한 기의 특수성에서 비롯된다. 기 자체는 선하지도 악하지도 않은 것이지만 그것이 지나치거나 모자라게 나타나면 악이 되고, 알맞게 발현되면 선이 된다고 보았다. 이이는 보편적인 원리로서의 리보다는 개별적인 기의 작용에 관심을 두었으며 그런 점에서 기질의 변화를 강조하였다. 이이는 기의 발현을 올바르게 하는 것이 성인이 되는 방법이라고 생각한 것이다.

1

위 글을 읽고 정리한 것으로 적절하지 않은 것은?

	이황	이이
①	본연성 중시	기질성 중시
②	리의 운동성 긍정	리의 운동성 부정
③	개별적 선의지 강조	보편적 선의지 강조
④	리의 현실적 실현 추구	기의 올바른 발현 추구
⑤	리와 기의 불상잡에 중점	리와 기의 불상리에 중점

2

위 글의 두 학자에 대해 〈보기〉의 화자가 취하고 있는 입장으로 가장 적절한 것은?

〈보기〉

사물의 본성은 타고난 기호 내지 지향성일 뿐이다. 본성은 불변하는 형이상학적 단위로서 인간의 마음속에 깃들어 있는 것이 아니며, 선악의 문제도 기질에 따른 구속을 받는 것이 아니다. 선을 선택할 것인가 그러지 않을 것인가는 전적으로 인간의 결단에 달려 있다. 이것은 본성과 기질을 넘어서 주체성을 가진 인간의 실천의 문제일 뿐이다.

① 이황의 입장에서 사물의 형이상학적 본성을 강조하며 실천의 중요성을 언급하고 있다.
② 이이의 입장에서 리와 기의 차이점을 논하며 기질의 능동적인 측면을 조명하고 있다.
③ 두 학자의 주장을 모두 비판하며 인간의 선택과 결단의 주체성을 강조하고 있다.
④ 두 학자의 주장에 대한 기존의 오해를 바로잡으며 그들의 핵심 주장을 전하고 있다.
⑤ 두 학자의 주장을 절충하여 각각의 한계를 보완할 수 있는 새로운 이론을 제시하고 있다.

조선 성리학자들은 '세계를 어떻게 바라보고, 자신이 추구하는 삶을 어떻게 실현할 것인가' 하는 문제와 관련하여 지(知)와 행(行)에 깊은 관심을 기울였다. 그들은 특히 도덕적 실천과 결부하여 지와 행의 문제를 다루었는데, 그 기본적인 입장은 '지행병진(知行竝進)'이었다. 그들은 지와 행이 서로 선후(先後)가 되어 돕고 의지하면서 번갈아 앞으로 나아가는 '상자호진(相資互進)' 관계에 있다고 생각했다. 또한 만물의 이치가 마음에 본래 갖추어져 있다고 여기고 도덕적 수양을 통해 그 이치를 찾고자 하였다.

　18세기에 들어 일부 실학자들은 지행론에 대해 새롭게 접근하였다. 홍대용은 지와 행의 병진을 전제하면서도, 도덕적 수양 외에 사회적 실천의 측면에서 행을 바라보았다. 그는 이용후생의 중요성을 강조하여 민생을 풍요롭게 하는 데 관심을 기울였다. 그에게 지는 도덕법칙만이 아닌 실용적인 지식을 포함하는 것이었으며, 행이 지보다 더욱 중요한 것이었다.

　19세기 학자 최한기는 본격적으로 지행론을 변화시켰다. 그는 행을 생리반응, 감각활동, 윤리행동을 포함하는 일체의 경험으로 이해하고, 지를 경험을 통해 얻어지는 객관적인 지식으로 규정하였다. 그는 선천적인 지식이 따로 없고 모든 지식이 경험을 통해 산출된다고 보아 '선행후지(先行後知)'를 제시하고, 행이 지보다 우선적인 것임을 강조하였다.

　최한기에게 지와 행의 대상은 인간·사회·자연을 포괄하는 것이다. 그는 행을 통한 지의 형성, 그 지에 의한 새로운 행, 그리고 그 행에 의한 기존 지의 검증이라는 이전과는 차별화된 지식론을 제시하였다. 그가 경험으로서의 행을 중시한 것은 자연세계에는 일정한 원리인 물리(物理)가 있지만 인간세계의 원리인 사리(事理)는 일정하지 않다고 보았기 때문이다. 그래서 그는 자연을 탐구하여 물리를 인식함으로써 사리가 성립되고, 이 사리에서 인간의 도덕인 인도(人道)가 나온다고 보았다.

　이러한 서로 다른 지행론은 그들의 학문목표와 관련이 있다. 도덕적 수양을 무엇보다 중시했던 성리학자들과 달리, 실학자들은 피폐한 사회현실을 개혁하고자 하는 학문적 문제의식을 가지고 있었다. 특히 최한기가 행을 앞세운 것은 변화하는 세계의 본질을 경험적으로 파악하여 격변하는 시대에 대처하려는 것이었다.

1

위 글의 제목으로 가장 적절한 것은?

① 선행후지의 현대적 의의
② 지와 행의 개념과 그 한계
③ 도덕 규범의 실천과 지행론
④ 지행론의 변화와 그 배경
⑤ 삶에서의 인식과 실천의 문제

2

위 글을 통해 이끌어 낸 내용으로 가장 적절한 것은?

① 성리학자들은 만물의 이치가 외부 세계로부터 온다고 생각했다.
② 홍대용은 지의 대상을 실용적 측면까지 확대했다.
③ 홍대용과 최한기는 행보다 지를 우선시했다.
④ 최한기는 학문의 목적을 도덕적 수양에서 찾았다.
⑤ 최한기는 선천적 지식과 경험적 지식이 있다고 보았다.

6장

윤리학

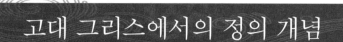

고대 그리스인들은 '정의(正義)'를 우선적으로 '조화(調和)'로 받아들였다. '調'와 '和'는 여러 가지 것들이 서로 잘 어울리는 것을 뜻하기 때문에 정의는 바로 그런 의미를 갖게 된다. 더 나아가 그들은 대립자들의 조화가 정의를 가져온다고 생각했다. 고대 그리스인들은 이 세계가 어둠과 밝음, 어른과 아이 등과 같은 대립자들로 구성되어 있다고 보고, 이들 사이에는 항상 갈등과 투쟁이 있다고 생각했다. 이것들이 어떻게 조화를 이루느냐에 대한 그들의 고민이, 정의 개념이 등장하게 된 기본적인 맥락이다.

아낙시만드로스가 말한 '우주의 질서'는 조화로서의 정의 개념을 반영하고 있다. 그는 우주를 구성하는 물, 불, 공기, 흙이라는 원소들이 비슷한 힘을 가지고 서로 역동적으로 작용하여 정의가 이루어진다고 생각했다. 그에 따르면 힘의 균형이 깨지면 우주의 질서가 무너지게 되는데, 그것이 불의(不義)이다. 그런데 아낙시만드로스는 불의가 그 상태에 머물러 있지 않기 때문에 이전에 미약했던 것들은 강해지고 막강했던 것들은 약해져서 다시 우주의 질서가 돌아온다고 보았고, 이것이 곧 우주가 정의를 되찾는 것이라고 설명했다. 히포크라테스의 '건강' 개념에도 조화로서의 정의 개념이 반영되어 있다. 그에게 건강은 몸 전체를 이루고 있는 부분들 사이의 조화였다. 히포크라테스 의학의 요점은 병이 났을 때의 치유 방법에 있다기보다는 식이요법을 통한 예방에 있다. 식이요법이란 몸의 조화를 잃지 않게 하는 것이다. 건강을 잃는다는 것, 즉 병을 얻는다는 것은 몸의 조화를 잃어버리는 것이다. 그렇게 조화를 잃어버리지 않도록 하는 것이 바로 몸의 정의를 찾는 것이다.

이처럼 다양한 분야에 적용되었던 개념인 정의는 시간이 흐르면서 특정 분야인 윤리, 정치에 주로 적용되는 개념이 되었다. 왜냐하면 고대 그리스 민주주의의 발전 과정에서 파생된 사회적 갈등으로 인해 그 구성원들은 윤리적, 정치적 문제에 더 많은 관심을 갖게 되었기 때문이다. 하지만 개념의 적용 양상이 변화하는 과정에서도 정의가 지니고 있었던 조화라는 의미는 계속 이어졌다.

아리스토텔레스는 정의 개념을 윤리와 정치에 적용하였다. 윤리적 측면에서, 그는 정의가 지닌 조화의 의미를 '중용'이라고 규정한다. 중용은 양극단을 제외하고 그 사이에서 상황에 따른 최선을 선택하는 윤리적 탁월성이다. 예를 들면, 용감은 무모와 비겁 사이의 중용이고, 절제는 방탕과 무감각 사이의 중용이다. 즉 중용은 인간 덕성에서의 조화로움을 의미하는 것이다. 또 정치적 측면에서, 그는 평등과 합법성이 결합된 '법 앞에서의 평등'으로 정의를 규정한다. 이는 사회의 조화로운 양상을 의미하는 것이다. 그런데 아리스토텔레스는 법이 정의로우려면 법을 제정하고 실천하는 과정에서 개인의 정의로운 윤리를 바탕으로 한 행위가 자발적으로 이루어져야 함을 강조한다.

1

위 글의 내용 전개 방식으로 가장 적절한 것은?

① 특정 개념의 통시적인 변화를 설명하고, 앞으로 일어날 변화 양상을 예측하고 있다.

② 현상을 바라보는 관점들을 설정하고, 각각의 견해에 대해 사례를 들어 비판하고 있다.

③ 어떤 현상의 문제점을 상반된 관점에서 비교 분석하고, 절충적인 해결책을 모색하고 있다.

④ 특정한 이론과 관련된 개념들을 제시하고, 이론에 대한 근거들의 적절성을 판단하고 있다.

⑤ 특정 개념의 적용 양상들을 제시하고, 각각의 양상에 해당하는 구체적인 예를 들어 설명하고 있다.

2

위 글을 이해한 내용으로 적절하지 않은 것은?

① 고대 그리스인들은 대립자들의 조화에서 정의가 비롯된다고 생각했다.

② 아낙시만드로스는 우주의 질서가 무너진 것을 불의라고 규정했다.

③ 아낙시만드로스는 원소들의 조화를 되찾게 하는 힘이 대립자들의 정의라고 규정했다.

④ 히포크라테스는 질병을 치료하는 것보다는 그 예방을 중시했다.

⑤ 히포크라테스는 몸 전체를 이루고 있는 부분들 사이의 조화를 건강이라고 보았다.

인간은 상황 속에 살아간다. 그런데 상황 중에는 도덕과 무관한 상황도 있고, 특히 도덕적 선택이 걸려 있는 도덕적 상황도 있다. 그렇다면 도덕적 상황이란 어떤 것이며 다른 상황과 구별되는 특징은 무엇인가.

　　우리가 일상적으로 당면하는 도덕적 상황에도 여러 가지 유형이 있을 수 있다. 우선 가장 일반적으로 당면하게 되는 도덕적 상황은 우리가 도덕적으로 당연히 해야 하는 일이 무엇인가를 분명히 알고 그것을 곧바로 행동에 옮기게 되는 경우이다. 이런 상황은 분명하게 혹은 암암리에 어떤 도덕적 의무나 도덕 규칙과 관련된 상황이라고 할 수 있다.

　　그러나 보다 복잡한 도덕적 상황은 우리가 도덕적으로 당연히 행해야 할 일을 잘 알고 있으면서도 갖가지 유혹 때문에 망설이게 되는 상황이다. 이 때 우리는 도덕적 양심과 이해 타산, 이성과 욕망 사이에서 갈등을 느끼게 되고 결심을 주저하게 되는 일종의 딜레마에 빠지게 된다.

　　현대의 도덕철학자들에 따르면, 가장 전형적인 도덕적 딜레마는 도덕적 의무와 이해 타산 사이의 갈등이 아니라 두 가지 이상의 도덕적 의무나 도덕 규칙 사이의 선택에 직면하게 될 경우에 생겨난다고 한다. 때때로 우리는, 마땅히 어떤 일을 해야 할 의무를 지니면서 동시에 그것을 행해서는 안 될 도덕적 이유를 갖기도 하고, 또 어떤 것을 행해야 할 의무와 동시에 다른 의무를 행해야 할 선택의 갈림길에 놓이기도 한다.

　　우리는 가끔 도덕 원칙과 도덕적 의무가 상충하는 상황에 처하게 된다. 각각으로 보면 모두가 그 나름으로 정당한 이유를 갖지만, 동시에 두 가지 모두를 행할 수 없기 때문에 이러지도 저러지도 못하는 하나의 딜레마가 생겨난다. 이러한 도덕적 갈등은 상충하는 두 가지 의무나 규칙간에 우선 순위를 발견하거나 이들보다 고차원적인 어떤 제3의 원칙에 의해 해결하기도 하고, 각 행위가 가져올 결과를 살펴 그 결과가 보다 좋은 쪽을 택하는 방안도 있다.

　　그런데 모든 도덕적 상황이 위에서 언급한 방식으로 쉽사리 해결되는 것은 아니다. 흔하지 않지만, 경우가 보다 복잡하거나 극단적이어서 그야말로 진퇴양난의 형세 즉, 문자 그대로의 딜레마(dilemma)에 처할 때도 있다. 행위의 목적을 위시해서 모든 고려 사항을 검토해 본 이후에도 상충하는 대안들 중 어느 하나를 택해야 할 결정적인 근거나 단서를 찾지 못하는 경우가 있기 때문이다. 의무들간의 우선 순위를 정할 수도 없으며 보다 고차적인 제3의 기준도 발견되지 않을 수도 있다.

　　이러한 극단적 선택상황에 대해 절대적인 하나의 해결을 제시하기란 쉽지 않으며, 결국 우리는 자신의 인생관과 가치관에 따라 어떤 실존적인 선택과 결단을 내릴 수밖에 없는 것이다. 이러한 결단은 우리의 삶을 크게 변화시키는 일대 선택이요, 인생 그 자체라 할 수도 있다.

　　그러나 이러한 예외적이고 극단적인 선택 상황을 지나치게 강조함으로써 조급하게 윤리학적 상대주의나 윤리적 회의주의자가 되어서는 안 될 것이며, 윤리학적 탐구나 논의가 무의미하다는 결론을 내려서는 안 될 것이다. 우리가 일상적으로 당면하는 대부분의 도덕적 상황은 윤리학의 합리적인 연구에 의해 상당한 도움을 받을 수 있다는 사실을 분명히 인식할 필요가 있다.

1

위 글의 내용과 일치하지 않는 것은?

① 도덕적 상황은 복잡하거나 극단적이어서 쉽사리 해결되지 않는다.

② 도덕 원칙과 도덕적 의무가 상충하는 상황에서는 예상 결과가 좋을 쪽을 택한다.

③ 윤리적 상대주의가 지혜로운 방안일지라도 윤리적 회의주의로 이어져서는 곤란하다.

④ 전형적인 도덕적 딜레마는 도덕적 의무나 도덕 규칙 사이의 선택에 직면할 때 생겨난다.

⑤ 딜레마 상황을 지나치게 강조하여 윤리학적 탐구가 무의미하다는 결론을 내려서는 안 된다.

2

위 글에 대한 독자의 이해를 돕기 위한 방안으로 적절한 것은?

① 추상적인 상황을 설명할 수 있는 적절한 예를 제시한다.

② 논거와 주장간의 연계성이 부족하므로 논거를 보다 명확하게 제시한다.

③ 대상에 대해 주관적으로 접근하고 있으므로 객관적인 태도로 진술한다.

④ 특수한 상황이 아닌 보편적인 상황을 제시하여 독자의 공감을 얻도록 한다.

⑤ 필자의 견해를 분명하게 드러내기 위하여 핵심적인 용어의 뜻을 상세하게 진술한다.

모든 사람은 만족을 추구한다. 우리의 행위는 행복을 얻기 위한 것이다. 소크라테스는 모든 존재는 '덕(德)'이라고 하는 자신의 본래적인 기능을 가지고 있다고 보았다. 이러한 덕을 잘 실현하면, 그것을 완수한 대가로써 행복이 주어진다고 했다. 예컨대 목수의 본래적인 기능은 장롱을 잘 짜는 것이다. 즉 장롱을 잘 짜는 기능이 목수의 덕이다. 그리고 목수는 자신의 이러한 덕을 잘 수행했을 때, 훌륭한 목수로서의 행복감을 지니게 된다는 것이다. 그러므로 도덕의 궁극적 목적은 우리가 어떻게 행위 했을 때 진정한 만족을 얻을 수 있는가라는 것에 대한 논의이기도 하다.

이렇게 볼 때 도덕은 일견 이기주의에 기반한 것처럼 보인다. 그러나 어떤 사람은 남을 위해 희생하는 데서 커다란 행복을 느끼기도 한다. 이타행(利他行)을 행하는 사람 역시 그것 자체가 자기에게 만족을 주기 때문에 그런 행위를 하는 것이다. 따라서 그것은 본질적으로 이기적인 행위라고 할 수 있을 것이다. 그렇다면 ㉠이기주의와 이타주의는 차이가 있는가?

도덕은 우리에게 우리가 무엇을 '해야 하는가'를 말해 주고 있다. 그러나 만일 우리가 '마땅히 해야 할 행위'를 '할 수 없다'면 도덕은 아무 의미도 가지지 못한다. 우리는 원수를 사랑해야 한다는 도덕적 경구를 자주 듣는다. 그러나 만일 우리가 원수를 사랑할 수 없다면 그것은 쓸모없는 말에 불과하게 된다. 그러므로 건전한 도덕은 현실에서 실천하지 않는다면 의미가 없게 되는 것이다. 인간은 어떠한 행위를 통해서 만족감을 얻을 수 없음이 명백하다면 그러한 행위를 하지 않기 때문에 자기만족을 얻을 수 있는 것만을 수행한다는 것이다.

[A] 이처럼 도덕 이론 가운데 모든 인간은 본래 자기 자신의 이익만을 추구하도록 되어 있으므로 사람이 이타적으로 행동할 것을 기대하는 것은 비이성적이라고 하는 입장을 우리는 심리학적 이기주의라고 부른다. 즉, 모든 행동의 목적은 이기적이라는 것이다. 이들은 인간이 수행하는 이타적인 행위도 그러한 행위를 하는 사람들이 그러한 행위를 함으로써 받게 될 보상을 기대하거나, 영웅으로 칭송받을 것을 알기 때문에 근본적으로 자신에게 이익이 되는 자기만족을 위한 행위를 하는 것이라고 본다. 따라서 이들은 우리가 중요한 덕목으로 생각하는 이타행으로서의 자비심이나 동정심이란 것이 처음부터 있을 수 없다고 주장한다.

심리학적 이기주의를 지지한 대표적인 경험주의 철학자 홉스는 자비심은 자신과 세계에 대해 자기가 다른 사람보다 능력이 더 많다는 것을 증명해 보이는 것에 불과하다고 보았다. 인간의 자비로운 행위도 결국 자기만큼 능력이 많지 않은 다른 사람을 위해서 일할 능력이 충분하게 있는 사람이라는 것을 나타내려는 이해타산에서 비롯된 우월감의 과시라는 것이다. 그러나 이 이론은 순간적인 쾌락과 진정한 만족감을 구분하지 못하는 한계가 있으며 현실 세계에서 벌어지는 이타적인 행위의 양상을 모두 설명하지는 못한다.

1

위 글의 내용을 통해 알 수 없는 것은?

① 인간의 이타적인 행위에도 이기적인 심리가 내재되어 있을 수 있다.

② 인간은 자신의 본래적 기능을 잘 실현할 때 진정한 만족을 얻을 수 있다.

③ 인간의 자비나 동정심에는 타인에 대한 우월감이 잠재되어 있을 수 있다.

④ 인간의 이타적 행위는 삶의 목표를 완성하지 못할 때 생기는 불안감을 해소하려는 것이다.

⑤ 건전한 도덕은 인간이 마땅히 해야 할 일을 현실에서 실천할 수 있어야 진정한 의미를 지닌다.

2

[A]를 통해 ㉠에 대한 답변을 추리한 내용으로 가장 적절한 것은?

① 이기주의와 이타주의는 판단의 기준과 범주가 다르므로 구별할 수 없다.

② 다른 사람을 돕는 행위도 자기 자신의 행복에 대한 관심에서 비롯되므로 차이가 없다.

③ 이타주의적인 사람은 이기적인 사람을 진정으로 포용하는 삶을 살기 때문에 차이가 있다.

④ 인간은 때에 따라 이기주의자가 되기도 하고 이타주의자가 되기도 하므로 판단할 수 없다.

⑤ 자신의 만족을 위해 사는 것보다는 타인을 돕고 사는 것이 더 행복하다고 느끼므로 차이가 있다.

스피노자의 윤리학을 이해하기 위해서는 코나투스(Conatus)라는 개념이 필요하다. 스피노자에 따르면 실존하는 모든 사물은 자신의 존재를 유지하기 위해 노력하는데, 이것이 바로 그 사물의 본질인 코나투스라는 것이다. 정신과 신체를 서로 다른 것이 아니라 하나로 보았던 그는 정신과 신체에 관계되는 코나투스를 충동이라 부르고, 다른 사물들과 같이 인간도 자신을 보존하고자 하는 충동을 갖고 있다고 보았다. 특히 인간은 자신의 충동을 의식할 수 있다는 점에서 동물과 차이가 있다며 인간의 충동을 욕망이라고 하였다. 즉 인간에게 코나투스란 삶을 지속하고자 하는 욕망을 의미한다.

스피노자에 따르면 코나투스를 본질로 지닌 인간은 한번 태어난 이상 삶을 지속하기 위해 힘쓴다. 하지만 인간은 자신의 힘만으로 삶을 지속하기 어렵다. 인간은 다른 것들과의 관계 속에서만 삶을 유지할 수 있으므로 언제나 타자와 관계를 맺는다. 이때 타자로부터 받은 자극에 의해 신체적 활동 능력이 증가하거나 감소하는 변화가 일어난다. 감정을 신체의 변화에 대한 표현으로 보았던 스피노자는 신체적 활동 능력이 증가하면 기쁨의 감정을 느끼고, 신체적 활동 능력이 감소하면 슬픔의 감정을 느낀다고 생각했다. 또한 신체적 활동 능력이 감소하는 것과 슬픔의 감정을 느끼는 것은 코나투스가 감소하고 있음을 보여주는 것, 다시 말해 삶을 지속하고자 하는 욕망이 줄어드는 것이라고 여겼다. 그래서 인간은 코나투스의 증가를 위해 자신의 신체적 활동 능력을 증가시키고 기쁨의 감정을 유지하려고 노력한다는 것이다.

한편 스피노자는 선악의 개념도 코나투스와 연결 짓는다. 그는 사물이 다른 사물과 어떤 관계를 맺느냐에 따라 선이 되기도 하고 악이 되기도 한다고 말한다. 코나투스의 관점에서 보면 선이란 자신의 신체적 활동 능력을 증가시키는 것이며, 악은 자신의 신체적 활동 능력을 감소시키는 것이다. 이를 정서의 차원에서 설명하면 선은 자신에게 기쁨을 주는 모든 것이며, 악은 자신에게 슬픔을 주는 모든 것이다. 한마디로 인간의 선악에 대한 판단은 자신의 감정에 따라 결정된다는 것을 의미한다.

이러한 생각을 토대로 스피노자는 코나투스인 욕망을 긍정하고 욕망에 따라 행동하라고 이야기한다. 슬픔은 거부하고 기쁨을 지향하라는 것, 그것이 곧 선의 추구라는 것이다. 그리고 코나투스는 타자와의 관계에 영향을 받으므로 인간에게는 타자와 함께 자신의 기쁨을 증가시킬 수 있는 공동체가 필요하다고 말한다. 그 안에서 자신과 타자 모두의 코나투스를 증가시킬 수 있는 기쁨의 관계를 형성하라는 것이 스피노자의 윤리학이 우리에게 하는 당부이다.

1

위 글에서 다룬 내용으로 적절하지 않은 것은?

① 코나투스의 의미
② 정신과 신체의 유래
③ 감정과 신체의 관계
④ 감정과 코나투스의 관계
⑤ 코나투스와 관련한 인간과 동물의 차이

2

위 글에 나타난 선악에 대한 스피노자의 입장으로 적절하지 않은 것은?

① 자신에게 기쁨을 주는 것은 선이다.
② 선악은 사물 자체가 가지고 있는 성질이다.
③ 선악에 대한 판단은 타자와의 관계에 따라 달라진다.
④ 자신의 신체적 활동 능력을 감소시키는 것은 악이다.
⑤ 기쁨의 관계 형성이 가능한 공동체는 선의 추구를 위해 필요하다.

　　서구에서 전통적인 도덕은 보편타당하고 절대적인 도덕적 가치를 탐구하여 사회 구성원들이 마땅히 따라야 하는 도덕적 명제를 제시하였다. 그러나 이러한 서구의 전통적 도덕관을 비판하고 나선 니체는 도덕적 가치와 도덕적 삶에 대한 새로운 입장을 밝혔다.

　　우선 니체는 주체를 도덕의 중심에 두고자 하여 인간을 ㉠주인적 개인과 ㉡노예적 개인으로 구분하였다. 인간의 내면에는 다양한 욕구들이 존재하고 서로 충돌하게 된다. 인간의 행위는 그 결과에 의해 나타나게 되는데 주인적 개인은 강한 의지로 자기 내면의 욕구를 제어하고 욕구들 사이의 갈등을 조정할 수 있다. 니체는 주인적 개인이 이와 같이 자기 지배력을 지니고 자신이 세운 삶의 원칙에 따라 능동적으로 행동하는 것을 '좋음'이라고 평가하였다.

　　반면 노예적 개인은 주인적 개인과 대립적인 성향을 지니고 있다. 이들은 무리를 짓고 그에 의존하기 때문에 무리의 평균적 가치를 따르며 자기를 제어하는 의지가 없기 때문에 욕구를 지배할 수 없다. 이런 노예적 개인을 니체는 병들었다고 하였으며 이들의 행위를 '나쁨'이라고 평가하였다.

　　니체가 제시하는 도덕의 최종 목적은 도덕의 주체를 주인적 개인으로 육성하는 데에 있는데 그러기 위해서는 노예적 개인이 양심을 회복하는 것이 필요하다. 니체는 양심을 건강한 주인적 개인에게 있는 것으로 외적 강제 없이 자신이 설정한 법칙에 따라 약속을 하고, 그 약속에 책임을 지는 것으로 보았다.

　　그러나 노예적 개인은 자기 지배력이 깨진 상태이기 때문에 자기 스스로에게 한 약속을 지키지 못한다. 이런 경우 노예적 개인은 약속을 위반한 것에 대한 고통을 느끼는 경우가 있는데 이를 니체는 양심의 가책이라고 보았다. 또한 이런 고통은 노예적 개인에게 자신이 지켜야 했던 약속이 무엇인지 알게 한다. 그러나 노예적 개인이 양심의 가책을 느낀다고 해서 양심이 자연스럽게 회복되는 것은 아니다. 양심의 회복을 위해서는 훈육이나 양육과 같은 교육이 필요하며 건강한 주인적 개인으로 거듭나려는 자신의 결단과 의지가 필요하다. 이를 통해 노예적 개인이 건강한 자기 지배력을 회복하면 주인적 개인이 된다는 것이다.

　　이처럼 니체는 도덕의 핵심을 주체의 문제로 돌려놓았다. 도덕은 보편타당한 것으로 따라야 하는 규범이 아니라 개인의 주체적 의지가 나타나는가에 있다. 외적으로 주어진 규범이나 가치를 추종하는 것이 아니라 스스로 주체적인 의지를 발휘하여 판단하고 행동하는 것이 도덕인 것이다. 예술가가 재료를 가지고 자신의 작품을 만들어 가듯이 개인 역시 자기의 삶을 그렇게 만들어 갈 수 있는 것이다.

1

위 글을 통해 알 수 있는 내용으로 적절하지 않은 것은?

① 인간의 내면에는 다양한 욕구들이 충돌하고 있다.

② 서구의 전통적 도덕은 보편적인 규범을 제시하였다.

③ 니체는 주체 의지 유무에 따라 도덕적 평가를 다르게 했다.

④ 노예적 개인이 양심의 가책을 느끼면 자연스럽게 양심은 회복된다.

⑤ 니체는 도덕의 목적이 주체를 주인적 존재로 육성하는 것이라고 보았다.

2

㉠과 ㉡에 대한 이해로 적절한 것은?

① ㉠과 달리 ㉡은 보편적인 가치를 부정한다.

② ㉡과 달리 ㉠은 자신이 세운 원칙에 따른다.

③ ㉡과 달리 ㉠은 외적으로 주어진 규범을 준수한다.

④ ㉠은 무리에 의존하지만 ㉡은 무리를 배척한다.

⑤ ㉠은 욕구를 부정하지만 ㉡은 욕구를 긍정한다.

　　인간의 삶에서 고통의 의미를 찾기 위한 질문은 계속되어 왔다. 이에 대한 철학적 해답으로 대표적인 것이 바로 변신론(辯神論)이다. 변신론이란 무고한 자의 고통이 존재함에도 불구하고 여전히 신이 정의로움을 보여주고자 하는 논리라고 할 수 있다. 이에 따르면 고통은 선을 더 두드러지게 하고 더 큰 선에 기여하므로, 부분으로서의 고통은 전체로서는 선이 된다. 응보론적 관점에서 고통을 죄의 대가로 보거나, 종교적 관점에서 고통이 영혼의 성숙을 위한 시련이라고 보는 설명들도 모두 넓게는 변신론의 일종이라고 할 수 있다.

　　레비나스는 20세기까지 사람들을 지배해 온 변신론적 사고가 두 차례의 세계 대전, 아우슈비츠 대학살 등 비극적인 사건들로 인해 경험적으로 이미 그 설득력을 잃었다고 본다. 죄 없는 수백만 명이 학살당하는 처참한 현실 앞에서, 선을 위한다는 논리로 고통을 정당화할 수 있는지 그는 의문을 제기한다. 그가 보기에 고통은 고통 그 자체로는 어떠한 쓸모도 없는 부정적인 것이며 고독한 경험에 불과하다.

　　이에 레비나스는 고통으로부터 주체의 새로운 가능성을 포착해 낸다. 그에 따르면, 일차적으로 인간은 음식, 공기, 잠, 노동, 이념 등을 즐기고 누리는 즉 '향유'하는 주체이다. 음식을 먹고 음악을 즐길 때 향유의 주체는 아무에게도 의존하지 않고 개별적으로 존재한다. 레비나스는 이 같은 존재의 틀을 어떻게 넘어설 수 있는가에 관심이 있었으며, 개별적 존재의 견고한 옹벽에 틈을 낼 수 있는 가능성을 고통에서 발견한다. 고통 받는 자는 감당할 수 없는 고통으로 인해 자연히 신음하고 울부짖게 되는데, 여기서 타인의 도움에 대한 근원적 요청이 발생한다는 것이다. 이러한 요청에 응답하여 그 사람을 위해 자신의 향유를 포기할 때, 비로소 타인에 대한 관계, 즉 인간 상호 간의 윤리적 전망이 열리게 된다. 이를 통해 인간은 '향유의 주체'를 넘어 타인을 향한 '책임의 주체'로 전환될 수 있다.

　　고통 받는 자가 '외부의 폭력'에 무력하게 노출된 채 나에게 도덕적 호소력으로 다가오는 윤리적 사건을 레비나스는 '타인의 얼굴'이라고 부른다. '타인의 얼굴'은 존재 자체를 통해 나에게 호소하고 윤리적 의무를 일깨운다. 나는 이러한 의무를 기꺼이 받아들이고, 그를 '환대'해야 한다. 이때 중요한 것은 타인에 대한 나의 이성적 판단이 아니라 감성이다. 타인의 호소에 직접 노출되어 흔들리고 영향을 받는 것은 감성이라고 보기 때문이다. 바로 이곳이 레비나스의 윤리학이 기존의 이성 중심의 윤리학과 구분되는 지점이 된다.

1

위 글의 내용과 일치하지 않는 것은?

① 변신론에 따르면 고통은 선에 기여한다.

② 레비나스의 윤리학에서는 감성의 역할을 중시한다.

③ 응보론적 관점에서는 고통을 죄의 대가로 이해한다.

④ 레비나스는 개별적인 존재로서 자립할 것을 주장한다.

⑤ 레비나스는 변신론적 사고가 설득력을 잃었다고 본다.

2

〈보기〉를 활용해 레비나스의 견해를 설명한 내용으로 적절하지 않은 것은?

〈보기〉

A 학생은 한겨울 밤 귀갓길에 극심한 추위에 떨고 있는 노숙인과 마주쳤다. A는 홑겹의 옷만을 걸친 노숙인에게 몹시 안타까움을 느껴, 입고 있던 외투를 그에게 벗어 주고 추위에 떨면서 집으로 돌아왔다.

① 노숙인이 느낀 추위 자체는 '부정적이며 고독한 경험'이다.

② A는 도덕적 호소로 다가오는 '타인의 얼굴'에 직면한 것이다.

③ A는 '외부의 폭력'에 노출되어 '흔들리고 영향을 받은' 것이다.

④ A가 입고 있던 외투는 A가 '즐기고 누리던' 대상이다.

⑤ A는 노숙인의 고통이 일깨우는 윤리적 의무를 기꺼이 받아들여 그를 '환대'한 것이다.

자유로운 개인들이 모인 사회에 질서와 조화를 보장하는, 인간에 내재하는 숨은 성질은 무엇인가? 18세기 영국에서는 이 문제에 접근하는 두 흐름이 있었는데, 하나는 개인의 이성에서 사회 질서의 원리를 찾는 것이었고, 다른 하나는 개인에 내재하는 선천적인 도덕 감정에 주목하는 것이었다. 후자에 속하는 아담 스미스는 도덕 감정의 핵심을 모든 인간이 가지고 있는 동감 능력이라고 보았다.

　　그가 말하는 동감은 관찰자가 상상에 의한 역지사지를 통해 행위자와 감정 일치를 이루는 것을 의미한다. 자신의 이해관계에 치우치지 않는 공평한 관찰자는 행위자가 직면한 상황과 처지 속에서 자신이라면 어떤 감정을 느끼고 어떤 행위를 할 것인가를 상상해 보게 된다. 그리고 이것을 실제로 관찰되는 행위자의 감정 및 행위와 비교하여 양자가 일치할 경우 거기에 동감하게 된다. 이때 관찰자는 행위자의 감정과 행위를 적정성이 있는 것으로 승인하게 되며, 이와 달리 자신이 상상한 것과 다를 경우에는 적정성이 없는 것으로 보게 된다.

　　이러한 동감의 원리는 한 개인이 자신의 감정과 행위를 판단할 때에도 적용된다. 한 개인에게도 이기적 충동에 지배되는 행위자로서의 자기와 상상에 의해 관찰자의 입장을 취하며 반성하는 자기가 있다. 이 관찰자는 이해관계에 얽매이지 않고 객관적으로 그 감정과 행위의 적정성을 판단하는 또 다른 자기로, 스미스는 이러한 추상적 존재를 '가상의 공평한 관찰자' 혹은 '마음속의 이상적 인간'이라 표현하였다. 자신의 감정과 행위는 이와 같은 관찰자의 동감에 의해 도덕적인 것으로 승인받게 된다.

　　이러한 관점에서 볼 때, 행위자의 행위는 이타적인 것뿐만 아니라 이기적인 것이라 할지라도 공평한 관찰자의 동감을 얻을 수 있다면 도덕적인 것으로 승인받을 수 있다. 공평한 관찰자가 자신도 행위자와 동일한 처지에 있었다면 같은 행위를 했을 것이라고 동감한다면, 행위자의 이기적인 행위도 도덕적인 것으로 승인받을 수 있다. 반면 이타적인 행위라도 그것이 적정성을 지니지 못해 도덕적인 것으로 승인받지 못할 수 있다. 예컨대 자신과 자신의 가족은 전혀 돌보지 않고 타인만을 위한 이타적 행위에 몰두하는 것은 공평한 관찰자의 동감을 얻기 어렵다.

　　그는 공평한 관찰자의 동감을 얻을 수 있는 범위까지 이타적 행위가 확대되는 것을 자혜라 하고, 공평한 관찰자의 동감을 얻을 수 있는 범위까지 이기적 행위가 억제되는 것을 정의라고 하였다. 자혜는 타인에 대한 적극적 시혜이므로, 사람들이 이를 행하지 않더라도 타인의 보복 감정을 불러일으키지 않는다. 왜냐하면 자혜에는 수익자는 있으나 피해자는 없기 때문이다. 그러나 정의가 지켜지지 않으면 타인의 생명, 신체, 재산, 명예 등을 침해하기 쉬우므로 결국 보복 감정을 초래하게 된다. 따라서 정의에 대한 침범은 엄격히 규제되어야 한다고 보았다.

　　이런 점에서 스미스는 사회적 기능과 의미의 차원에서 자혜와 정의를 구별할 것을 강조하며 다음과 같이 말했다. "자혜는 정의보다 사회의 존속을 위해 덜 중요하다." 사회는 구성원 간에 상호 애정이 없어도 존립할 수 있으나, 정의가 침범 당하면 혼란이 극에 달하여 사회의 존립 자체가 불가능하게 된다. 즉, 정의는 사회 존립의 기초가 되는 것이며, 이러한 정의를 존재케 하는 것이 바로 인간의 도덕 감정, 즉 동감인 것이다.

1

위 글에 대한 설명으로 가장 적절한 것은?

① 기존의 이론으로부터 새로운 이론을 도출하고 있다.

② 여러 가지 근거를 들어 제기된 반론을 반박하고 있다.

③ 핵심 개념을 중심으로 특정 이론에 대해 설명하고 있다.

④ 상충하는 두 이론을 제시한 후 그 장단점을 대비하고 있다.

⑤ 가설을 설정하고 사례를 통해 가설의 타당성을 검증하고 있다.

2

위 글에 나타난 아담 스미스의 생각을 파악하기 위한 적절한 질문이 아닌 것은?

① 이기적인 행위는 어떻게 도덕적인 것으로 승인받을 수 있는가?

② 개인은 왜 이기적인 감정을 느끼거나 이기적인 행위를 하게 되는가?

③ 인간에 내재하는 어떠한 성질에서 사회 질서의 원리를 찾을 수 있는가?

④ 관찰자는 타인의 행위와 동감이 이루어지는 과정에서 무엇을 상상하는가?

⑤ 자신의 행위에 대해 도덕적 판단을 하는 자기 안에 있는 존재는 누구인가?

영국의 철학자 데이비드 흄(D. Hume)은 우리가 사물들의 관계를 인식할 수 있는 것은 이성이지만, 행동의 원동력은 욕구라고 생각했다. 그는 또 이성은 우리에게 목적을 정해줄 수 없고, 단지 우리가 욕망하고 있는 것을 달성하는 방법만을 가르쳐 줄 수 있기 때문에, 이성을 '감정의 노예'라고 주장했다. 이성은 무엇이 참이고 거짓인지를 알려줄 뿐, 무엇이 덕이고 악덕인지는 알려주지 못한다는 것이다. 이처럼 그는 우리가 자신에게 스스로 부과하는 명령인 실천이성의 개념을 완전히 부정했으며, 보통 사람들이 일반적으로 인식하고 있는 의미보다 '이성'은 협소하게, 그리고 '감정'은 폭넓게 정의했다.

이렇듯 인간의 이성을 협소하게 정의함에 따라 도덕의 영역이 가장 커다란 타격을 받았다. 흄은 도덕을 불변의 인간 욕구에 기초했다고 보았으므로, ㉠"나의 손가락의 상처보다 전 세계의 파멸을 더 선호하는 것은 이성에 위배되지 않는다."라는 악의에 찬 말을 할 수 있었다. 어떠한 욕구나 선호도 비합리적인 것이라고 매도될 수 없고, 사회적 압력이나 이성에 의해 변화될 수 없다는 것이다. 또한 이성은 주어진 목적에 대한 수단을 모색할 수 있을 뿐, 반드시 해야 하는 당위는 아니라고 흄은 생각했다. 그러나 흄은 이기주의자가 아니다. ㉡"인디언이나, 내가 전혀 알지 못하는 사람의 곤경을 최소화하기 위해, 나의 완전한 희생을 선택하는 것 역시 이성에 어긋나지 않는다."라고 하여 다른 사람의 선(善)을 위해 자신을 희생할 수 있음을 인정했기 때문이다.

그런데 이처럼 도덕을 '감정'의 문제로 바라보았을 때 심각한 문제가 발생한다. 다른 사람들의 성격이나 행동을 바라보고 갖게 되는 도덕적 판단이 모두 다르다면, 어떻게 될 것인가? 그렇게 된다면 우리는 극심한 윤리적 상대주의에 빠지게 될 것이다. 이 때문에 흄은 이와 관련하여 공감이라는 기제를 제시했다. 다른 사람의 행복과 고통에 자극을 받거나 영향을 받는 능력, 즉 타인의 행복이나 불행을 우리가 마음속으로 '함께 느끼는 능력'이 흄이 제시한 공감이었다. 곧, 흄은 타인의 행복과 불행을 함께 느끼는 공감에서 선(善)을 찾을 수 있다고 본 것이다. 도덕이 이타적 관심을 요구할 수밖에 없는 이유가 여기에 있었다. 결국 흄은 공감이야말로 모든 인간이 공유한 것으로서 도덕적 특질의 주요 원천이라고 본 것이다.

흄이 우리가 특별히 선호하는 사람에 대한 선의보다는 인류 전체로 확장되는 선의를 강조한 것도 이 때문이다. '이성'과 '감정'을 구별하면서도, 적절한 감정은 '인류의 행복에 대한 시인(是認)의 감정'이나 '인류의 불행에 대한 부인(否認)의 감정'이어야 한다고 주장했다. 이것은 연민이나 동정심 같은 제한된 공감과 자기 이익에 토대를 둔 도덕적 관점을 크게 뛰어넘은 것이다. 다시 말해 흄은, 가치 판단의 기준은 개인의 감정보다는 사회적 감정을 바탕으로 해야 한다는 것이다. 우리가 선의를 베푸는 범위가 넓든 좁든 간에, 이제 도덕은 인간에 내려지는 명령이나 요구가 아니라, 인간의 근본적 성품의 결과일 뿐이다. 흄의 이러한 윤리설은 사회적 차원의 쾌감과 이익을 부각시키는 계기가 되었으며 후에 공리주의 윤리의 모태가 되었다.

1

위 글에 나타난 흄의 입장과 거리가 먼 것은?

① 이성은 목적을 정해줄 수 없고 수단을 모색할 뿐이다.

② 공감이란 타인의 행복이나 불행을 함께 느끼는 능력이다.

③ 도덕적 행위의 직접적 동기는 이성이 아니라 감정이다.

④ 어떠한 욕구나 선호도 비합리적인 것으로 매도할 수 없다.

⑤ 인간은 선천적으로 자신을 희생하여 공동체의 이익을 추구한다.

2

㉠과 ㉡을 통해 흄이 강조하려는 내용으로 가장 적절한 것은?

① 인간의 감정은 이성에 의해 좌우되지 않는다.

② 인간은 본래 자신의 이익을 추구하는 존재이다.

③ 인간의 이타적 행동을 기대하는 것은 비이성적이다.

④ 인간은 사회적 본성보다는 자기애의 본성을 더 중시한다.

⑤ 인간은 이성적 존재이므로 자기 이익만을 추구하지 않는다.

진정한 의미의 양심은, 외부의 권위가 내면화된 권위적 양심과는 분명히 구별되어야 한다. 프로이트가 말한 '초자아'가 이러한 권위적 양심에 해당하는데, 정신적으로 성숙하지 않은 단계에서는 대체로 양심을 이런 형태로 경험한다. 정도의 차이가 있지만 권위적 양심은 모두 부모나 학교, 국가, 사회, 교회 등을 통해서 만들어진 제도적 규범이 무비판적으로 수용되면서 만들어진다. 이러한 권위적 혹은 초자아적인 양심은 아이들에게 지속적으로 영향을 미치게 되는 것이다. 그것은 아이에게 집요하게 캐묻고 야단치고 벌주는 외적 권위가 아이의 마음속에 자리잡은 것이라고 할 수 있다.

성인으로 성장하는 과정에서 이를 극복할 수 있는 자의식과 자율성을 키우지 못하면, 나중에는 배우자, 상관, 기업, 종교 단체, 국가 기관 등 다른 권위에 의존하는 인간으로 전락한다. 외부적인 요소에 대한 극단적인 의존성 때문에 과감하게 자율적인 결정을 내리지 못하는 상황에까지 이르게 되어, 자신이 의존하고 있는 인물 혹은 조직의 입장에 비판적인 태도를 취하는 것이 불가능해진다. 이러한 경직된 초자아로서의 양심은 일종의 기능적 양심으로서, 한 개인으로 하여금 책임 있는 검토나 비판 없이 조직의 이익에 맹목적으로 봉사하게 만든다. 이것은 보편적인 가치에 대한 진정한 인간으로서의 책임감을 침묵하게 만드는 일종의 어용 양심 또는 이데올로기화된 양심의 형태를 취한다.

이런 형태의 양심을 지닌 사람들은 집단적 초자아이자 절대적 권위인 조직의 규범과 가치를 무비판적으로 수용하기 때문에 자신이 외부의 대상에 전적으로 의존하고 있으며 자기 것이 아닌 삶을 살고 있다는 사실을 전혀 의식하지 못한다. 그리고 그들이 보편적인 정신적 가치를 염두에 두지 않을 때에는, 심지어 죄악도 양심에 부합하는 것이라고 여기는 극단적인 상황이 발생한다. 그래서 ㉠그들은 양심에 따라, 조직의 이익을 위하여 남의 고통에는 아랑곳하지 않고, '마치 법의 지시에 따르듯이' 악행을 행하는 것이다.

진정한 양심은 자신의 행위나 태도에 관련된 도덕적 가치에 대한 깨달음과 인류가 소중하게 여기는 보편적 가치에 대한 의식을 바탕으로 한다. 또한 진정한 양심, 곧 자율적 양심은 외부의 목소리가 아니라 자신의 내면의 소리에 귀를 기울일 때 형성된다. 자기 자신이 중심이 되어 받아들인 보편적인 가치가 내면화될 때 진정한 도덕적 책임과 타인에 대한 배려가 자연스럽게 뒤따르게 된다. 문제 상황에 직면했을 때 참된 양심을 지닌 사람은 주체적으로 상황을 검토하고, 그 상황에 대한 도덕적·윤리적 성격을 자율적으로 판단하여 적절하게 행동한다.

요컨대 올바르고 건설적으로 길러진 양심은 한 인격체를 초자아적 양심의 단계를 넘어서게 해 준다. 이렇게 길러진 자율적인 양심은 주체적으로 받아들인 실천적 가치들을 책임감 있게, 철저하게 따르도록 강제하는 역할을 한다. 자율적인 양심은 내 안에 있는 참된 자아의 음성이며, 삶의 과정에서 쌓은 도덕적 경험의 표현이며, 자신과 자신을 둘러싼 주변 세계에 대한 관심이다. 에리히 프롬이 말했듯이 양심은 '자아의 영토를 지키는 파수꾼'인 셈이다.

1

'진정한 의미의 양심'에 따른 판단을 내리기 위해 고려해야 할 사항을 떠올려 보았다. 이 글에서 언급되지 않은 것은?

① 타인을 배려한 판단인가?

② 자율적이고 주체적인 판단인가?

③ 사회의 요구에 부응하는 판단인가?

④ 보편적인 가치에 부합하는 판단인가?

⑤ 비판적인 사고의 과정을 거친 판단인가?

2

⊙을 뒷받침할 구체적인 사례로 가장 적절한 것은?

① 독재자들의 폭정을 피해 많은 사람들이 주변 국가로 떠돌며 고통스러운 생활을 하고 있다.

② 일부 악덕 기업주들은 신분이 불안정한 외국인 노동자를 고용하여 그들에게 정당한 임금을 지불하지 않고 노동을 강요하였다.

③ 도로변의 무단 주차가 늘어나자 주차 단속원들이 동원되어 불법 주차된 차량들을 일제히 단속하면서 범칙금 고지서를 발급하였다.

④ 폐수 처리 비용을 줄이기 위해 일부 제조업체 사주들은 비가 오는 시기를 택해 각종 중금속이 함유된 폐수를 무단으로 방류하였다.

⑤ 2차 세계 대전 당시 일본 군인들의 가장 큰 명예는 천황을 위해 죽는 것이었으며, 주변 국가에 대한 침략 행위도 그러한 맥락에서 정당한 것으로 여겼다.

도덕적 판단이란 어떤 행위나 의도를 일정한 기준에 따라 좋은 것 혹은 정당한 것으로 판단하는 것을 의미한다. 그런데 도덕적 판단의 기준은 사람이 성장하면서 달라질 수 있다. 도덕성 발달 단계를 연구한 콜버그는 사람들에게 '하인즈 딜레마'를 들려주고 하인즈의 행동의 옳고 그름에 대한 질문을 하였다. 그리고 그는 사람들의 대답에서 단순하게 '예' 혹은 '아니오'라는 응답에 관심을 둔 것이 아니라 그 판단 근거를 기준으로 도덕성 발달 단계를 '전 관습적 수준', '관습적 수준', '후 관습적 수준'의 세 수준으로 나누었다. 그리고 이를 다시 세분화하여 총 여섯 단계로 구성했다.

콜버그가 구성한 가장 낮은 도덕성 발달 단계는 ㉠전 관습적 수준이다. 이 수준은 판단의 기준이 오로지 행위자에게 미치는 직접적인 결과와 연관되어 있기 때문에 자기중심적인 단계라고 할 수 있다. 이 수준은 다시 두 단계로 구성된다. 가장 낮은 도덕성인 1단계에서 판단의 기준은 처벌이다. 벌을 받으면 나쁜 것이고 칭찬을 받으면 좋은 것으로 인식한다. 2단계에 도달하면 자신의 이익이 판단의 기준이 된다. 즉 자신의 욕망을 충족하는 것을 옳다고 간주한다.

전 관습적 수준을 넘어서면 대다수의 사람들이 속하는 ㉡관습적 수준에 다다르게 된다. 이 수준에서는 행위자에게 미치는 결과를 고려하는 것에서 벗어나 사회 집단이나 국가의 기대를 따르게 된다. 관습적 수준의 첫 단계인 3단계에서는 자신이 속한 사회의 구성원들이 동의하는 것을 좋은 것으로 인식한다. 즉 사회에 속한 사람들이 추구하는 것이 도덕적 판단의 기준이 되는 것이다. 4단계에 이르면 모든 잘잘못은 법에 의해 판단되어야 한다고 생각하며, 어떤 예외도 허용하지 않는다. 질서 유지를 위한 법의 준수가 도덕적 판단의 기준이 되는 것이다.

관습적 수준을 넘어서면 ㉢후 관습적 수준에 도달하게 된다. 이 수준은 자신의 가치관과 도덕적 원칙이 자신이 속한 집단과 별개임을 깨닫고 집단을 넘어 개인의 양심에 근거하는 단계라고 할 수 있다. 후 관습적 수준의 첫 번째 단계인 5단계에 이르면 법의 합리성이 도덕적 판단의 기준이 된다. 법이 합리적이지 못할 경우, 법적으로는 잘못이지만 도덕적으로는 옳다고 판단하는 것이다. 6단계에 이르면 도덕적 판단은 스스로 선택한 양심의 결정을 따르는 것이라고 인식한다. 따라서 법이나 관습과 같은 제약을 넘어 인간 존엄, 생명 존중과 같은 본질적 가치가 중요한 판단의 기준이 되는 것이다.

콜버그 이론의 특징으로는 우선 인간의 도덕성 발달이 단계에 따라 순차적으로 이루어진다고 보았다는 점을 들 수 있다. 즉 사람은 각 단계를 순서대로 거쳐 간다는 것이다. 그리고 도덕성 발달은 자기 수준보다 높은 도덕적 난제를 스스로 해결하는 과정에서 이루어진다고 보았다는 점을 들 수 있다. 이러한 콜버그의 이론은 도덕성 발달을 이끌어 줄 수 있는 유용한 도덕 교육의 틀을 제시했다는 점에서 가치가 있다.

1

위 글에 대한 설명으로 가장 적절한 것은?

① 특정한 이론을 소개한 후 그 의의를 밝히고 있다.

② 권위자의 이론을 설명한 후 그 장단점을 분석하고 있다.

③ 다양한 이론을 제시한 후 각각의 한계를 지적하고 있다.

④ 상반된 두 이론의 차이점을 설명한 후 이를 절충하고 있다.

⑤ 어떤 이론에 대한 통념을 제시한 후 그 문제점을 설명하고 있다.

2

㉠~㉢을 이해한 내용으로 가장 적절한 것은?

① ㉠은 소수의 사람들이, ㉡은 대다수의 사람들이 거쳐 가는 수준이라고 할 수 있겠군.

② ㉠은 이기적인 욕망을, ㉡은 집단의 가치를 추구하는 수준이라고 할 수 있겠군.

③ ㉠은 집단의 질서를, ㉢은 보편적인 도덕 원칙을 지향하는 수준이라고 할 수 있겠군.

④ ㉡은 개인의 자율성이, ㉢은 집단에 의한 강제성이 중시되는 수준이라고 할 수 있겠군.

⑤ ㉡은 성인들에게서, ㉢은 아동들에게서 많이 보이는 수준이라고 할 수 있겠군.

7장

심리학

우리는 매일 밤 자신의 피부를 감싸고 있던 덮개(옷)들을 벗어 벽에 걸어 둘 뿐 아니라, 신체 기관을 보조하기 위해 사용하던 여러 도구들, 예를 들면 안경이나 가발, 의치 등도 모두 벗어 버리고 잠에 든다. 여기에서 한 걸음 더 나아가면 우리는 잠을 잘 때 옷을 벗는 행위와 비슷하게 자신의 의식(意識)도 벗어서 한쪽 구석에 치워 둔다고 할 수 있다. 두 경우 모두 우리는 삶을 처음 시작할 때와 아주 비슷한 상황으로 돌아가는 셈이 된다. 신체적인 측면에서 보면 잠든다는 것은 평온하고 안락한 자궁(子宮) 안의 시절로 돌아가는 것과 다름이 없다. 실제로 많은 사람들은 잠을 잘 때 태아와 같은 자세를 취한다. 마찬가지로 잠자는 사람의 정신 상태를 보면 의식의 세계에서 거의 완전히 물러나 있으며, 외부에 대한 관심도 정지되는 것으로 보인다.

우리는 꿈을 자세히 관찰함으로써 이러한 수면 중의 정신적인 상태에 대해 알아볼 수 있다. 예를 들어, 우리는 그동안의 연구를 통해 꿈이 철저하게 자기 중심적이라는 것과, 꿈의 세계에서 주도적인 역할을 하는 인물은 항상 꿈꾸는 자 자신이라는 사실을 알게 되었다. 이것을 간단히 '수면 상태의 나르시시즘(narcissism)'으로 부를 수 있는데 이는 정신의 작용 방향이 외부 세계에서 자기 자신으로 바뀌면서 나타나는 현상이다.

또한, 사람들이 오랫동안 신비로운 현상으로 여겨 왔던 꿈의 '진단' 능력에 대해서도 이런 맥락에서 설명이 가능해졌다. 꿈 속에서는 모든 감각이 크게 과장되어 정신적이거나 신체적인 이상 증상이 깨어 있을 때보다 더 빨리, 더 분명하게 감지된다는 것을 알게 되었기 때문이다. 이와 같은 '꿈의 과장성' 역시 외부 세계로 향하던 정신적 에너지가 자아로 되돌려지는 데서 나오는 것으로, 깨어 있는 상태에서는 감지하기 어려웠던 미세한 정신적, 신체적 변화를 감지할 수 있도록 해 준다.

이러한 과정을 통해 우리는 꿈이 인간의 내면 세계를 외면화하는 역할을 한다는 것도 알게 되었다. 이를 '투사(投射, projection)'라고 하는데, 우리는 꿈속에서 평소에는 억누르고 있던 내적 욕구나 콤플렉스(강박 관념)를 민감하게 느끼고, 투사를 통해 그것을 외적인 형태로 구체화한다. 예를 들어 전쟁터에서 살아 돌아온 사람이 몇 달 동안 계속해서 죽은 동료의 꿈을 꾸는 경우, 이는 그의 내면에 잠재해 있는, 그러나 깨어 있을 때는 결코 인정하고 싶지 않은 죄책감을 암시하는 것으로 볼 수 있다.

우리에게 꿈이 중요한 까닭은 이처럼 자신도 깨닫지 못하는 무의식의 세계를 구체적으로 이해할 수 있는 형태로 바꾸어서 보여 주기 때문이다. 우리는 꿈을 통해 그 사람의 잠을 방해할 정도의 어떤 일이 진행되고 있다는 것을 알 수 있을 뿐 아니라, 그 일에 대해서 어떤 식으로 대처해야 하는지까지도 알게 된다. 그런 일은 깨어 있을 때에는 쉽사리 알아내기가 어렵다. 이는 따뜻하고 화려한 옷이 몸의 상처나 결점을 가려 주는 것과 마찬가지로, 깨어 있는 의식이 내면 세계의 관찰을 방해하기 때문이다. 우리는 정신이 옷을 벗기를 기다려 비로소 그 사람의 내면 세계로 들어갈 수 있다.

1

위 글의 내용과 일치하지 않는 것은?

① 사람들은 잠이 들면서 의식의 작용이 거의 멈춘다.

② 꿈 속에서 주도적 역할을 하는 인물은 꿈을 꾸는 사람 자신이다.

③ 꿈을 통해 신체적 이상의 징후를 발견할 수 있다.

④ 잠잘 때는 깨어 있을 때보다 내적 욕구가 더 강해진다.

⑤ 꿈은 인간의 내면 세계를 구체화하여 보여 준다.

2

위 글의 내용 전개상의 특징과 효과로 바르지 않은 것은?

① 화제의 중요성을 재확인하고 주요 내용을 정리하며 끝을 맺어 주제를 선명히 드러내고 있다.

② 현상이나 사실을 설명한 뒤 그 내용을 간단한 용어로 정리하여 이해를 돕고 있다.

③ 필요할 때마다 적절히 예를 들어가며 설명하여 이해를 쉽게 하고 있다.

④ 여러 관점의 이론을 비교하며 논의를 전개하여 설득력을 높이고 있다.

⑤ 추상적인 내용을 익숙한 경험에 비유하며 설명하여 이해를 돕고 있다.

칼 구스타프 융(Jung, Carl Gustav)의 분석 심리학에서는 정신을 '의식', '개인 무의식', '집단 무의식'이라는 세 가지 수준으로 설명했다.

[A] 의식은 개인이 직접적으로 알 수 있는 정신의 유일한 부분이며, 유아기 때 감정, 사고, 감각, 직관의 의식을 통해 성장해 간다. 이 네 가지 요소는 동일하게 사용되는 것이 아니고, 어떤 아이에게는 사고가, 어떤 아이는 감정이 강화되기도 한다. 그리고 의식의 개성화 과정을 통해서 새로운 요소가 생겨나는데 융은 이것을 '자아'라고 불렀다. 자아는 자각하고 있는 지각(知覺), 기억, 생각, 감정으로 구성되며, 자아에 의해 존재로 인정되지 못하면 그것들은 자각될 수 없다. 그리고 경험이 의식의 수준까지 도달되기 전에 자아가 불필요한 부분을 제거하기 때문에, 의식에 대한 수문장(守門將)으로서 역할을 한다. 그러면 자아에 의해 인식되지 못한 경험들은 어떻게 될까? 경험할 당시 중요하지 않거나 신빙성이 부족하면 '개인 무의식'이라는 곳에 저장되었다가 필요할 때는 언제나 쉽게 의식화될 수 있다.

한편, 융의 업적 중 가장 중요한 것은 '집단 무의식'에 대한 발견이다. 융에 의하면 개인의 성격은 선조의 역사적 산물이며, 그 내용물을 담는 용기(容器)라는 것이다. 이것을 '집단 무의식'이라 했으며, 이것은 많은 세대를 거쳐 반복된 경험들의 축적된 결과이며, 이는 과거 세대의 경험을 재생하는 가능성을 말한다. 아기가 '어머니를 어떻게 지각하느냐'하는 것은 어머니에 대한 예비 관점을 지니고 태어난다는 것이다. 이 집단 무의식의 내용물을 원형(原型)이라고 한다.

원형들 중 사람들의 인격에 중요한 역할을 하는 것으로는 페르소나(persona) 원형, 아니마 원형과 아니무스 원형, 그림자 원형, 자기 원형이 있다. 페르소나란 개인이 대중에게 보여주는 가면 또는 겉모습이며, 여기에는 사회의 인정을 받을 수 있도록 좋은 인상을 주려는 의도가 내포되어 있다. 그러나 해로운 페르소나는 한 페르소나가 진정한 자기 본성을 발휘하고 있다고 믿게 되면, 자아는 그 페르소나만 동일시하여 성격의 다른 면은 전혀 발달하지 못하게 되는 것이다. 페르소나가 세상을 향한 얼굴, 즉 외면이라면, 내면에는 아니마와 아니무스가 있다. 아니마는 남성 정신의 여성적 측면을 말하고, 아니무스는 그 반대로 여성의 남성적 측면을 말한다. 남자는 여성성을 물려받아서 무의식적으로 일정한 기준을 만들고 그 영향으로 여자를 받아들이거나 거부하게 된다. 아니마의 처음 투사(投射)는 어머니에게 행해지며, 아니무스는 아버지에게 행해진다. 융은 개인이 양성적(兩性的) 본성을 모두 표현하지 못하면 건강한 성격은 이루어질 수 없다고 보았다. 그림자는 무의식적 측면에 있는 나의 분신으로 친구에게서 결점을 지적당하면 분노를 느끼는데, 이는 친구의 지적을 통해 전혀 의식하지 못했던 자신의 그림자를 만나기 때문이다. 즉 특정인을 미워할 경우 이는 타인에게서 발견되는 자신의 약점이 특정인에게 투사되는 것이 아닌지 의심해 볼 여지가 있다는 것이다. 한편 자기 원형은 집단 무의식 속의 중심 원형으로 의식 속의 원형들을 조직하고 조화시킨다. 누군가가 자신 및 세계가 조화되어 있음을 느끼고 있다면 그것은 자기의 원형들이 그 역할을 효과적으로 수행하고 있음을 의미한다.

　이처럼 정신 세계를 이해하는 것은 어려운 문제이다. 정신은 바위나 나무처럼 일단 표현되고 나면 그것으로 끝나는 고정된 사물이 아니라 끊임없이 변화하는 역동적 체계이기 때문이다.

1

위 글의 글쓰기 전략으로 가장 적절한 것은?

① 대상을 분석하여 그 발전 과정을 규명한다.

② 사례를 열거하여 대상의 공통점을 찾아낸다.

③ 주요 개념들을 구분하여 대상의 성격을 드러낸다.

④ 대상과 관련된 이론의 변모 과정을 통시적으로 고찰한다.

⑤ 가설의 검증 과정을 통해 대상에 대한 독자의 이해를 돕는다.

2

[A]를 이해한 내용으로 적절하지 않은 것은?

① '생각'은 자아에 의해 존재로 인정받아야 자각된다.

② '감각'은 다른 의식의 기능보다 발달되지 않을 수 있다.

③ '개인 무의식'은 상황에 따라서 자아에 포함되는 개념이다.

④ '자아'가 경험들을 의식으로 처리할 때 필요한 경험만 수용한다.

⑤ '의식'은 타인과 구별되는 발달 과정을 통해 자아를 형성시킨다.

　교류분석은 자아 상태라는 개념을 기초로 하여 인간 관계에서 발생하는 의사교류를 분석하는 것이다. 다시 말해 교류분석은 인간의 의사소통을 좀 더 원활히 하기 위한 연구라 할 수 있다. 이 분석을 통해 교류의 당사자들은 자기 자신, 그리고 상대방의 행동과 태도를 인지하고 이해할 수 있는 능력을 향상시킬 수 있기 때문이다. 교류분석의 기본 방법은 자아구조분석과 의사교류분석이다.

　에릭 번(Eric Berne)은 욕구와 상황에 따라 개인이 사용하는 세 가지 자아 상태가 있다고 가정하였는데, 이 세 가지 자아 상태를 부모자아, 성인자아, 아동자아라고 부른다. ㉠자아구조분석 단계에서는 세 가지 자아 상태의 내용과 기능에 주목한다. 부모자아 상태는 자기 자신 혹은 타인에게 보살피는 자세를 취하거나 가르치려는 자세를 취하는 자아 상태이고, 성인자아 상태는 객관적이며 합리적인 자아 상태이다. 반면에 아동자아 상태는 미숙하고 자기중심적이다.

　㉡의사교류분석 단계에서는 앞에서 분석한 자아 상태의 상호 교류를 화살표로 나타내는 연습을 한다. 발신 내용이 보호적이거나 비판적일 때는 부모자아, 사실에 입각해서 사물을 판단하거나 상대에게 냉정히 전달할 때는 성인자아, 감정적·충동적으로 반응하거나 반대로 상대의 기분을 해치지 않으려 할 때는 아동자아 상태에서 교류를 시작하는 것이다. 한편 이렇게 발화된 내용은, 상대에게 지지를 구하거나 원조를 얻으려는 경우는 부모자아, 상대에게 사실이나 정보를 구하거나 전달하는 경우 또는 이성에 의한 합리적 판단을 요구하는 경우는 성인자아, 상대의 감정을 자극하거나 감정에 호소하는 경우, 또는 상대를 약한 자로 대하는 경우는 아동자아로 향하게 된다. 이러한 분석을 통해 타인에 대한 반응 방법을 관찰하고 점차 자신의 비생산적인 교류 방법을 의식적으로 통제할 수 있게 된다. 어떤 주어진 상황에서 이루어지는 교류는 보완적 교류, 교차적 교류, 저의적 교류 중 하나이다.

　보완적 교류는 당신의 어떤 자아 상태가 상대방의 어떤 자아 상태에 보낸 자극에 따라 원하는 반응을 하는 것이다. 즉, 당신의 세 가지 자아 상태와 상대방의 세 가지 자아 상태가 서로의 욕구를 충족시키는 평행선을 이루는 교류다. 이러한 교류는 인정이나 어루만짐이 서로에게 보완적이기 때문에 대화가 계속된다. 교차적 교류는 상대방이 원하는 욕구가 무시되거나 잘못 이해되어 나타나는 반응의 교류다. 당신이 원하지 않는 반응을 얻었을 때 당신은 당황할 것이다. 대화는 상대방의 욕구가 무엇인가를 파악하여 이루어져야 한다. 상대방의 욕구를 무시하고 엉뚱한 반응을 하면 대화가 중단된다. 저의적 교류는 이중적인 메시지가 동시에 전달되는 교류를 말한다. 사회적으로 수용되는 의사소통의 이면에 심리적인 의도가 깔려 있는 교류로, 대화하는 사람이 이중적 메시지를 보내는 경우에 해당한다. 또한 동시에 두 가지 자아 상태가 관여한다는 점에서 보완적 교류, 교차적 교류와 다르다.

　교류분석은 역기능적 대인 관계의 양상이 왜 생겼고 반복되는지를 설명함으로써 이러한 문제를 발견하고 수정하고자 한다. 이러한 문제는 한번 만들어지면 변화할 수 없는 것이 아니라 노력에 의해서 변화될 수 있는 것이다.

1

위 글을 어떤 질문에 대한 답이라고 할 때, 그 질문으로 가장 적절한 것은?

① 세 가지 자아 상태에는 어떤 것이 있을까?

② 이중적 메시지를 보내면 어떤 결과가 발생할까?

③ 사회적으로 수용되는 메시지에는 어떤 것이 있을까?

④ 사람들 사이에서 대화가 계속되는 이유는 무엇일까?

⑤ 역기능적 대인 관계를 개선하기 위한 방법은 무엇일까?

2

㉠과 ㉡에 대한 설명으로 적절한 것은?

① ㉠은 ㉡을 바탕으로 하여 분석한다.

② ㉠은 개인을, ㉡은 대인 관계의 양상을 분석한다.

③ ㉠은 적절한 자극을, ㉡은 적절한 반응을 분석한다.

④ ㉠은 언어적 메시지를, ㉡은 비언어적 메시지를 분석한다.

⑤ ㉠은 의사교류의 과정을, ㉡은 의사교류의 결과를 분석한다.

사람들은 대부분 자신이 한 행동에 대한 보상이 많으면 많을수록 그 행동을 더 자주하게 될 것이라고 생각한다. 그런데 이런 생각은 정말 옳은 것일까?

에드워드 데시는 이와 관련하여 한 가지 실험을 하였다. 그는 학생들을 두 집단으로 나누어 그 중 한 집단은 퍼즐을 풀 때마다 보상을 주었고, 나머지 한 집단에게는 퍼즐을 풀어도 보상을 주지 않았다. 이렇게 퍼즐을 몇 번 풀게 한 후에 학생들을 실험실에서 내보내고 다시 퍼즐을 할 기회를 주었다. 두 집단의 학생들 중 어떤 학생들이 퍼즐 놀이에 많이 참여했을까? 보상 없이 퍼즐을 풀었던 집단의 학생들은 대부분 퍼즐 놀이를 한 반면 보상을 받고 퍼즐을 풀었던 학생들은 퍼즐 놀이에 별로 참여하지 않았다. 이 실험은 다른 심리학자들에 의해서 다양한 조건으로 변형되어 반복되었고 그때마다 거의 비슷한 결과가 나타났다.

이와 같은 실험의 결과는 '과잉정당화 효과'에 의해 나타난 것이다. 과잉정당화 효과란 자기 행동의 동기를 자기 내부에서 찾지 않고 외부에서 주어진 보상 탓으로 돌리는 현상을 말한다. 사실 이러한 과잉정당화 효과는 데시의 실험 이전에도 언급된 적이 있었다. 다릴 벰은 인간은 다른 동물들과는 달리 자기가 하는 행동을 스스로 관찰할 수 있는 동물이라고 말했다. 인간은 자신이 하는 행동을 관찰하고 자신이 어떤 상태인지를 파악한다는 것이다. 따라서 자신이 보상을 받고 어떤 일을 한다면 자신이 그 일을 하는 것은 보상 때문이라고 생각하게 되고, 보상이 없는데도 어떤 일을 한다면 그것은 정말 좋아서 하는 것이라고 믿게 된다는 것이다.

그렇다면 어떤 경우에 과잉정당화 효과가 잘 일어날까? 돈이나 음식, 혹은 상품 같은 물질적인 보상이 과잉정당화 효과를 잘 일으키는 반면, 칭찬이나 관심과 같은 심리적이고 비물질적인 보상은 과잉정당화 효과를 잘 일으키지 않는다. 그리고 어떤 일을 얼마나 잘 했는지를 고려하지 않고 단지 그 일을 수행한 것만으로 보상을 하는 경우에 과잉정당화 효과가 일어날 가능성이 높다. 다시 말해 성취도에 따라서 체계적으로 주어지는 보상은 그것이 물질적이라 할지라도 과잉정당화 효과가 잘 나타나지 않는다. 하지만 성취도와 상관없이 주어지는 보상은 그것이 비록 칭찬 같은 비물질적 보상이라 할지라도 과잉정당화 효과가 나타날 가능성이 높다.

과잉정당화 효과가 의미하는 바는 보상이 능사가 아니라는 것이다. 지나친 보상은 어떤 일을 하고자 하는 내적 동기를 약화시킬 수도 있기 때문이다. 그런 면에서 과잉정당화 효과는 지나친 보상이 오히려 역효과를 불러일으킬 수도 있다는 역설을 담고 있다.

1

위 글로 알 수 있는 내용이 아닌 것은?

① 보상은 체계적으로 주어지는 것이 바람직하다.

② 보상이 반드시 어떤 행동을 강화하는 것은 아니다.

③ 과잉정당화 효과는 자기 내부로부터의 보상이 주어질 때 강화된다.

④ 과잉정당화 효과는 인간이 지니는 고유한 특성 때문에 나타난다.

⑤ 물질적인 보상은 비물질적인 보상보다 과잉정당화 효과를 더 잘 일으킨다.

2

위 글에 대해 제기할 수 있는 비판적 질문으로 적절한 것은?

① 한 실험의 예외적인 결과를 지나치게 일반화한 것은 아닌가?

② 과잉정당화의 효과를 지나치게 축소해 해석한 것은 아닌가?

③ 정신적 보상보다 물질적 보상이 더 중요하다는 근거는 무엇인가?

④ 보상의 정도가 지나친지, 그렇지 않은지를 판단할 수 있는 기준은 무엇인가?

⑤ 보상과 행동에 관한 사람들의 통념을 무비판적으로 수용하고 있는 것은 아닌가?

065

조작적 조건화의 기본 원리

어떤 보상을 얻기 위해서 환경에 조작을 가하는 것을 ㉠'조작적 조건화'라고 한다. 조작적 조건화는 어떤 행동을 한 후에 '강화'가 주어지면 그 행동을 빈번히 하게 되고, '처벌'이 주어지면 그 행동을 더 이상 하지 않는다는 기본 원리를 갖고 있다.

조작적 조건화에서 '강화'는 외적 자극을 주기 전의 반응자, 즉 반응을 하는 대상자의 행동이 미래에도 반복해서 나타날 가능성을 높이는 사건이라고 정의할 수 있다. 강화는 두 가지로 구분되는데, 하나는 정적 강화이고, 다른 하나는 부적 강화이다. 정적 강화는 반응자가 어떤 행동을 한 직후 그가 좋아하는 것을 주어 그 행동의 빈도를 증가시키는 사건을 말한다. 단 것을 좋아하는 아이가 착한 일을 했을 경우, 그 아이에게 사탕을 줌으로써 착한 일의 발생 빈도를 증가시키는 것이 그 예가 될 수 있다.

부적 강화는 반응자가 어떤 행동을 했을 때 그가 싫어하는 것을 제거해 주어 그 행동의 빈도를 증가시키는 것이다. 예를 들어 아이가 바람직한 행동을 했을 때 그 아이가 하기 싫어하는 숙제를 취소 또는 감소시켜 줌으로써 바람직한 행동을 자주 할 수 있도록 만들 수 있다. 사탕을 주거나 숙제를 취소하는 등의 행위는 강화를 유도하는 자극에 해당하며, 이를 '강화물'이라고 한다. 강화물은 상황에 따라 변할 수 있다. 음식은 배고픈 사람에게는 강화물이지만 그렇지 않은 사람에게는 강화물이 되지 않을 수 있다.

'처벌'은 강화와 반대로, 외적 자극을 주기 전 반응자의 행동이 미래에도 반복해서 나타날 가능성을 낮추는 사건을 가리킨다. 처벌에도 정적 처벌과 부적 처벌이 존재한다. 정적 처벌은 반응자가 싫어하는 어떤 것을 제시함으로써 그에 앞서 나타났던 행동을 감소시킬 수 있는 사건을 의미한다. 아이들이 나쁜 짓을 해서 벌을 받은 후, 그 다음에 나쁜 짓을 하지 않는 것이 그 예가 될 수 있다.

반면에 반응자가 선호하는 어떤 것을 주지 않음으로써 반응자의 행동을 감소시킬 수도 있다. 이것이 부적 처벌이다. 부적 처벌은 부모님의 말을 잘 듣지 않는 어린이에게 용돈을 줄임으로써 말을 잘 듣지 않는 행동을 감소시키는 것에서 찾아 볼 수 있다.

이처럼 강화와 처벌은 외적 자극을 통해 반응자의 행동을 변화시키는 사건이다. 강화와 달리 처벌은 바람직하지 않은 행동을 억압하기는 하지만 반응자의 바람직한 행동을 증가시키는 데는 한계가 있다. 따라서 바람직한 행동을 유도하려면 처벌만 사용하기보다 처벌을 강화와 결합하여 사용할 때, 일반적으로 더 효과가 있다. 강화와 처벌은 조작적 조건화의 기본 원리로서, 가정이나 학교, 회사, 스포츠 분야 등에서 활용되고 있다.

1

위 글의 내용과 일치하지 않는 것은?

① 조작적 조건화는 외적 자극을 사용한다.

② 강화는 반응자의 행동을 증가시킬 수 있다.

③ 자극은 상황에 관계없이 모두 강화물이 된다.

④ 처벌은 반응자의 부정적 행동 가능성을 낮춘다.

⑤ 강화와 처벌을 결합하면 바람직한 행동을 증가시키는 데 효과적이다.

2

㉠에 대해 제기할 수 있는 비판적 의문으로 가장 적절한 것은?

① 인간의 신체적 조건을 경시하고 있는 것은 아닐까?

② 인간의 자율적 의지를 간과하고 있는 것은 아닐까?

③ 인간의 물질적 욕망에만 주목하는 것은 아닐까?

④ 인간이 만든 강화물을 무시하는 것은 아닐까?

⑤ 인간의 개인적 선택을 맹신하는 것은 아닐까?

066

상담 이론의 이해

상담은 심리적 어려움을 겪고 있는 사람의 문제를 해결해 주는 전문적 과정으로, 그 이론은 250여 개에 이른다. 이 중 정신분석적 상담, 인간중심적 상담, 인지행동적 상담이 대표적이라 할 수 있다.

1890년대에 프로이트는 사람의 감정과 행동을 어떤 원인이 작용한 결과로 보고, 그 원인을 정신적인 것에서 찾으려 했다. 프로이트는 정신적 원인의 실체를 과거의 경험들로부터 형성된 '무의식'에 두는 ㉠정신분석적 상담을 시도하였다. 이에 따르면 상담자와 내담자가 오랜 시간 관계를 맺으며 과거의 경험과 감정을 거리낌 없이 털어놓고 상담자가 그것에 담긴 의미를 해석해 주면, 내담자가 자신의 무의식을 이해하고 받아들이게 되어 심리적 문제를 해결할 수 있다는 것이다.

1940년대에 로저스는 프로이트가 인간을 과거의 경험에 의해 형성되는 수동적인 존재로 파악한 것에 반발하여 인간을 '자신의 가능성과 잠재력을 발견하고 실현할 수 있는 존재'로 간주하는 ㉡인간중심적 상담을 주장했다. 인간중심적 상담에서는 사람은 외적으로 부여된 가치에 맞추어 살려고 하기 때문에 자기가 타고난 가능성과 잠재력을 발견하지 못하고 심리적 문제를 겪는다고 보았다. 따라서 상담자는 내담자를 대할 때 가식이나 겉치레 없는 진솔한 태도를 보이며, 어떠한 전제나 조건을 달지 않고 이야기를 들어주고 세심하고 정확하게 이해해 주는 공감적 태도를 취한다. 상담자가 이러한 태도를 일관되게 유지하면, 내담자가 자기 자신을 의미 있게 만드는 것은 바로 자신이라는 것을 깨닫게 되어 외적으로 부여된 가치들을 스스로 해체하여 심리적 문제를 해결할 수 있다는 것이다. 인간중심적 상담은 이전의 상담과 달리 상담 기법보다는 상담 태도에, 문제 해결보다는 내담자 자체에 초점을 두었다.

그런데 정신분석적 상담은 장기적으로 진행되어 비효율적이고, 인간중심적 상담은 심리적 문제 자체에 초점을 맞추지 못했다. 그래서 1960년대에 엘리스는 심리적 문제 그 자체에 초점을 맞추면서도 단기적인 해결을 중요시하는 인지행동적 상담을 제안했다. 인지행동적 상담에서는 인간의 인지 방식에 초점을 맞춘다. 그래서 사람은 감정이나 행동을 어떻게 인지하고 받아들이느냐에 따라 영향을 받는다고 주장한다. 엘리스에 따르면 정서적 문제를 겪는 이유는 구체적인 사건들 때문이 아니라 그 사건을 인지하고 받아들이는 방식이 잘못되었기 때문이다. 이 잘못된 사고방식의 뿌리에는 '비합리적 신념'들이 깔려 있다. 비합리적 신념이란 '반드시~해야 한다.'나 '결코~할 수 없다.'와 같이 융통성이 없거나 현실적으로 실현 불가능한 생각을 말한다. 따라서 상담자는 상담 과정에서 내담자의 비합리적 신념을 찾아 그 부당성을 적극적으로 논박하여 합리적인 신념으로 변환시키게 된다. 이런 과정을 통해 내담자는 정서적 건강을 되찾게 되는 효과를 얻는다는 것이다.

1

위 글의 내용을 소개하는 강연회의 제목으로 가장 적절한 것은?

① 세 가지 상담 이론의 신뢰도와 정확도

② 다양한 상담 이론의 공통점과 차이점

③ 대표적 상담 이론의 흐름과 특징

④ 서로 다른 상담 이론 간의 접목

⑤ 상담 이론의 발전 과정과 전망

2

㉠과 ㉡에 대한 설명으로 적절하지 않은 것은?

① ㉠에서는 심리적 문제의 원인을 무의식에서 찾는다.

② ㉠에서는 내담자의 과거에 대한 상담자의 해석이 이루어진다.

③ ㉡에서는 상담 기법보다는 상담 태도를 중시한다.

④ ㉡에서는 내담자가 자신의 가능성과 잠재력을 깨닫는 것이 중요하다.

⑤ ㉡에서는 상담자가 내담자에게 구체적인 문제 해결 방법을 제시한다.

우리는 일상생활을 하면서 감정노동 종사자를 쉽게 접할 수 있다. 감정노동 종사자들은 특정한 감정 표현을 요구받기 때문에 스트레스를 받는 경우가 많다. 일반적으로 감정노동은 업무상 요구되는 특정한 감정 상태를 연출하거나 유지하기 위해 행하는 일체의 감정관리 활동을 일컫는다.

감정노동 종사자의 감정에 영향을 미치는 요인들은 크게 개인 특성, 직무 특성, 조직 특성으로 나눌 수 있다. 개인 특성을 대표하는 요인으로는 공감적 배려가 있다. 이것은 타인의 감정에 전적으로 동의하지 않더라도 타인의 감정에 공감하는 표현을 하는 것이다. 공감적 배려가 강한 사람은 타인의 감정에 대응하기 위하여 실제 감정과는 다른 감정을 표현하기도 한다. 직무 특성을 대표하는 요인으로는 직무 다양성이 있다. 이것은 직무 수행 과정에서 활용해야 하는 기능이나 재능의 복합성과 관련된다. 직무 다양성이 증가할수록 표현해야 할 감정도 다양해질 수밖에 없다. 특히 서비스 업무에서는 고객의 유형이 다양하면 직무 다양성이 높아진다. 조직 특성을 대표하는 요인으로는 사회적 지원이 있다. 이것은 상급자, 동료 등 조직 내에서 대인관계를 맺는 사람들에게서 얻는 인정이나 조언, 물질적 지원 등의 긍정적인 뒷받침을 의미한다. 사회적 지원이 풍부한 조직에서 일하는 사람은 감정노동에 대한 스트레스는 낮고 업무 만족도는 높다. 이러한 세 가지 특성의 요인들은 복합적으로 작용하면서 감정노동의 양상도 다양하게 나타난다.

실제 직무 수행 장면에서 나타나는 감정노동 양상 중 대표적인 것으로 표면 행위와 내면 행위 두 가지가 있다. 조직이 종사자에게 요구하는 특정한 감정 표현을 조직의 감정 표현 규칙이라고 하는데, 표면 행위는 실제로 느끼지 않는 감정을 조직의 감정 표현 규칙에 맞추어 표현하는 것이다. 내면 행위는 조직의 감정 표현 규칙을 내면화하여 실제 감정으로 느끼면서 표현하는 것이다. 내면 행위는 심리적 안정에 긍정적 영향을 미친다. 반면 표면 행위를 할 때 감정노동 종사자들은 자신의 감정을 위장해야 하기 때문에 감정 부조화를 경험하게 된다. 감정 부조화 상태가 되면 수치심이나 짜증과 같은 부정적인 감정이 유발된다. 감정 부조화가 지속되면 감정노동 종사자는 스스로를 위선적이라고 생각하며 거짓 자아를 느끼게 되고, 심할 경우 우울증과 같은 정신병리 증세를 겪을 수도 있다.

따라서 감정노동 종사자들은 감정 부조화에 따른 부정적 감정을 해소하기 위해 여러 가지 감정조절 전략을 구사한다. 우선 자신이 경험한 부정적 감정에 대하여 스스로 평가를 한다. 그 후 이에 어떻게 대처할 것인가를 결정하여 적절한 감정조절 전략을 구사한다. 이러한 감정조절 전략에는 대표적으로 세 가지가 있다. 첫째, 능동 전략은 부정적 감정에 적극적으로 대처하는 전략이다. 부정적인 감정을 있는 그대로 받아들이고, 자신이 왜 이러한 기분을 느끼게 되었는지 이해하고자 노력한다. 또한 과거 유사한 상황을 떠올리거나 문제에 따른 긍정적 측면을 보면서 자신이 더 성숙할 수 있는 기회로 삼기도 한다. 나아가 부정적인 감정을 유발한 상황을 개선하거나 해결할 수 있는 구체적인 행동을 취하기도 한다. '자꾸 짜증이 나는 이유가 뭘까?', '옛날에도 비슷한 일이 있었는데 잘 극복했으니

이번에도 잘 이겨내면 좋은 경험이 될 거야.'라고 생각하는 경우가 그 예에 해당한다.

둘째, 회피·분산 전략은 부정적인 감정 상태에 있을 때 의도적으로 다른 생각들을 떠올려 현재의 부정적인 상황을 피하거나 주의를 분산시키는 전략이다. '별것 아닐 거야.', '불쾌한 감정은 금방 지나갈 거야.'라고 생각하며 부정적 상황을 외면하거나, 부정적인 상황과 상관없는 즐거운 상황을 떠올리는 것이 그 예에 해당한다. 하지만 이 전략을 자주 쓰다 보면 자신의 문제뿐만 아니라 주위의 문제에도 무관심한 태도를 가지게 될 수도 있다.

셋째, 지지 추구 전략은 자신을 지지하는 사람들과의 교류를 통하여 자아 개념과 자존감을 안정되게 유지함으로써 부정적인 감정을 해소하려는 전략이다. 친밀한 사람을 만나 자기 감정을 토로하여 공감을 얻거나 주위 사람으로부터 조언이나 도움을 구하는 것 등이 그 예이다. 이 전략은 타인과의 상호 작용 과정을 통해 감정을 조절하는 것으로, 부정적 감정을 누그러뜨릴 수 있기에 많은 사람들이 활용한다. 세 가지 감정조절 전략 중 회피·분산 전략과 지지 추구 전략은 일시적인 감정조절에는 유용한 전략이나 근본적인 문제를 해결할 수 없다는 한계를 지닌다. 따라서 궁극적인 감정조절을 위해서는 능동 전략을 활용하는 것이 바람직하다.

1

위 글에서 확인할 수 없는 것은?

① 감정조절이 불가능한 상황

② 감정노동의 개념과 대표적 양상

③ 감정조절 전략이 구사되는 과정

④ 감정 부조화의 지속이 초래하는 결과

⑤ 부정적인 감정을 줄이는 감정조절 전략

2

위 글을 읽고 보인 반응으로 적절하지 않은 것은?

① 감정조절 전략 중에는 일시적인 감정조절에 유용한 전략도 있군.

② 주의를 분산시키는 감정조절 전략을 구사하면 궁극적인 감정조절이 가능하겠군.

③ 공감적 배려가 강한 사람은 자신의 감정과 일치하지 않는 감정적인 표현을 할 수 있겠군.

④ 다른 생각들을 떠올리거나 자신을 지지해 주는 사람과의 교류를 통해 감정조절을 할 수 있겠군.

⑤ 동료들의 인정이나 조언은 감정노동 종사자의 감정에 영향을 미치는 조직 특성에 해당하는군.

에릭 번이 창시한 '교류 분석 이론'은 심리 치료 및 상담에 널리 활용되는 이론이다. 이 이론을 이해하기 위한 주요 개념들로 '자아상태'와 '스트로크'가 있다.

자아상태 모델은 인간의 성격을 A(어른), P(어버이), C(어린이)의 세 가지 자아상태로 설명하며, 건강하고 균형 잡힌 성격이 되려면 세 가지 자아상태를 모두 필요로 한다고 본다. 이때 자아상태란 특정 순간에 보이는 일련의 행동, 사고, 감정의 총체를 일컫는 것이므로 특정 순간마다 자아상태는 달라질 수 있다. 예를 들어 보자. 김 군이 교통이 혼잡한 도로에서 주변 상황을 살피며 차를 몰고 있다. 그때 갑자기 다른 차가 끼어든다. 뒤따르는 차가 없는 것을 얼른 확인하고 브레이크를 밟아 충돌을 면한다. 이때 김 군은 'A 자아상태'에 놓여 있다. A 자아상태는 지금 여기에서 가장 현실적인 대책을 찾는, 객관적이며 합리적인 자아상태이다.

끼어들었던 차가 사라지자 김 군은 어릴 때 아버지가 했던 것처럼 "저런 운전자는 운전을 못하게 해야 해!"라고 말한다. 이때 김 군은 'P 자아상태'로 바뀐 것이다. P 자아상태는 자신 혹은 타인을 가르치려 들거나 보살피려 하는 자세를 취하는 자아상태로서, 어린 시절 부모가 자신에게 했던 행동이나 태도, 사고를 내면화한 것이다. 어릴 때 무엇을 해야 하는지 가르치고 통제했던 부모의 역할을 따라하고 있다면 'CP(통제적 어버이)' 상태, 따뜻하게 배려하고 돌봐 주었던 부모처럼 남을 돌봐 준다면 'NP(양육적 어버이)' 상태에 놓여 있다고 말한다.

잠시 후 김 군은 직장 상사와의 약속에 늦었다는 사실을 알고 당황한다. 이때 김 군은 학창 시절에 지각하여 선생님에게 벌을 받을까 겁을 먹었던 기억이 되살아나 'C 자아상태'로 이동한 것이다. C 자아상태는 어릴 때 했던 것처럼 행동하거나 사고하거나 감정을 느끼는 자아상태이다. 부모의 요구에 순응하며 살았던 행동 양식들을 재연할 경우를 'AC(순응하는 어린이)' 상태, 부모의 요구나 압력과 상관없이 독립적으로 행동했던 어린 시절의 방식대로 행동할 경우를 'FC(자유로운 어린이)' 상태라고 한다.

세 가지 자아상태 중 어느 한 상태에서 누군가에게 말을 걸면 상대방도 어느 한 상태에서 반응하게 된다. 이러한 의사소통 과정에서 자신이 기대하는 반응이 올 수도 있고, 기대하지 않는 반응이 올 수도 있다. 우리는 남들이 자기를 알아봐 줬으면 좋겠다는 인정의 욕구로 인해 서로 상대방을 인지한다는 신호를 보낸다. 이런 행위를 '스트로크(stroke)'라 부르는데, 스트로크는 다음과 같이 구분할 수 있다. 먼저 언어로 신호를 보내는 언어적 스트로크와 몸짓, 표정 등으로 신호를 보내는 비언어적 스트로크로 나눌 수 있다. 다음으로 상대방을 즐겁게 하는 긍정적 스트로크와 상대방을 고통스럽게 하는 부정적 스트로크로 나눌 수 있다. 끝으로 "일을 참 잘 처리했더군."과 같이 상대방의 행위에 반응하는 조건적 스트로크와 "난 당신이 좋아."와 같이 아무 조건 없이 존재 그 자체에 반응하는 무조건적 스트로크로 나눌 수 있다.

일반적으로 사람들은 상대로부터 긍정적 스트로크를 받기 원하지만, 긍정적 스트로크가 충분하지 않다고 여기면 부정적 스트로크라도 얻으려고 한다. 어떤 스트로크든 스트로크를 받지 못하는 것보다는 낫다는 원리가 작용하는 것이다. 그리고 어떤 행위를 통해 자신이 원하는 스트로크를 받게 되면, 그 스트로크를 계속 받기 위해 같은 행동을 반복하며 강화한다.

이와 같은 개념을 바탕으로 정립된 교류 분석 이론은 관찰 가능한 인간 행동을 간결하고 쉬운 용어로 분석함으로써 사람들이 이해하기 쉽게 설명해 준다. 또한 과거의 경험을 통해 인간의 성격을 파악할 수 있게 했을 뿐 아니라 인간의 욕구와 관련지어 의사소통 과정을 분석할 수 있게 한 점에서도 의의가 있다.

1

위 글의 전개 방식에 대한 설명으로 가장 적절한 것은?

① 이론이 정립된 과정을 소개하고, 각 단계의 차이점을 설명하고 있다.

② 이론이 가지는 한계점을 지적하고, 이를 보완하는 다른 이론을 제시하고 있다.

③ 이론을 이해하는 데 필요한 개념을 설명하고, 이론이 지니는 의의를 밝히고 있다.

④ 이론이 나타나게 된 배경을 제시하고, 이론의 타당성을 사례를 들어 검증하고 있다.

⑤ 이론을 구성하는 요소들을 나열하고, 요소 간의 공통점과 차이점을 분석하고 있다.

2

위 글에 대한 이해로 적절하지 않은 것은?

① 한 사람의 자아상태가 고정되어 있는 것은 아니다.

② 스트로크는 상대방을 인지한다는 신호를 보내는 행위이다.

③ 인간은 부정적 스트로크보다는 무관심과 무반응을 기대하는 경향이 있다.

④ 세 가지의 자아상태 중 한 가지라도 결핍되면 건강한 성격이라 볼 수 없다.

⑤ 의사소통의 과정에서 자신이 기대하지 않는 자아상태의 반응이 올 수도 있다.

　사후 과잉 확신 편향이란 어떤 일의 결과를 알고 난 후에 마치 처음부터 그 일의 결과가 그렇게 나타나리라는 것을 알고 있었던 것처럼 믿게 되는 현상을 의미한다. 주변에서 발생한 일에 대하여 실제로는 그 일을 예측할 수 없었음에도 불구하고 예측할 수 있었다고 믿는 것이 이 편향을 구성하는 핵심 요소이다. 우연에 의해 설명될 수 있는 역사적 사건들이 결과가 알려지고 난 후에는 대개 필연적인 사건들로 해석되는 것도 이 편향의 결과이다. 이 편향 때문에 사람들은 '나는 처음부터 그렇게 될 줄 알고 있었다.'라고 착각하게 된다.

　사후 과잉 확신 편향의 발생 원인에 대한 설명은 동기적 설명과 인지적 설명으로 나뉜다. 동기적 설명은 우선 '통제감'에 대한 추구와 관련된다. 통제감이란 '자신이 주변에서 발생하는 사건들을 이해하고 설명할 수 있으며 미래의 일을 예측할 수 있다고 믿는 생각'을 의미한다. 이러한 통제감을 확인하려는 동기가 작용하기 때문에 사후 과잉 확신 편향이 발생한다고 보는 것이다. 또 다른 동기적 설명에서는 자신을 지적인 모습으로 제시하고 싶어 하는 자기 과시의 동기를 원인으로 들고 있다. 사람들은 자신이 사건의 결과를 예측할 수 있을 정도로 능력이 있는 사람으로 보이고 싶어 하는 동기가 있기 때문에 사후 과잉 확신 편향이 발생한다고 보는 것이다.

　인지적 설명은 '잠입적 결정론'으로도 알려져 있는데, 동기적 설명에 비해 더 강한 지지를 받아 왔다. 이 이론에서는 어떤 일의 결과가 사람들의 정신적 표상에 '잠입'한다고 본다. 즉 결과를 알고 나면 결과에 대한 정보가 즉각적이고 자동적으로 사람들의 표상에 통합된다는 것이다. 이 새로운 표상은 선행 사건과 가능한 결과들에 대한 인과 관계 모형을 변화시켜, 주어진 결과와 선행 사건의 인과 관계를 강화시키지만 일어나지 않은 결과와 선행 사건의 인과 관계는 약화시킨다. 결과적으로 사후에 갖게 되는 표상에서는 일어난 결과만이 존재하게 되고 가능했던 다른 결과들은 존재하지 않게 된다. 따라서 다른 결과들에 대한 사고는 거의 이루어지지 않고, 일어난 결과와 관련된 사고만을 하게 된다.

　이러한 인지적 설명에 의하면, 사람들은 어떤 일의 결과가 알려지면 왜 그러한 일이 발생했는지를 설명하려고 하는데 이 때 그러한 설명을 쉽게 만들어 낼 수 있을수록 사후 과잉 확신이 강하게 나타난다고 본다. 사후 과잉 확신의 발생에는 인과 추리가 깊이 관여하고 있으며 사후 과잉 확신의 크기는 사후 설명의 용이성에 의해 결정된다고 보는 것이다.

　사후 과잉 확신 편향은 판단 및 의사 결정의 정확성과 질을 왜곡시킬 가능성이 많다. 그렇기 때문에 판단과 의사 결정에서 중요한 편향으로 다루어지고 있으며, 감소시키기가 매우 어려운 것으로 알려져 있는데, 현재 그것을 어떻게 하면 감소시킬 수 있는지에 관한 연구가 활발하게 이루어지고 있다.

1

위 글의 서술상 특징으로 적절한 것은?

① 유추의 원리를 바탕으로 설명하고 있다.

② 특정 이론의 역사적 변천 과정을 소개하고 있다.

③ 특정 현상을 바라보는 상반된 관점을 절충하고 있다.

④ 정의와 구분의 방식을 활용하여 내용을 전개하고 있다.

⑤ 기존 이론의 문제점을 분석하여 병렬적으로 제시하고 있다.

2

위 글을 읽고 답할 수 있는 질문이 아닌 것은?

① 사후 과잉 확신 편향으로 인해 사람들은 어떤 착각을 할 수 있는가?

② 사후 과잉 확신 편향 외에 중요하게 다루어지는 편향에는 어떤 것들이 있는가?

③ 잠입적 결정론에서는 사후 과잉 확신 편향이 나타나는 것을 어떻게 설명하는가?

④ 사후 과잉 확신 편향의 원인에 대한 동기적 설명에서 언급되는 '통제감'이란 무엇인가?

⑤ 사후 과잉 확신 편향의 원인에 대한 동기적 설명과 인지적 설명 중 어느 것이 더 강한 지지를 받아 왔는가?

심리치료는 심리학적 지식을 바탕으로 심리적 고통과 부적응 문제를 해결하고자 한다. 이에 대부분의 심리치료는 상처, 결핍, 장애 등의 신경증에 초점을 맞추고, 이들이 제거되어 고통에서 벗어난 일상을 지향한다. 그러나 아우슈비츠 수용소에서 살아남은 빅터 프랭클은 삶의 고통은 인간 실존의 일반적 구성 요소이며, 삶의 일부로 받아들여야 한다고 보았다. 그러므로 심리치료는 고통을 제거하는 것이 아니라 고통 속에서도 견뎌내는 힘을 길러주는 것이어야 한다고 주장하였다. 프랭클은 현대인이 자신의 존재가 목적도 없고 이유도 없다고 느끼는 감정, 즉 실존적 공허감을 겪고 있다고 보아 인간 존재의 본질에 대한 해답을 찾고자 하였다. 그는 프로이트와 아들러로 대표되는 기존의 심리학을 비판적으로 수용하면서 자신의 이론을 펼쳤다.

프로이트의 심리학은 인간의 무의식을 발견하고 그 중요성에 주목했다는 점에서 프랭클에게 큰 영향을 미쳤다. 프로이트는 인간이 심리적 고통과 부적응을 겪는 원인을 밝히는 데 주력하였다. 그 결과 그는 무의식 속에 억압되어 있는 인간의 원초적 욕구를 원인으로 지목하였다. 프로이트에 따르면 인간은 성적 본능, 공격성 등과 같은 쾌락 의지를 원초적 욕구로 갖는데, 어린 시절에 이러한 쾌락 의지가 좌절되어 무의식 속에 억압되어 있다가 이후 신경증을 유발한다. 프로이트는 사람의 행동, 사상, 정서를 결정하는 원인을 오직 쾌락 의지라고 보았다. 따라서 그의 심리치료는 잠재된 무의식 속 성적 본능, 공격성 등을 의식의 영역으로 끌어오는 것을 통해 이루어진다.

프랭클은 프로이트가 인간을 단순히 성적 본능이나 공격성 등에 따라 행동하는 존재로 파악하는 점에 한계가 있다고 보았다. 프랭클은 무의식이 인간의 본질을 규명하는 중요한 요소라는 점에 동의하면서도 인간은 본능과 충동의 차원을 넘어선 영적 존재라고 생각하였다. 이에 인간의 무의식 속에는 본능과 충동만 있는 것이 아니라 보다 중요한 책임감, 양심 등이 감추어져 있다고 보았다. 프랭클은 이를 영적 무의식이라 명명하고, 현대인의 심리적 고통과 부적응은 영적 존재로서 인간의 본질을 잃어버렸기 때문이라고 설명한다.

아들러의 심리학은 프랭클이 자유와 책임을 인간 존재의 본질로 파악하는 밑거름이 되었다. 아들러는 인간의 원초적 욕구를 타인보다 우월하고 싶은 권력 의지로 보았다. 그런데 인간의 타고난 기질적 불완전성 때문에 우월성에 대한 추구는 자동적으로 열등감을 발생시키고, 그 결과 인간은 누구나 열등감을 갖게 된다. 이에 인간은 열등감을 극복하고 권력 의지의 욕구를 충족하기 위해 끊임없이 노력하는데, 열등감을 극복하기 위해 어떤 행동을 선택하느냐는 개인의 자유이다. 이 과정에서 삶의 목적을 부적절하게 설정하거나 부적응적 행동을 선택하게 되면 신경증이 발생한다. 따라서 그의 심리치료는 자신의 삶에 책임감을 가지고 올바른 목적을 설정하여 부적절한 동기와 행동을 변화시키는 데 초점을 맞춘다.

프랭클은 아들러가 인간을 자기 결정권과 자유의지를 지닌 존재로 보았다는 점에서 긍정적으로 평가하였지만, 원초적 욕구를 인간 행동을 설명하는 결정적 요소로 보는 한계가 있다고 지적했다. 프랭클은 인간이 원초적 욕구에 따라 행동하는 존재이기는 하지만, 원초적 욕구가 인간의 본질이 될 수는 없다고 보았다. 이처럼 프로이트와 아들러의 심리학을 비판적으로 수용한 프랭클은 자유의지를 지닌 영적 존재로서 인간의 본질을 파악하였다. 그는 실존적 공허감에서 벗어날 수 있는 심리치료 기법으로 의미 치료를 제시하였다. 의미 치료는 삶에 대한 책임 의식을 바탕으로 자신의 인생에 긍정적이고 가치 있는 의미를 부여하여 삶의 목적을 찾는 것을 핵심으로 한다.

프랭클은 삶의 의미를 찾은 사람은 더 이상 상황에 의해 결정되는 존재가 아니라고 보았다. 그는 힘겨운 상황 속에서도 어떤 태도를 보이느냐 하는 것은 개인의 선택에 달려 있다는 것을 강조했다. 아무리 부정적이고 나아질 수 없는 상황이라 할지라도, 고통에 좌절하지 않고 대항할 수 있는 자유가 그에게 있기 때문이다. 이처럼 인간이 주어진 상황과 조건들에 맞설 수 있는 자유를 가지고 있다고 본 점은 프랭클 심리학의 중요한 특징이라고 할 수 있다.

1

위 글에 대한 설명으로 가장 적절한 것은?

① 중심 화제의 특징을 다른 이론들과의 관계 속에서 설명하고 있다.
② 중심 화제의 개념을 정의하고 이를 바탕으로 장단점을 설명하고 있다.
③ 중심 화제의 문제점과 해결 방안을 구체적 사례를 들어 제시하고 있다.
④ 중심 화제의 변화 과정을 바탕으로 앞으로의 전개 방향을 예측하고 있다.
⑤ 중심 화제의 등장 배경을 제시한 후 다양한 분야에 미친 영향을 소개하고 있다.

2

위 글을 이해한 내용으로 적절하지 않은 것은?

① 프로이트는 사람의 행동이 성적 본능이나 공격성에 따라 결정된다고 보았다.
② 아들러는 열등감은 누구나 갖는 것으로 그 자체는 신경증이 아니라고 보았다.
③ 아들러는 열등감으로 인해 타인보다 우월해지고 싶은 욕구가 생긴다고 보았다.
④ 프랭클은 인간을 본능과 충동의 차원을 넘어선 영적 존재로 보았다.
⑤ 프랭클은 무의식이 인간의 본질을 규명하는 중요한 요소라고 보았다.

8장

미학

세기마다 철학자들과 예술가들은 미(美)에 대해 정의해 왔고, 덕분에 미의 역사를 재구성하는 것이 가능하게 되었다. 그러나 추(醜)에 관해서는 그런 작업이 거의 이루어지지 않았다.

서구인들의 눈에 험상궂고 섬뜩해 보이는 아프리카의 제의용 가면이 아프리카 주민들에게는 자비롭고 아름다운 신의 형상으로 여겨지는 것처럼 미와 추가 문화에 따라 상대적이기는 하지만, 일반적으로 추는 미의 반대 개념으로 인식되어 왔다. 추에 관해 연구한 에코는 최근 이렇게 미와 견주어 추로 분류되는 전형적 이미지를 '그 자체로의 추'와 '형식적 추'로 나누었다.

에코에 따르면, 배설물이나 부패해 가는 고기, 썩은 과일 등은 감정적으로 혐오감을 일으키는 것들로, '그 자체로의 추'에 해당된다. 그러나 이가 거의 다 빠진 사람과 우연히 마주쳤다고 상상해 보자. 우리는 그 사람을 보고 배설물을 보는 것과 같은 혐오감을 느끼는 것은 아니지만, 그 얼굴의 불완전성, 즉 꼭 있어야 할 나머지 이들이 없다는 사실을 마주하는 순간 추하다고 느낄 수 있다. 에코는 이런 경우를 유기적 관계에서 비례와 균형의 결여로 인해 나타나는 '형식적 추'로 보았다.

아리스토텔레스는 『시학』에서 추함을 능숙하게 표현함으로써 훌륭한 예술을 창조할 수 있다고 말하고 있다. 에코는 이런 경우를 '추의 예술적 묘사'라고 정의하였으며, 예술가의 재능 부족으로 인해 의도하지 않게 형편없이 그려진 그림에서 느껴지는 '예술적 추'와는 구별되는 개념으로 보았다.

에코가 제시한 이 추의 구분은 20세기 초 아방가르드* 예술가와 당시 대중의 입장 차이를 설명하는 데 도움을 준다. 이 구분에 따르면, 아방가르드 예술가들은 때로 온전한 이미지를 의도적으로 추하게 변형해 예술성을 획득하려 하거나, 그 자체로의 추와 형식적 추를 예술적으로 재현해 '추의 예술적 묘사'를 추구했지만, 당시 대중은 그들의 작품을 그저 실력이 부족한 예술가들에 의한 '예술적 추'의 사례로만 여겼다고 볼 수 있다. 즉 당시 대중에게 아방가르드 작품들은 현실 속에 존재하는 '추의 묘사'가 아니라, 전혀 추하지 않은 현실의 '추한 묘사'로만 여겨졌던 것이다. 그와 같은 맥락에서 당시의 부르주아들이나 일부 사상가들은 아방가르드 예술을 현대 예술의 퇴보로 보기도 했다.

그러나 오늘날 대중 다수에게 아방가르드 예술계의 거장으로 추앙받는 피카소나 브라크 같은 입체파 화가들은 그 당시 의도적으로 형태의 해체를 추구하면서 괴기스럽고 혐오스러운 아프리카의 가면 등에서 예술적 영감의 원천을 찾았다. 또한 다다이즘도 괴기스럽고 부자연스러운 것에 대한 호소를 바탕으로 등장했다. 그래서 다다이즘의 대표 주자인 뒤샹은 소변기를 예술작품으로 선보이거나, 「모나리자」에 도발적으로 콧수염을 그려 넣은 「L. H. O. O. Q」를 발표하는 등 뭔가 꼴사나운 것을 예술의 소재로 삼으려 했던 것이다. 이러한 성향은 이후 초현실주의로 이어져, 달리나 마그리트의 작품처럼 괴기스러운 소재들이 많이 그려지게 되었다. 이렇듯 아방가르드 예술가들은 그들의 작품을 통해 미뿐만 아니라 추도 예술의 일부임을 증명해 보이고자 했다.

*아방가르드: 기성의 예술 관념과 형식을 부정한, 혁신적 예술을 주장한 예술 운동. 20세기 초 유럽의 다다이즘, 입체파, 미래파, 초현실주의 따위를 통틀어 이름.

1

위 글의 내용과 일치하지 않는 것은?

① 문화가 다르면 미와 추의 구분도 다를 수 있다.

② 미래의 예술은 추를 중시하는 방향으로 나아갈 것이다.

③ 아리스토텔레스는 추를 예술의 표현 대상에 포함시켰다.

④ 다다이즘의 예술적 성향은 초현실주의로 이어지기도 했다.

⑤ 예술 작품을 바라보는 관점은 시대에 따라 변하기도 한다.

2

위 글에 쓰인 내용 전개 방식을 〈보기〉에서 골라 바르게 묶은 것은?

〈보기〉

ㄱ. 차이점을 부각하여 주요 개념을 구체적으로 설명하고 있다.

ㄴ. 추상적인 개념을 설명하기 위해 다양한 예시를 활용하고 있다.

ㄷ. 어원의 유래를 밝혀 특정 개념의 변화 과정을 말하고 있다.

ㄹ. 낯선 개념을 친숙하게 받아들이도록 유추의 방법을 사용하고 있다.

① ㄱ, ㄴ   ② ㄱ, ㄷ   ③ ㄴ, ㄷ   ④ ㄴ, ㄹ   ⑤ ㄷ, ㄹ

한 떨기 흰 장미가 우리 앞에 있다고 하자. 하나의 동일한 대상이지만 그것을 받아들이는 방식은 다양하다. 그것은 이윤을 창출하는 상품으로 보일 수도 있고, 식물학적 연구 대상으로 보일 수도 있다. 또한 어떤 경우에는 나치에 항거하다 죽어 간, 저항 조직 '백장미'의 젊은이들을 떠올리게 할 수도 있다. 그런데 이런 경우들과 달리 우리는 종종 그저 그 꽃잎의 모양과 순백의 색깔이 아름답다는 이유만으로 충분히 만족을 느끼기도 한다.

가끔씩 우리는 이렇게 평소와는 매우 다른 특별한 순간들을 맞본다. 평소에 중요하게 여겨지던 것들이 이때에는 철저히 관심 밖으로 밀려나고, 오직 대상의 내재적인 미적 형식만이 관심의 대상이 된다. 이러한 마음의 작동 방식을 가리키는 개념어가 '미적 무관심성'이다. 칸트가 이 개념의 대표적인 대변자인데, 그에 따르면 미적 무관심성이란 대상의 아름다움을 판정할 때 요구되는 순수하게 심미적인 심리 상태를 뜻한다. 즉 'X는 아름답다.'라고 판단할 때 우리의 관심은 오로지 X의 형식적 측면이 우리의 감수성에 쾌 · 불쾌를 주는지를 가리는 데 있으므로 '무관심적 관심'이다. 그리고 무언가를 실질적으로 얻거나 알고자 하는 모든 관심으로부터 자유로운 X의 존재 가치는 '목적 없는 합목적성'에 있다.

㉠대상의 개념이나 용도 및 현존으로부터의 완전한 거리 두기를 통해 도달할 수 있는 순수 미적인 차원에 대한 이러한 이론적 정당화는, 쇼펜하우어에 이르러서는 예술미의 관조를 ㉡인간의 영적 구원의 한 가능성으로 평가하는 사상으로까지 발전하였다. 불교에 심취한 그는 칸트의 '미적 무관심성' 개념에서 더 나아가 '미적 무욕성'을 주창했다. 그에 따르면 이 세계는 '맹목적 의지'가 지배하는 곳으로, 거기에 사는 우리는 ㉢욕구와 결핍의 부단한 교차 속에서 고통받지만, 예술미에 도취하는 그 순간만큼은 해방을 맞본다. 즉 '의지의 폭정'에서 벗어나 ㉣잠정적인 열반에 도달한다.

미적 무관심성은 예술의 고유한 가치를 옹호하는 데 큰 역할을 하는 개념이다. 그러나 우리는 그것이 극단적으로 추구될 경우에 가해질 수 있는 비판을 또한 존중하지 않을 수 없다. 왜냐하면 독립 선언이 곧 ㉤고립 선언은 아니기 때문이다. 예술의 고유한 가치는 진리나 선과 같은 가치 영역들과 유기적인 조화를 이룰 때 더욱 고양된다. 요컨대 예술은 다른 목적에 종속되는 한갓된 수단이 되어서도 안 되겠지만, 그것의 지적 · 실천적 역할이 완전히 도외시되어서도 안 된다.

1

㉠~㉤의 의미에 대한 해석으로 적절하지 않은 것은?

① ㉠ : 대상에 대한 지식이나 대상의 유용성, 실재 여부 등에 대한 관심을 철저히 도외시하는 심리적 태도

② ㉡ : 개별적 취향의 만족에서 나아가 궁극적으로는 인간 정신의 구원으로까지 고양되는 경지

③ ㉢ : 끊임없이 무엇을 얻고자 하나, 완전한 만족 대신에 부족함만이 지배하는 상태의 지속

④ ㉣ : 예술미에 침잠하여 잠시나마 모든 집착과 고통에서 벗어나는 기쁨의 상태

⑤ ㉤ : 예술가들이 작품 창조를 위해 세속으로부터 고립된 별도의 작업 공간을 요구하는 선언

2

영화에 대한 다음의 감상 중, 위 글의 칸트의 입장에 가장 가까운 것은?

① 이 영화는 그 시대의 모순 고발과 전망 제시라는 두 가지 숙제를 훌륭히 해내고 있는 우수작이야.

② 영화에 세상일을 개입시키려는 태도는 잘못이야. 영화는 보고 즐기는 생활의 활력소 역할을 하면 되지 않겠니?

③ 이 영화의 색채 묘사나 카메라의 시점 처리 같은 대담한 형식 실험은 상식을 뛰어넘은 독특한 심미적 가능성을 열어 줘.

④ 이 영화의 흥행 가능성에 대해 난 매우 부정적이야. 주인공만 해도 어른들이나 좋아할 스타일이지, 우리가 보기엔 좀 어색하지 않니?

⑤ 영화가 의미를 가지려면 어떤 새로운 깨달음을 우리에게 줘야 하는 것이 아닐까? 이미 소설을 통해서 다 알고 있는 내용을 영화로 만드는 것은 낭비야.

예술의 본질

예술이 무엇이냐는 질문에 우리는 레오나르도 다빈치의 「모나리자」나 베토벤의 교향곡이나 발레 「백조의 호수」 같은 것이라고 대답할지 모른다. 물론 이 대답은 틀리지 않았다. 하지만 질문이 이것들 모두를 예술 작품으로 특징짓는 속성, 곧 예술의 본질이 과연 무엇인지를 묻는 것이라면 그 대답은 무엇이 될까?

사실 같은 이름으로 불리는 어떤 그룹에 속한 것들 모두에게 공통되는 속성이 하나쯤은 있어야 한다는 생각은 자연스럽다. 그렇지 않다면 대체 이들을 같은 이름으로 부르는 근거가 무엇이겠는가. 예술의 본질을 찾으려는 노력도 이러한 가정 하에서 전개되었다. 그래서 예술은 곧 모방이라는 서양의 전통적 시각이나, 예술은 감정의 표현이라는 주장, 또 예술은 형식이라는 주장까지 모두 예술의 본질에 대한 답변으로 간주되었다. 하지만 이들이 모두 정답으로 경쟁한다면, 그 중 어느 것이 정말 예술의 본질인가?

20세기 들어 비트겐슈타인의 철학은 이 문제에 다른 방식으로 접근하는 계기를 마련해 주었다. 비트겐슈타인은 '게임'을 예로 든다. 누군가가 게임의 본질적 속성을 '경쟁'으로 본다고 해 보자. 곧 반례가 만들어질 것이다. 예를 들어, 전쟁은 경쟁이라는 속성을 가졌지만 게임은 아니다. 한편 게임 중에도 경쟁이 아닌 것이 있다. 무료한 시간에 혼자 하는 카드놀이가 그 예가 될 수 있을 것이다. 이런 식으로 따져 가다 보면 모든 게임에 공통적인 하나의 본질을 찾는 일은 불가능해 보인다. 그런데 비트겐슈타인은 이것이 바로 게임이라는 개념에 대한 정확한 인식이라고 한다.

비트겐슈타인에 따르면, 게임은 본질이 있어서가 아니라 게임이라 불리는 것들 사이의 유사성에 의해 성립되는 개념이다. 이러한 경우 발견되는 유사성을 '가족 유사성'이라 부르기로 해 보자. 가족의 구성원으로서 어머니와 나와 동생의 외양은 이런저런 면에서 서로 닮았다. 하지만 그렇다고 해서 셋이 공통적으로 닮은 한 가지 특징이 있다는 말은 아니다. 비슷한 예로 실을 꼬아 만든 밧줄은 그 밧줄의 처음부터 끝까지를 관통하는 하나의 실이 있어서 만들어지는 것이 아니라 짧은 실들의 연속된 연계를 통해 구성된다. 그렇게 되면 심지어 전혀 만나지 않는 실들도 같은 밧줄 속의 실일 수 있다.

미학자 와이츠는 예술이라는 개념도 이와 마찬가지라고 주장한다. 그에게 예술은 가족 유사성만을 갖는 '열린 개념'이다. 열린 개념이란 주어진 대상이 이미 그 개념을 이루고 있는 구성원 일부와 닮았다면, 그 점을 근거로 하여 얼마든지 그 개념의 새로운 구성원이 될 수 있을 만큼 테두리가 열려 있는 개념을 말한다. 따라서 전통적인 예술론인 표현론이나 형식론은 있지도 않은 본질을 찾고 있는 오류를 범하고 있는 것이 된다. 와이츠는 표현이니 형식이니 하는 것은 예술의 본질이 아니라 차라리 좋은 예술의 기준으로 이해되어야 한다고 한다. 그는 열린 개념으로 예술을 보는 것이야말로 무한한 창조성이 보장되어야 하는 예술에 대한 가장 적절한 대접이라고 주장한다.

1

위 글에 대한 설명으로 적절하지 않은 것은?

① 친숙한 사례를 통해 화제에 접근하고 있다.

② 상반되는 관점들의 장단점을 분석하고 있다.

③ 타인의 견해에 기대어 논지를 전개하고 있다.

④ 유추를 통해 추상적인 개념을 구체화하고 있다.

⑤ 질문을 던짐으로써 독자의 호기심을 유발하고 있다.

2

위 글을 읽고 와이츠 예술론의 의의나 한계에 대해 토론했다고 할 때, 이 이론을 제대로 이해하지 못한 발언은?

① 와이츠의 이론에 따르면 예술 개념은 아무런 근거 없이 확장되는 거야. 결과적으로 예술이라는 개념 자체가 없어진다는 것을 주장하는 셈이지.

② 와이츠는 예술의 본질은 없다고 본 거야. 예술이 가족 유사성만 있는 열린 개념이라면 어떤 두 대상이 둘 다 예술이면서 서로 닮지 않을 수도 있다는 얘기군.

③ 와이츠는 무엇이 예술인가와 무엇이 좋은 예술인가는 분리해서 생각해야 한다는 것 같아. 열린 개념이라고 해서 예술의 가치를 평가하는 기준까지도 포기한 것은 아니야.

④ 현대 예술은 독창성을 중시하고 예술의 한계에 도전함으로써, 과거와는 달리 예술의 영역을 크게 넓힐 수 있게 되었어. 와이츠 이론은 이러한 상황에 잘 부합하는 예술론이야.

⑤ 영화나 컴퓨터가 그랬던 것처럼, 새로운 매체가 등장하면 새로운 창작 활동이 가능해지지. 미래의 예술이 그런 것들도 포괄하게 될 때, 와이츠 이론은 유용한 설명이 될 수 있어.

예술이란, 일반적인 기술과 달라서 우리의 일상생활에 유용한 지식을 직접적으로 가르쳐 주지는 않는다. 그보다 예술은 인간의 심령에 작용하여 우리 인간 삶의 근원적인 힘이 된다.

그러면 예술이란 과연 우리 인간에게 어떤 점에서 그 영향력을 발휘할 수 있는 것인가? 예술은 설명하기 어려운, 실로 다양한 여러 가지 기능을 지니지만 그것은 대체로 미적 기능과 사회적 기능 두 가지로 구분된다.

미적 기능이란 쾌락적 기능이라고 할 수 있는 것으로서 예술이 주는 감동적 자극을 의미하며, 사회적 기능이란 교시적(敎示的) 기능이라고 할 수 있는 것으로서 예술이 주는 정치적, 교육적, 도덕적인 여러 종류의 광범한 사회적 영향을 의미한다.

근대 이전의 문학은 대체로 윤리적 이념을 추구해 왔다. 이것은 고소설(古小說)에서 뚜렷이 나타나고 있다. 그렇다고 고소설이 도덕적, 윤리적 교화 수단으로서만 존재해 왔다고 말할 수는 없을 것이다. 그것이 도덕적, 윤리적 의미를 강하게 지녔던 것은 도덕적, 윤리적인 문제의 제시와 해결이 문학이 지닌 본래의 기능의 하나였기 때문이다. 생성기(生成期)의 고대 예술, 가령 무용이나 음악 같은 것이 노동의 장려를 위하여 많이 이용되었다고 해서 그러한 고대 예술이 노동을 위한 수단이나 방법만에 그쳤다고 말할 수 없는 것과 마찬가지다.

이러한 여러 가지 기능은 물론 예술 자체의 본원적(本源的)인 기능인 미적 기능과 결부되어 있었기 때문에 그러한 여러 종류의 사회적 기능 그 자체가 예술의 전적인 기능이거나 또는 그것이 예술의 목적이었다고는 말할 수 없을 것이다. 만일 그러한 여러 종류의 사회적 기능을 예술의 전적인 기능이라고 본다면, 예술은 정치나 도덕 또는 그 밖의 여러 가지의 문화적 사상(事象)과 구별되지 못할 것이다. 여러 가지 형태의 사회적 기능에도 불구하고 예술을 정치나 도덕과 같은 다른 문화적 사상과 구별하는 것은 ㉠예술의 사회적 기능은 예술의 미적 기능과 항상 결부되어 있는 까닭이다. 이 때문에 예술의 사회적 기능은 그 결과나 영향에 있어 예술 이외의 정치적, 도덕적, 그 밖의 여러 가지 종류의 사회적 사상(事象)과는 달리 이해되어야 할 것이다.

여기에는 물론 또 다른 이유도 있다. 그 다른 이유란 예술은 가정적(假定的) 상상(想像)의 산물이기 때문에 실제적인 현실적 산물과는 구별되어야 한다는 것과 예술의 사회적 기능은 반드시 그 속에 담겨져 있는 사회적 목적이나 동기가 그 전부는 아니라는 점이다.

1

위 글의 주장에 가장 가까운 것은?

① 예술은 궁극적으로 사회적 기능을 지향한다.

② 생성기의 고대 예술은 사회적 기능만을 중시하였다.

③ 미적 기능과 사회적 기능은 예술의 본원적 기능이다.

④ 예술은 가정적 상상의 산물이기 때문에 사회적 기능을 지닌다.

⑤ 미적 기능과 연관되지 않은 사회적 기능은 예술의 기능이라 할 수 없다.

2

㉠의 관점이 가장 잘 나타나 있는 것은?

① 『운수 좋은 날』은 행운과 불행, 운명에 대한 무지와 깨달음이라는 반어적 구조를 통하여 1920년대 일제 강점기의 궁핍한 시대상과 사회상을 보여 준다.

② 『동백꽃』은 1930년대를 배경으로 우리 농촌 사회의 계층간의 갈등이 상호 비방적인 갈등이 아니라, 화해와 융합의 공동체적 삶의 한 방식으로서의 갈등임을 보여 준다.

③ 「진달래꽃」의 서정적 자아인 '나'는 여성이고, '꽃'은 자아의 분신이다. 이 시는 '즈려 밟히는' 외상(外傷)과 내면적 희생을 달게 받아들이겠다는 역설적 의미를 표상하고 있다.

④ 「와사등」은 아무 것도 믿고 의지할 수 없는 어두운 현실 속에서 방향도 없이 어디론가 떠나가야만 하는 공허와 비애로 가득찬 현대인의 고독과 불안 의식을 노래한다.

⑤ 『흥부전』에서는 불의한 방법으로 수탈을 하고 돈을 번 놀부가 패가망신하는데, 이는 흥부와 처지가 같은 서민층이 놀부 같은 계층에 대해서 갖는 적대 의식의 표현이다.

예술은 인간 감정의 구현체로 간주되곤 한다. 그런데 예술과 감정의 연관은 예술이 지닌 부정적 측면을 드러내는 데 쓰이기도 했다. 즉, 예술은 이성적으로 통제되지 않는 비합리적 활동, 심지어는 광기 어린 활동으로 여겨지곤 했다. 그렇지만 예술과 감정의 연관을 긍정적인 측면에서 해석하려는 입장도 유구한 전통을 형성하고 있다. 이러한 입장을 대표하는 사람으로 톨스토이와 콜링우드를 들 수 있다.

톨스토이의 견해에 따르면, 생각이 타인에게 전달될 필요가 있듯이 감정도 그러하다. 이때 감정을 타인에게 전달하는 주요 수단이 예술이다. 예술가는 자신이 표현하고픈 감정을 떠올린 후, 작품을 통해 타인도 공감할 수 있도록 전달한다. 그런데 이때 전달되는 감정은 질이 좋아야 하며, 한 사회를 좋은 방향으로 이끌어 나갈 수 있어야 한다. 연대감이나 형제애가 그러한 감정이다. 이런 맥락에서 톨스토이는 노동요나 민담 등을 높이 평가하였고, 교태 어린 리스트의 음악이나 허무적인 보들레르의 시는 부정적으로 평가하였다. 좋은 감정이 잘 표현된 한 편의 예술이 전 사회, 나아가 전 세계를 감동시키며 세상의 발전에 기여할 수 있다.

반면, 콜링우드는 톨스토이와 생각이 달랐다. 콜링우드는 연대감이나 형제애를 사회에 전달하는 예술이 부작용을 초래할 수 있다고 보았다. 전체주의적 대규모 집회에서 드러나듯 예술적 효과를 통한 연대감의 전달은 때론 비합리적 선동을 강화하는 결과를 낳는다. 톨스토이 식으로 예술과 감정을 연관시키는 것은 예술에 대한 앞서의 비판에서 벗어나기 힘들다. 따라서 콜링우드는 감정의 전달이라는 외적 측면보다는 감정의 정리라는 내적 측면에 관심을 둔다.

콜링우드에 따르면, 언어가 한 개인의 생각을 정리하는 수단이듯이 예술은 한 개인의 감정을 정리하는 수단이다. 우리의 생각을 정리하는 훈련이 필요하듯이 우리의 감정도 그러하다. 일상사에서 벌컥 화를 내거나 하염없이 눈물을 흘리다 보면 감정을 지나치게 드러낸 듯하여 쑥스러운 경우가 종종 있다. 그런데 분노나 슬픔은 공책을 펴 놓고 논리적으로 곰곰이 추론한다고 정리되는 것이 아니다. 생각은 염주 알처럼 진행되지만, 감정은 불쑥 솟구쳐 오르거나 안개처럼 스멀스멀 밀려오기 때문이다. 이러한 인간의 감정은 그와 생김새가 유사한 예술을 통해 정리되는 것이 바람직하다. 베토벤이 인생의 파란만장한 곡절을 「운명」 교향악을 통해 때론 용솟음치며 때론 진저리치며 굽이굽이 정리했듯이, 우리는 자기 나름의 적절한 예술적 방식을 통해 그렇게 할 수 있다. 그리고 예술을 통해 우리의 감정이 정리되었으면 굳이 타인에게 전달하지 않더라도 예술은 그 소임을 충분히 완성한 것이다.

톨스토이와 콜링우드 양자의 입장은 차이가 나지만, 양자 모두 예술과 감정의 긍정적 연관성에 주목하면서 예술의 가치를 옹호하였으며, 이들의 이론은 특히 질풍처럼 몰아치고 노도처럼 격동했던 낭만주의 예술을 이해하는 데 기여하였다.

1

영국의 시인 키츠가 다음과 같이 말한 이유를 콜링우드의 견해를 바탕으로 가장 잘 설명한 것은?

> 불면의 밤을 보내며 완성한 시를 아침 해를 바라보며 불태워 버려도 좋다.

① 창작한 내용이 마음에 들지 않았기 때문이다.

② 창작 작업에 근본적인 회의를 느꼈기 때문이다.

③ 혼란한 감정을 시를 통해 정화했다고 생각했기 때문이다.

④ 아침 해를 바라보며 불같은 열정을 새롭게 느꼈기 때문이다.

⑤ 다른 사람에게 공감을 불러일으키지 못할 것을 염려했기 때문이다.

2

다음의 관점에서 위 글을 비판적으로 이해한 내용으로 가장 적절한 것은?

> 음악의 아름다움이란 음악의 형식을 통해 드러나는 아름다움이다. 외부에서 주어진 어떤 내용도 필요치 않고, 오직 독립적인 음들 및 그것들의 형식적 연관으로만 존재하는 그러한 아름다움이 곧 음악적 아름다움이다. 매력 넘치는 소리들의 연관, 그 연관의 조화와 대립, 이탈과 도달, 상승과 소멸 등이야말로 우리 앞에 자유로운 형식으로 나타나 만족을 주는 것들이다.

① 예술의 본질은 감정보다는 형식이다. 우리에게 미적 즐거움을 주는 원천은 예술 고유의 조형적 아름다움이지 않은가.

② 예술이 감정을 전달하려면 감정의 전달 수단인 형식도 중요하다. 아름다운 형식을 갖추지 못하면 정치적 선동이 되는 것이 아닌가.

③ 예술은 감정이 아닌 절대적 이념의 표현이다. 예술과 감정의 연관을 너무 강조하는 것은 예술이 지닌 숭고한 정신적 이념을 간과한 것이 아닌가.

④ 용솟음치는 감정을 어떻게 정리할 수 있는가. 감정이 정형화된 형식을 넘어 예술을 통해 자유로이 분출됨으로써 우리는 만족을 얻게 되는 것이 아닌가.

⑤ 예술의 핵심은 감정이라기보다는 파란만장한 인간 삶의 형식을 묘사하는 일이다. 그러한 묘사를 통해 우리는 타인의 삶을 가슴 깊이 이해할 수 있지 않은가.

(가) 사람들은 좋은 그림을 보거나 음악을 들으면 쉽게 감동을 느끼지만 과학 이론을 대하면 복잡한 논리와 딱딱한 언어 때문에 매우 어렵다고 느낀다. 그래서 흔히 과학자는 논리적 분석과 실험을 통해서 객관적 진리를 규명하고자 노력하고, 예술가는 직관적 영감에 의존해서 주관적인 미적 가치를 추구한다고 생각한다. 이러한 통념이 아주 틀린 것은 아니지만, 돌이켜 보면 많은 과학상의 발견들은 직관적 영감이 없이는 이루어질 수 없었던 것들이었다.

(나) 아인슈타인은 누구에게나 절대적 진리로 간주되었던 시간과 공간의 불변성을 뒤엎고, 상대성 이론을 통해 시간과 공간도 변할 수 있다는 것을 보여 주었다. 정형화된 사고의 틀을 깨는 이러한 발상의 전환은 직관적 영감에서 나온 것으로, 과학의 발견에서 직관적 영감이 얼마나 큰 역할을 하는지 잘 보여 준다. 그 밖에도 뉴턴은 떨어지는 사과에서 만유인력을 발견하였고 갈릴레이는 피사의 대사원에서 기도하던 중 천장에서 흔들리는 램프를 보고 진자(振子)의 원리를 발견하였다. 그리고 아르키메데스는 목욕탕 안에서 물체의 부피를 측정하는 원리를 발견하고 "유레카! 유레카!"를 외치며 집으로 달려갔던 것이다. 이렇게 볼 때 과학의 발견이 '1%의 영감과 99%의 노력'에 의해서 이루어진다는 말은 과학의 발견에서 직관적 영감의 역할을 과소 평가한 것이다.

(다) 그렇다면 이와 같은 영감은 어디에서 오는 것일까? 사람들은 대체로 과학자들이 논리적 분석과 추리를 통해서 새로운 발견을 하게 된다고 소박하게 믿고 있지만, 상당 부분 그 발견의 밑거름은 직관적 영감이고, 그것은 흔히 언어가 끝나는 곳에서 나온다. 대부분의 위대한 과학자들은 예술가와 마찬가지로 발견의 결정적인 순간에는 논리가 아니라 의식의 심연으로부터 솟아나는, 말로 표현하기 어려운 미적 감각에 이끌린다고 고백한다. 문제와 오랜 씨름을 한 끝에 마음의 긴장과 갈등이 절정에 다다른 순간, 새로운 비전이 환상처럼 나타난다는 것이다. 과학의 발견은 이러한 영감을 논리적으로 분석하고 언어로 기술하여 체계화한 것이다.

(라) 한편, 화가나 조각가, 그리고 건축가들도 때로 완벽한 조화와 균형을 창조하기 위해서 사물을 분석하고 해부한다. 그리스 시대의 황금 분할은 최대의 미적 효과를 나타낼 수 있는 수학적 비례의 법칙을 치밀(緻密)하게 분석한 것이고, 아름다운 음악도 엄밀(嚴密)하게 계산된 소리의 배열과 공명 현상을 바탕으로 한 것이다. 예술가들의 분석적 시각은 "자연의 모든 형상은 구, 원통, 원추로 구성되어 있다."라는 세잔의 말에서 더욱 두드러지게 드러난다. 그런가 하면 울려 퍼지는 종소리에서 동심원을 그리며 퍼져 나가는 물결을 연상했던 시인은 소리에 대한 과학적 지식을 시적 상상력 속에 용해시킨 것으로 볼 수 있다. 이와 같이 과학자들은 자신들의 이론을 구축하는 데 직관적 영감에 의존하는가 하면 예술가들은 과학적 지식과 관점을 도입하여 예술품을 창작해 내기도 한다.

(마) 이러한 과학과 예술의 창조적 행위는 모두 인간의 본능인 탐구 욕구에서 출발한다. 탐구 욕구는 과학자와 예술가를 미지의 세계로 인도하여 새로운 상상을 자극하는 원동력으로 작용한다. 물론

과학이 목표로 하는 것은 자연의 법칙을 이해하고 자연의 신비를 벗기는 것이지만, 그 동기는 예술에서와 마찬가지로 자연에 대한 외경(畏敬)과 경이(驚異)의 감정이다. 그래서 아인슈타인은 우주의 신비에 경이를 느낄 수 없는 사람, 감동하지 않는 사람, 명상에 잠길 수 없는 사람은 죽은 자와 마찬가지라고 말했던 것이다. 이렇게 보면 과학과 예술은 본질적으로 구별되는 상이한 정신 활동이라고 할 수 없다. 마치 무지개 색깔이 서로 겹쳐 들어가면서 연속되는 것과 같이 어느 지점에 이르면 과학과 예술은 중첩되어서 분명하게 구별하기가 어려워지기 때문이다.

1

위 글의 내용과 일치하지 않는 것은?

① 직관적 영감이 과학의 발견에 밑거름이 된다.

② 예술 작품에도 과학적 지식이 반영될 수 있다.

③ 과학은 객관적 진리를, 예술은 아름다움을 추구한다.

④ 과학과 예술의 창조적 행위는 탐구 욕구에서 출발한다.

⑤ 과학과 예술이 중첩되는 부분에 진정한 진리가 존재한다.

2

각 문단에 대한 설명으로 적절하지 않은 것은?

① (가) – 일반적 통념에 대해서 문제를 제기하고 있다.

② (나) – 논지를 뒷받침하기 위해 사례들을 제시하고 있다.

③ (다) – 과학자의 경험을 기술하면서 논지를 강화하고 있다.

④ (라) – 반대 사례들을 제시하면서 논지를 전환하고 있다.

⑤ (마) – 논거를 보강하면서 결론을 내리고 있다.

이미지란 무엇인가? 근대 철학자들은 우리가 현실 세계의 사물을 감각에 의해 지각하여 실재 세계를 구성하듯 이미지도 감각을 바탕으로 한다고 보았다. 여기서 현실 세계는 인간에 의해 지각되기 이전에 이미 객관적으로 존재하는 세계를 의미하고, 실재 세계는 이러한 현실 세계를 인간의 지각에 의해 파악한 세계를 의미한다. 그런데 이미지는 감각을 바탕으로 하지만 그것은 불완전하게 지각된 모사물에 불과하다고 보았다. 따라서 그들은 이미지가 지각의 하위 영역이며 실재 세계에 비해 상대적으로 열등한 것으로 보았다. 그러나 사르트르는 '이미지 이론'을 통해 상상 세계를 제시하면서 이에 대해 반대하는 입장을 드러냈다.

사르트르는 "㉠실재 세계와 상상 세계는 본질적으로 서로 공존할 수 없다."라고 단언하며 이 두 세계는 지각과 상상이라는 인식 방법의 차이에 따라 달리 인식되는 것이라 설명한다. 이는 두 세계가 존재하는 것이 아니라 현실 세계를 지각에 의해 인식하기도 하고 상상에 의해 이미지로 인식하기도 한다는 것을 뜻한다. 결국 사르트르는 현실 세계가 우리의 의식이 지향하는 바에 따라 실재 세계와 상상 세계로 나누어지며 이 둘이 동시에 인식될 수 없다고 주장한다. 따라서 사르트르는 이전까지 실재 세계에 속한 영역이자 열등한 복사물 정도로 여겨져 왔던 이미지를 실재 세계에서 완전히 독립하여 상상 세계에서 이루어지는 정신 의식으로 규정하였다.

이렇게 사르트르에 의해 실재 세계로부터 독립된 이미지는 인식된 그 순간부터 온전한 전체가 된다는 특징을 지닌다. 지각에 의해 인식된 실재 세계는 세부적 특성이 파악될 때마다 변화하는 것에 비해 이미지는 우리가 아는 만큼만, 혹은 우리가 의도한 만큼만 구성되기 때문에 변하지 않는다는 것이다. 예를 들어 대상을 비추는 조명의 색이 달라지면 실재 세계에서 지각되는 색채는 그에 따라 달라지지만, 이미지는 조명의 색이 달라지더라도 상상 세계에서 항상 같은 색채를 가지게 된다는 것이다. 또한 이미지는 지각에 의해 파악되는 실재 세계의 속성들과 단절되어 상상 세계에서만 나타난다는 특징이 있다. 작년에 외국으로 떠난 친구에 대해 상상할 때, 그와 함께 하던 빈 방을 보며 그의 부재라는 실재 세계는 사라지고, 상상 세계에 이미지화되어 있는 친구의 모습만 떠오른다는 것이다.

이러한 사르트르의 관점에서 예술을 바라본다면, 예술은 늘 변할 수밖에 없는 실재 세계가 아닌 독립된 상상 세계에서 인식되어야 한다. 고전적인 조각의 경우를 예로 들면 예술가는 자신이 지각한 그대로를 완벽하게 표현하려 애쓰지만 실재 세계에서 인식되는 대상은 계속 변화하기 때문에 결국 지각에 의한 재현에는 어려움이 생길 수밖에 없다. 그러나 조각을 상상 세계에서 이미지화하면 의도한 만큼 작품을 변하지 않게 구성할 수 있다. 이때 비로소 예술가가 나타내고자 했던 이미지를 그대로 전달할 수 있다는 것이다. 따라서 사르트르는 변화하는 실재 세계가 아닌 독립된 상상 세계에서 예술을 대해야 한다고 보았던 것이다.

1

위 글에 대한 이해로 적절하지 않은 것은?

① 근대 철학자들은 이미지가 지각의 하위 영역이라고 생각했다.

② 근대 철학자들은 이미지가 대상을 온전하게 지각한 것이 아니라 모사한 것이라고 보았다.

③ 근대 철학자들은 실재 세계와 이미지 모두 감각을 바탕으로 하여 이루어지는 것이라고 보았다.

④ 사르트르는 이미지가 인식된 그 순간부터 이미지를 온전한 전체로 보았다.

⑤ 사르트르와 근대 철학자들의 입장이 다른 이유는 대상의 인식 주체를 다르게 보았기 때문이다.

2

위 글을 통해 ㉠의 이유를 추론한 것으로 가장 적절한 것은?

① 실재 세계가 상상 세계로 통합되며 나타날 수 있기 때문이다.

② 의식이 지향하는 바에 따라 나누어지는 두 세계가 동시에 인식될 수 없기 때문이다.

③ 대상이 주는 인상의 강도 차이에 따라 두 세계가 분명히 구분될 수 있기 때문이다.

④ 지각된 대상과 완벽히 일치하는 세계와 지각된 대상과 일치하지 않는 세계가 있기 때문이다.

⑤ 분리된 두 세계는 정신 의식 속에서는 분리되지 않으며, 결국 인과관계로 묶여 있기 때문이다.

우리가 미술관에 전시된 그림 하나를 무심히 지나쳤다면, 이 그림은 미적 대상이라고 볼 수 있을까? 이에 대해 미학자 뒤프렌은 그 그림은 예술 작품이긴 하지만 우리에게 미적 대상이 되지는 못한다고 말한다. 예술 작품은 감상자의 미적 지각이 시작될 때 비로소 미적 대상이 된다는 것이다. 그는 이러한 미적 지각과 미적 대상의 관계에 주목하여, 감상자가 현전(現前), 표상(表象), 반성(反省)이라는 미적 지각의 단계를 거치면서 미적 대상을 점점 더 심오하게 이해한다고 보았다.

뒤프렌에 따르면 현전은 감상자가 작품의 감각적 특징에 신체적으로 반응하면서 주목하는 단계이다. 즉 색채, 명암, 질감 등에 매료되어 눈이 커지거나 고개를 내미는 등의 신체적 자세를 취하는 상태를 의미한다. 이렇듯 현전은 감상자가 예술 작품을 '감각적 소재'로 인식하게 한다. 그런 의미에서 현전은 미적 대상의 의미를 막연하게 파악하는 수준에 머무른다.

현전의 막연함은 표상을 통해 해소되기 시작한다고 그는 말한다. 표상은 작품을 상상력으로 지각하는 단계이다. 상상력은 감상자가 현전에서 파악한 것에 시공간적 내용과 구체적 상황을 추가해 풍부한 이미지를 떠올리는 것이다. 이러한 지각은 감상자가 작품을 특정 대상이나 현실이 묘사된 '재현된 세계'로 이해하게 한다. 예를 들어 푸른색이라는 감각물에 눈동자가 커지면서 주목하는 것이 현전이라면, 푸른색을 보고 '가을날 오후 한적한 시골의 맑고 넓은 창공'이라는 세계를 떠올리는 것이 표상이다. 하지만 표상은 환상을 만들게 된다.

표상이 만든 환상은 반성을 통해 극복된다고 뒤프렌은 생각했다. 반성에는 비평적 반성과 공감적 반성이 있다. 비평적 반성은 구도, 원근법, 형태 묘사와 같은 기법, 예술가의 제작 의도 등을 객관적으로 분석하여 상상력이 만든 감상자의 표상이 타당한 것인지를 검증하는 것이다. 비평적 반성을 통해 감상자는 작품의 의미를 표상의 단계보다 더 잘 이해할 수 있게 된다. 그러나 뒤프렌은 비평적 반성만으로는 작품에 대한 이해가 피상적 수준에 그친다고 보았다. 객관적인 분석만을 하다 보면 작품 속에 담긴 내면적 의미까지는 이해하지 못한다는 것이다. 따라서 그는 감상자의 미적 지각은 공감적 반성을 통해 완성된다고 하였다. 공감적 반성은 작품이 자아내는 내면적 의미를 감상자가 정서적으로 느끼면서 감동을 얻는 단계이다. 이 감동은 작품의 내면적 의미가 진실하다는 것을 확신하면서 정서적으로 공감하는 것이기도 하다. 이는 감상자가 예술가의 감정이 '표현된 세계'를 파악하는 것이면서, 그 세계와 자신의 내면세계가 일치함을 느끼는 것이다. 이를 두고 뒤프렌은 감상자가 작품의 의미를 진심으로 받아들이면서 비로소 작품 속에 직접 참여하는 것이라고 설명했다.

1

위 글의 표제와 부제로 가장 적절한 것은?

① 미적 대상은 어떤 특성을 가질까? – 미적 지각의 역할을 중심으로

② 미적 지각은 어떤 단계를 거칠까? – 미적 대상과의 관계를 중심으로

③ 미적 체험은 어떻게 형성되는가? – 미적 지각의 효용성을 중심으로

④ 미적 지각과 미적 대상은 어떤 관계일까? – 감상자의 감정을 중심으로

⑤ 미적 대상의 역동성은 어떻게 드러나는가? – 공감적 반성을 중심으로

2

위 글에 대한 이해로 적절하지 않은 것은?

① 감상자가 신체적으로 반응하면서부터 예술 작품은 미적 대상이 된다.

② 감상자가 작품의 의미를 진심으로 받아들일 때 감동을 얻을 수 있다.

③ 상상력이 만든 환상은 객관적인 작품 분석을 통해 그 타당성이 검증된다.

④ 시공간적인 내용을 덧붙임으로써 감상자는 작품 속에 직접 참여하게 된다.

⑤ 예술가의 제작 의도에 대한 파악만으로는 작품에 담긴 내면적 의미를 이해할 수 없다.

하나의 예술 작품을 다양하게 해석하는 사례는 무수히 많다. 로댕의 조각품, 「생각하는 사람」에서 어떤 사람은 고뇌하는 지성인의 모습을 읽기도 하고, 또 어떤 사람은 연인을 잃고 깊은 시름에 잠긴 젊은이의 모습을 읽기도 한다. 그런데 하나의 예술 작품을 대상으로 이처럼 다양하게 해석하는 것은 적절한가? 이러한 의문을 해결하기 위해 비트겐슈타인의 '토끼/오리 그림'을 살펴보자.

옆의 그림을 보고 어떤 사람은 토끼를 그린 것이라 하고, 또 어떤 사람은 오리를 그린 것이라 한다. 하나의 형상이 동시에 토끼이며 오리일 수는 없지만, 관점에 따라 두 가지 형상으로 해석될 수 있다. 다른 외부 요인이 완전히 차단된 상태에서, 옆의 그림만 가지고 생각할 때에는 이 그림을 보고 내린 토끼라는 해석과 오리라는 해석은 둘 다 타당하며, 전적으로 어떤 것이 옳다고 판단할 수 있는 근거는 없다. 이것을 예술 작품의 해석에 적용해 보면, 한 작가가 창작한 예술 작품의 의미는 단일하지 않고 다양하다고 볼 수도 있다.

그러나 이 그림을 그린 사람이, 오리만 살고 있는 강변에 살면서 토끼를 단 한 번도 본 적이 없다면, 그 사람은 이 그림을 오리로 그린 것이다. 토끼가 살고 있는 산 속에 살면서 오리를 단 한 번도 본 적이 없는 경우도 마찬가지다.

예술가가 원래 작품에 부여한 의미는 하나이다. 그러므로 예술 작품을 감상하는 사람이 한 작품을 두고 둘 이상의 의미로 해석하는 것은 모순이다. 어떤 특정한 시공간과 상황에서 예술 작품이 창작된다는 점을 전제한다면, 그 예술 작품의 해석은 창작의 과정과 맥락을 모두 종합할 때 가능해진다. 이럴 때 비로소 해석은 유의미해지는 것이다.

달리 말하면, 작품에 대한 해석은 작품의 내재적 요소로만 파악하기 어렵고, 그 작품을 창작한 작가의 경험과 사상, 시대 상황 등을 종합하여 살펴보아야 완전해진다. 차이코프스키의 「백조의 호수」와 피카소의 「게르니카」를 예로 들면, 이 작품들을 둘러싸고 있는 창작 맥락을 종합적으로 살펴야 유일한 의미를 찾아낼 수 있는 것이다.

위에서 말한 것처럼, 예술 작품의 해석은 작품의 단일한 의미를 찾아내는 데 목적이 있지만 실제로 그 목적이 꼭 실현되는 것은 아니다. 그것은 이론적으로 가능할 뿐 실제로 그것이 실현되기는 불가능해 보인다. 그렇더라도 우리는 모든 예술 작품의 단일한 의미를 찾으려고 노력해야 한다. 예술 작품의 해석이란 그러한 ㉠이상을 추구하는 부단한 여정이기 때문이다.

1

㉠에 대한 설명으로 적절한 것은?

① 실현하기 어렵기에 현실에서 삼가야 할 예술 해석의 관점이다.

② 실현 불가능한 것이므로 마음속에 지녀야 할 예술 해석의 태도이다.

③ 실현할 수 없을지라도 현실에서 지향해야 할 예술 해석의 목표이다.

④ 언젠가 실현할 수 있기에 끊임없이 노력해야 하는 예술 해석의 방향이다.

⑤ 타당성이 부족할지라도 현실에서 실현할 만한 가치가 있는 예술 해석의 방법이다.

2

〈보기〉의 관점에서 위 글을 비판하고자 할 때, 활용할 수 있는 자료로 적절한 것은?

> 〈보기〉
>
> 수용미학의 입장에서 볼 때, 작품은 작가와 독자 간 소통을 가능하게 하는 도구이므로 '작품'이라는 말 대신에 '텍스트'라는 말을 사용한다. 작가가 만든 '텍스트'는 수용자의 감상과 해석을 거쳐야 비로소 '작품'으로 탄생되기 때문이다.

① 모든 작품은 대체로 작가를 닮게 되어 있다. −세르반테스−

② 진리는 작품 속에 이미 완성된 형태로 존재한다. −헤겔−

③ 일상 세계를 작품으로 끌어들이는 사람들은 모두 예술가이다. −에릭 부스−

④ 작품의 의미는 이를 해석하는 독자의 주관적인 감상에 의해 비로소 꽃을 피우게 된다. −볼프강 이저−

⑤ 예술만큼 세계로부터 도피할 수 있는 방법은 없고, 예술만큼 확실하게 세상과 맺어주는 것도 없다. −괴테−

비판적 존재론으로 유명한 독일 철학자 니콜라이 하르트만(Nicolai Hartmann)은 예술 작품의 존재 방식을 층이론(層理論)으로 설명하였다. 하르트만은 그의 저작 『미학』에서 예술 작품은 지각되는 실재적 재료인 '전경(前景)'과 비실재적이며 정신적 내포(內包)라고 할 수 있는 '후경(後景)'의 두 가지 구성 요소로 존재하고 있다고 설명한다. 전체적으로 볼 때 예술 작품의 전경은 감각적이며 실재적인 '형상'의 층이지만, 후경은 비실재적 '이념'의 층이라고 할 수 있다.

이처럼 예술 작품의 존재 방식은 전경과 후경의 이층적(二層的) 구조로 되어 있다. 그런데 전경과는 달리 후경은 내용면에서 1층에서 4층으로 세분화되는 다층적 구조로 되어 있다. 후경의 여러 층은 유기적으로 존재하고 있으며 층 서열에 따라 앞 층에 의하여 다음 층이 영향을 받는다. 그래서 감각적인 전경을 통해 이념적이고 정신적인 후경이 나타나는 것이다.

초상화를 구체적인 예로 든다면, 전경은 화면이라는 2차원 공간에 칠해진, 우리가 눈으로 볼 수 있는 여러 가지 선과 색의 배치이다. 후경의 제1층은 묘사된 인물의 '외면적·물적' 계층이고, 제2층은 앞의 물적 계층을 통해서 나타나는 것으로 인물의 동작, 표정 등을 보여주는 '생명' 계층이다. 제3층은 앞의 생명 계층을 통해서 나타나는 것으로 인물의 성격, 내적 운명 등을 보여주는 '심적' 계층이고, 마지막 제4층은 심적 계층을 바탕으로 나타나는 것으로 인물의 본질, 이념, 작품의 의의 등을 보여주는 '정신적' 계층이다.

하르트만은 예술 작품의 존재 방식에 대한 이러한 인식을 바탕으로 예술가와 감상자의 관계를 정립한다. 즉 예술가가 작품을 통해 전달하려는 정신 세계인 후경은 전경으로 형상화되고, 감상자는 전경을 통하여 예술가가 표현하고자 한 후경을 알 수 있게 된다는 것이다. 그래서 예술 작품을 감상한다는 것은 작품의 감각적, 현상적 층인 전경을 통하여 정신적 층인 후경에 깊숙하게 들어가 예술가와 만나고 그와 정신적 대화를 나눌 수 있게 되는 것이라고 인식한다.

하르트만에 따르면, 예술 작품의 감상은 감상자가 주체적으로 예술가의 정신적 세계와 만나서 대화하고 교감하는 것이다. 그리하여 결국에는 추체험*을 넘어서 ㉠새로운 제2의 작품을 창조하는 것이다. 예술 작품의 감상이 단지 감각적인 쾌감만을 맛보고, 예술 작품의 의미를 이해하고 그 가치를 논하는 데만 주안점을 둔다면 무슨 의의를 찾을 수 있겠는가. 감상은 감상자가 새로운 가치를 발견하고 자신의 정신을 살찌우는 것이어야 한다.

*추체험(追體驗): 다른 사람의 체험을 자기의 체험처럼 느낌. 또는 이전 체험을 다시 체험하는 것처럼 느낌.

1

위 글의 표제와 부제로 가장 적절한 것은?

① 예술 작품의 감상 절차 – 하르트만의 비판적 존재론을 바탕으로

② 예술 작품의 소재와 기법 – 하르트만의 미학을 중심으로

③ 예술 작품의 존재 방식과 감상 – 하르트만의 층이론을 중심으로

④ 예술 작품의 의의와 효용 가치 – 하르트만의 예술 세계를 바탕으로

⑤ 예술 작품에 담긴 예술가의 정신 세계 – 하르트만의 예술사를 중심으로

2

㉠의 문맥적 의미로 가장 적절한 것은?

① 자신의 주관적인 정서를 객관화하는 것이다.

② 예술가의 뜻을 자신의 체험처럼 느끼는 것이다.

③ 정신적 가치를 발견하여 자신을 새롭게 형성하는 것이다.

④ 감각적인 면보다 기법적인 면에서 작품을 이해하는 것이다.

⑤ 기존의 예술 세계에서 벗어난 새로운 작품을 창작하는 것이다.

9장

예술

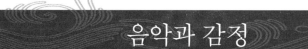

사람들은 음악을 소리로써 무언가를 표현하는 언어에 비유하곤 한다. '음악은 언어다'라는 말에 담겨진 다양한 의미는 오랜 역사를 통해 여러 관점에서 연구되었다. 언어가 어떤 내용을 전달하는 것처럼 음악도 무언가를 표현한다고 여겼고 이런 점에서 특히 '음악은 감정을 표현하는 언어다'라는 측면이 부각되었다.

16세기 르네상스 시대에 들어서면서 고대 그리스 철학자들이 중시했던 음악의 도덕적·윤리적 작용보다는 음악이 지닌 감정적 효과에 관심을 가지기 시작했으며 이는 언어, 즉 가사를 통해 사람의 마음 상태나 사물 혹은 환경 등을 음악적으로 잘 묘사하려는 구체적인 시도들로 나타났다. 시인과 음악가들의 문예 모임인 피렌체의 카메라타는 고대 그리스 비극에서처럼 연극과 음악이 결합된 예술을 지향했다. 이를 위해서는 음악이 가사의 내용을 잘 전달할 수 있어야 했다. 그래서 이전까지의 여러 성부가 동시에 서로 다른 리듬으로 노래하는 다성음악 양식은 그에 적합하지 않다고 여겼다. 그 대신 그들은 가사를 잘 전달할 수 있는 단선율 노래인 모노디 양식을 고안하였다. 이는 후에 오페라의 탄생에 영향을 주었으며 당시 음악에서 가사와 그것이 나타내는 감정의 표현에 대한 관심이 증대되었음을 보여주는 것이었다.

17세기 바로크 시대에 이르러 음악이 감정을 표현한다는 생각은 '감정이론'으로 체계화되었다. 이것은 우리의 마음상태를 '기쁨', '분노', '비통함' 등의 단어로 표현하듯이 특정한 정서가 그것을 연상시키는 음정, 화성, 선율, 리듬과 템포 등을 통해 재현될 수 있다고 믿는 것이었다. 여기서 중요한 점은 작곡자는 자신의 감정을 드러내는 사람이기보다는 다른 사람의 감정을 그리는 화가에 비유될 수 있다는 것인데, 이때 음악에서 묘사되는 감정은 자신의 내면과 관련된 개인적이고 주관적인 감정이 아니라 공동체를 기반으로 한 유형화된 감정이었다.

그렇지만 그 영향력은 점차 약화되어 18세기 중반에 이르러, 감정 표현은 '서술원리'에서 ㉠'표출원리'로 변하였다. 철학자 헤겔은 음악의 본질적 특성을 '주관적 내면성'으로 보았는데, 이것은 누구나 느낄 수 있는 객관적인 감정과는 달리 자신의 내면에서 나오는 추상적인 감정이기 때문에 규정할 수 없는 것이다. 바로 그 점 때문에 그는 가사를 가진 음악이 더 낫다고 생각했다. 즉 기악이 만들어내는 추상성은 더 구체적이고 명료한 표상으로 나아가기 위해 언어로 보완될 필요가 있었던 것이다.

1

위 글의 내용과 일치하지 않는 것은?

① 음악에는 인간의 감정이나 의사를 전달하는 기능이 있다.

② 내용 전달 목적의 노래에서는 다성음악 양식이 효과적이다.

③ 고대 그리스 철학자들은 음악의 도덕적 기능을 중시하였다.

④ 르네상스 음악은 인간의 마음을 가사로 전달하고자 하였다.

⑤ 고대 그리스 비극은 연극과 음악이 결합된 예술양식이었다.

2

위 글의 맥락을 고려할 때, ㉠이 의미하는 바는?

① 화성과 선율로 인간의 보편적인 감정을 표현하는 것.

② 공동체를 기반으로 한 유형화된 감정을 표현하는 것.

③ 자신의 내면과 관련된 개인적인 감정을 표현하는 것.

④ 기악이 만들어내는 추상적인 아름다움을 표현하는 것.

⑤ 내용과는 무관한 형식 자체의 아름다움을 표현하는 것.

미술 사조는 당대의 사회·역사적 배경 및 철학적 사상의 영향을 받아 미술이 가지고 있는 사상이 변해 가는 흐름을 일컫는 말이다. 미술 사조를 통해 미에 대한 인식의 변화와 사조가 나타난 배경과 사상을 함께 생각할 수 있다.

신고전주의는 감성보다 이성을 중시한 합리주의 철학을 바탕으로 18세기 중반부터 19세기 전반에 걸쳐 유럽에서 발생한 미술 사조이다. 신고전주의는 이전의 관능적이며 향락적인 로코코 양식에 반기를 들어 나타났다. 또한, 고대 그리스·로마 미술을 토대로 엄격한 윤리와 도덕성을 추구하고 장엄하고 웅장한 복고적 취향을 반영하여 질서 정연한 통일감과 입체감 있는 형태로 대상을 표현한 것이 이 사조의 특징이다. 신고전주의는 역사와 신화 등에 한정되지 않고 당대의 사건을 다루는 등 자유롭게 주제를 선택하여 고전주의와 차이를 두었다. 형식성을 강조한 신고전주의 그림은 엄격한 구도와 붓 자국 없는 매끈한 화면이 특징이다.

낭만주의는 19세기 전반 신고전주의의 엄격한 형식성에 반발하여 나타난 사조로 객관보다는 주관을, 지성보다는 감성을 중요시하였다. 낭만주의는 현실을 살아가는 인간 감정에 주목하여 격정적으로 역사적 사건을 표현하였다. 낭만주의 미술은 신고전주의의 균형 잡힌 구도에서 벗어나, 비대칭 구도나 사선 구도를 사용하여 극적이고 강렬한 색채로 생동감 있게 표현하였다.

사실주의는 19세기 후반 과학의 발달과 실증주의 사상에 영향을 받아 가식적이지 않은 평범한 세속의 삶을 예술 전반의 본격적인 소재로 나타내며 등장했다. 사실주의 작가들은 낭만주의가 역사적인 사건을 개인의 주관과 상상력을 바탕으로 표현하여 현실을 그대로 다루지 못한다는 것을 비판하였다. 사실주의 대표화가인 ㉠쿠르베는 "나는 천사를 본 적이 없으므로 천사를 그릴 수 없다."라는 말로 이상이나 환상이 그림이 되는 것에 반대했고 시대를 살아가는 평범한 사람들의 삶을 묘사하는 것이 진정한 예술이라고 주장했다. 사실주의는 사회 현실에서 상처받은 사람들의 모습을 왜곡하거나 과장하지 않고 사진으로 기록하듯 묘사하였다.

이처럼 미술 사조의 변화를 통해 미에 대한 인간의 인식은 고정된 것이 아니라 사회, 역사적 상황이나 인간 의식에 따라 변화해 왔다는 것을 알 수 있다. 따라서 미술은 인간이 살아가는 세계와 인간의 모습을 보여주기 때문에 수용자는 작품을 통해 세상을 이해하고 삶을 가치 있게 실현해 나갈 수 있다.

1

위 글의 내용과 일치하는 것은?

① 사실주의는 사진술의 발달에 영향을 미쳤다.
② 낭만주의는 작가의 이상과 환상을 객관적으로 묘사하였다.
③ 사실주의는 평범한 삶의 모습에서 미적 가치를 찾고자 하였다.
④ 신고전주의가 추구한 엄격한 윤리와 도덕성을 사실주의 미술이 계승했다.
⑤ 미술 작품을 감상하는 이유는 현실을 긍정적으로 수용하여 공동체의 가치관을 실현하는 데 있다.

2

㉠의 관점과 가장 가까운 것은?

① 유치진의 희곡 「토막」은 음습한 토막에서 암울한 현실을 살아가는 서민의 모습을 있는 그대로 보여주었다.
② 안견의 「몽유도원도」는 안평대군의 꿈을 소재로 꿈속에서 여행한 복사꽃 마을을 비단에 채색하여 묘사하였다.
③ 마그리트의 그림 「레슬러의 무덤」은 평범하고 구체적인 형상을 낯설고 모순되게 결합하여 환상의 세계를 표현했다.
④ 이근삼의 「원고지」는 인과 관계에 의한 플롯을 거부하고 과장된 소도구와 무대 장치 등을 보여 준 실험적인 극이다.
⑤ 푸치니의 「투란도트」는 이국적인 중국을 배경으로 중국의 공주 투란도트와 타타르국의 왕자가 수수께끼를 통해 사랑을 성취하는 내용을 담은 오페라이다.

　　회화 작품에는 점, 선, 면, 형태, 색채와 같은 조형 요소와 통일성, 균형, 비례와 같은 조형 원리들이 다양하게 어우러져 있다. 이들은 감상자에게 시각적으로 작용함은 물론 심리적으로도 영향을 미칠 수 있다. 회화의 조형 원리 중 하나인 통일성은 화면의 여러 조형 요소들에 일관성을 부여하여 질서를 갖추게 하는 원리를 말한다.

　　회화의 통일성은 시각적인 것과 지적인 것으로 나눌 수 있다. 시각적 통일성이란 눈으로 볼 수 있는 각 조형 요소들 사이에 존재하는 유사성이나 규칙성 등을 통해 통일성을 이루는 것을 의미한다. 이는 작품을 보는 순간 느낄 수 있는 직접적인 것으로 형태나 색채 등의 시각적인 조형 요소들로 표현된다. 지적 통일성이란 주제와 관련된 의미나 개념이 통일성을 이루는 것을 말한다. 즉 사고를 통해 알 수 있는 개념적인 것들이 주제와 연관성을 가지는 통일성을 의미한다. 시각적인 일치를 이루고 있지는 않더라도 특정 주제에 대해 그와 관련된 것들로 그림을 완성하였다면 이는 지적 통일성을 이루고 있다고 말할 수 있다. 따라서 시각적인 통일성이 조형 요소의 형식적 질서라면, 지적인 통일성은 내용에 대한 질서라고 할 수 있다.

　　통일성을 구현하기 위해서 보편적으로 인접, 반복, 연속 등의 방법이 사용된다. 인접은 각각 분리된 요소들을 가까이 배치해 서로 관계를 맺고 있는 것처럼 보이게 만드는 방법이다. 밤하늘에서 별자리를 찾는 일도 몇몇 특정한 별들을 인접시켜 해석함으로써 형상에 따라 의미를 부여한 것이고 문자를 인접시켜 단어를 만드는 것도 통일성의 질서를 이용한 것이라 할 수 있다. 반복은 부분적인 것들을 반복시켜 작품 전체에 통일성을 부여하는 방법이다. 반복되는 것에는 색깔이나 형태, 질감은 물론이고 방향이나 각도 등 여러 가지가 있을 수 있다. 마지막으로 연속은 어떤 대상에서 다른 대상으로 연관을 갖고 이어지게 하여 통일성을 구현하는 방법이다. 연관된 것들을 보게 되면 우리의 눈길은 어떤 것에서 연관된 그 다음의 것으로 자연스럽게 옮겨 가게 된다. 시각적으로는 형태나 색채 등이 화면에서 연관되는 것을 의미하고, 지적으로는 주제와 관련된 의미나 개념이 서로 연결되며 이어지는 것을 말한다. 이는 주제와 관련된 대상들을 연속적이고 유기적으로 배열하여 작품 전체에 통일성을 부여하는 것이다.

　　통일성은 작품에서 주제를 구현하는 중요한 조형 원리이다. 회화에서 통일성의 원리를 바탕으로 작품을 감상하는 것이 중요한 이유는 작품 속의 다양한 조형 요소와 그 조형 요소들이 이루는 일관된 질서를 바탕으로 작품을 감상했을 때 감상자는 작가가 의도한 작품의 의미에 한발 더 다가서서 작품의 의미를 이해할 수 있기 때문이다.

1

위 글에서 언급하지 않은 내용은?

① 회화에서 통일성의 개념

② 회화에서 통일성의 종류

③ 회화의 통일성을 구현하는 방법

④ 회화에서 통일성을 잘 구현한 작가들의 작품

⑤ 회화에서 통일성의 원리를 바탕으로 한 작품 감상의 의의

2

위 글을 통해 알 수 있는 내용으로 적절하지 않은 것은?

① 시각적 통일성은 시각적인 조형 요소들로 표현된다.

② 회화의 통일성은 작품에 다양성을 부여하는 조형 요소이다.

③ 회화 작품에는 조형 요소와 조형 원리가 다양하게 어우러져 있다.

④ 작품에서 주제와 관련된 대상들을 연속적이고 유기적으로 배열하여 작품 전체에 통일성을 부여할 수 있다.

⑤ 회화에서 통일성의 원리를 바탕으로 작품을 감상하면 작가가 의도한 작품의 의미를 이해하는 데 도움이 될 수 있다.

옛 서화(書畵)에서는 이치에 맞지 않는 이상한 그림들을 많이 볼 수 있다. 예를 들어 책상 앞쪽 모서리보다 뒤쪽 모서리를 더 크게 그린다든지, 뒤로 갈수록 건물의 각도가 넓어지는 등 역원근법적인 방법으로 그렸다. 서양화의 이론에 익숙한 현대인들에게는 너무나 이상한 그림이다. 이외에도 한 화면에 두세 개의 시점이 존재한다든지, 마치 영화에서 카메라가 사방을 훑고 지나가듯 파노라마식으로 그려진 경우도 있다. 파노라마식 그림은 화면이 긴 병풍 그림이나 5~10미터씩이나 되는 두루마리 그림에서 많이 나타난다. 그리고 한 번도 하늘에서 땅 위를 내려다본 경험이 없음에도 불구하고 조감도 형식으로 내려다본 모습을 자연스럽게 그린다든지, 보이지 않을 만큼 먼 곳에 있는 사람이나 물체를 마치 망원경으로 당겨서 본 것처럼 주변의 물체에 비해 자세하게 확대해서 그리는 일도 있다.

　　서양화에 길들여진 눈으로 봐서 가장 이상하게 느껴지는 점은 명암이나 음영의 표현을 하지 않았다는 것이다. 특히 물체의 입체감을 나타내는 데에 효과적인 명암이 초상화나 동물 그림에서도 보이지 않는다. 또 서양의 인상주의 이후 회화에서 아주 중요한 표현 요소로 떠오른 그림자의 표현이, 동양의 옛 그림에서는 보이지 않는다. 서양의 풍경화에서는 필수이다시피 한 빛의 표현과 건물의 명암과 나무들의 그림자가, 동양의 산수화에서는 표현된 적이 거의 없다. 의식적으로 표현하지 않았다기보다 그러한 개념 자체가 없었던 것이다.

　　이러한 특징은 표현 기법에서뿐 아니라 소재의 선택에서도 나타난다. 예를 들어 원앙은 추운 지방에서 사는 새로서 연꽃이 한창 필 무렵에는 북쪽으로 날아가 버리나, 동양의 옛 그림 속에서는 연꽃과 함께 등장하는 경우가 많다. 이처럼 이치에 맞지 않는 소재의 배합은 많은 그림에서 보인다.

　　그렇다면 동양의 옛 그림에는 왜 이렇게 이상하게 느껴지는 표현이 많이 나타나는가? 그것은 동양의 그림과 서양의 그림의 바탕에 깔려 있는 사고가 서로 달랐기 때문이다. 서양의 그림이 형체, 명암, 빛깔 등 보이는 바를 화면에 그대로 묘사하는 형식이라면, ㉠동양의 그림은 화가가 생각한 것이나 아는 것, 즉 관념을 그리는 형식이기 때문이다. 산수화를 그리는 경우 현장에 가서 직접 보고 그 모습을 담는 것이 아니라 기억하고 있는 내용을 그린다. 그러니 풍경화처럼 경치를 그리지 않고, 수많은 이야기가 담긴 자연의 오묘한 조화나 이상향을 그리게 된다. 간혹 직접 현장에 가서 경치를 보고 그린다 하더라도, 사생(寫生)이 아니라 경치에서 느껴지는 기운이나 운치를 그린다.

　　어떻게 보면 동양의 옛 그림이 이치에 맞지 않는다는 생각 그 자체가 잘못된 것이다. 그렇게 생각한 것은 우리가 그 동안 서양의 그림에 익숙하다 보니 동양의 그림을 서양화를 보는 눈으로 감상하기 때문이다. 서양의 과학적 표현만이 우수한 회화라고 볼 수는 없는 일이다. 서양 그림도 현대 회화에서는 대상을 재현한 그림보다는 뜻을 가진 그림이 오히려 더 성행한다. 동양의 그림은 이야기를 표현한 그림이다. 본 대로 그리는 것이 아니라 아는 대로 그렸다. 그래서 묘사적이 아니라 개념적이다. 동양의 그림은 동양적 시각으로 보아야 한다.

1

위 글의 내용과 일치하지 않는 것은?

① 동양화의 파노라마식 전개는 주로 두루마리 그림에 나타난다.

② 동양의 산수화는 서양의 풍경화와 같이 빛의 표현을 중시하였다.

③ 동양의 동물 그림에서는 명암과 그림자의 표현을 찾아보기 어렵다.

④ 동양화에서는 서로 어울릴 수 없는 소재가 한 화면에 나타나는 경우도 있다.

⑤ 서양의 현대 회화에서도 대상을 재현한 그림보다는 뜻을 가진 그림이 성행한다.

2

㉠을 설명할 수 있는 사례로 보기 어려운 것은?

① 문인화에서 문인들은 여유, 운치, 낭만, 고고함을 표현하기 위해 여백의 표현을 많이 하였다.

② 문인들이 그린 초상화는 인물의 사실성보다 인품이나 덕망, 학식 등을 표현하는 데 주력하였다.

③ 문인 묵객들은 각 식물의 속성을 선비들이 갖추어야 할 성품과 연결하여 사군자를 즐겨 그렸다.

④ 진경산수화는 실제의 경치를 보고 그렸지만, 자연 속의 오묘한 조화 및 신비로움을 표현하려고 노력했다.

⑤ 풍속화는 빨래터의 모습, 대장간의 풍경, 씨름판의 풍경 등 서민의 일상적인 삶의 모습을 사실적으로 그렸다.

고대의 조각품을 올바르게 감상하기 위해서는 감상의 고전적인 척도가 필요하다. 동서양의 고대 조각품들은 대부분 그 당시 사람들의 종교적 이상을 실현시킨 것이기 때문이다. 고대의 조각품을 바람직하게 감상하기 위해서는 일차적으로 그 조작이 상징하는 그 무엇에 대한 숭배심이 전제되어야 한다. 그럴 때 그것은 단순히 돌로 만들어진 물질의 의미를 훨씬 능가하는 것이 된다. 우리가 고대의 조각품을 볼 때, 미적 정서가 직감적으로 촉발(觸發)되는 것은 사실이다. 그러나 미적 정서를 중심으로 작품을 감상하게 된 것은 훨씬 후대에 와서야 가능해진 것이다. 한마디로 고대의 조각품은 보는 이로 하여금 '신성함', '거룩함' 등과 같은 초월적인 느낌을 갖도록 하기 위해 존재했던 것이다.

　　19세기 초 지중해 연안의 한 동굴에서 발견된 '미로의 비너스' 상이 좋은 사례가 된다. 발견 당시 이것은 굴 안의 북쪽 벽 앞에 서 있었고, 그 앞에는 제단으로 보이는 큰 돌 주위에 토기(土器)들이 여기저기 흩어져 있었다. 이로 미루어 그리스 시대의 인체 조각상은 동양의 불상처럼 신정에 모셔졌으며, 당시 사람들의 종교적 숭배의 대상이었음을 알 수 있다. 이러한 사실은 현대의 조각품을 감상하는 방법으로 그리스의 조각품을 바라보아서는 안 된다는 점을 시사한다.

　　이 조각상에 나타난 그들의 인체 탐구 정신은 지극히 사실적(事實的)이면서도 이상화(理想化)된 것이었다. 이런 정신은 서구 미술의 근본 정신이 되었다. 동양에서는 자연물이 표현의 주된 대상이었던 데 반하여, 서구에서는 자연물보다는 주로 인체를 표현의 대상으로 삼았던 것이다. 그런데 서구인들은 그 많은 소재 중에서 하필이면 인간만을 주된 대상으로 삼았을까? 그것은 인간이 만물의 척도라는 그들의 독특한 사상에서 비롯된다. 즉, 인간의 몸에는 다른 어떤 피조물에서도 찾아볼 수 없는 황금비례가 있는데, 이 비례가 만물을 재는 기준이 된 것이다. 다시 말해, 인체를 탐구하는 것은 그 속에 신이 인간을 창조한 모든 비밀이 숨어 있다고 보았기 때문이다. 이런 맥락에서 아리스토텔레스는 예술은 인간을 모방하는 것이라고 주장한다. 이것이 바로 서구의 미술가들이 누드를 평생의 소재로 삼게 한 불후(不朽)의 사상인 것이다.

　　한편, 동양의 화가들은 유구한 세월 동안 산·물·나무·동물·곤충·꽃 등과 같은 자연의 물상을 단골 소재로 삼았다. 동양에서는 그림을 그리는 일을 사생(寫生)이라고 일컬어 왔다. 사생은 산수나 화조(花鳥)처럼 자연을 그리는 일을 말한다. 이것은 자연물을 있는 그대로 모방한다는 의미와는 다르다. 그들이 그리고자 하는 목적은 단순히 자연물을 있는 그대로 모방한다는 의미와는 다르다. 그들이 그리고자 하는 목적은 단순히 자연물의 외형을 재현하는 데 있는 것이 아니었다. 그 대상이 어떻게 스스로 살아서 움직이는가를 탐구하고 또 이러한 자연의 비밀이 무엇인지를 파악함으로써 인간의 본성을 탐구했던 것이다.

　　동양 미술이 자연의 탐구를 통하여 인간의 본성을 확인하려 했던 것이다. 이렇듯 서구와 동양의 미술은 얼핏 보아 서로 대립적인 것 같지만, 궁극적인 정신의 지향점은 일치한다. 자연은 인간과 별개의 것이 아니라, 자연이 곧 인간이고 인간이 또한 자연이기 때문이다.

1

위 글의 내용과 일치하는 것은?

① 동양의 화가들은 자연물의 움직임을 재현하는 데 궁극적인 목적을 두었다.

② 고대의 조각품은 미적 정서를 표현하기 위해 만들어진 것이다.

③ 동서양의 미술은 표현 방법과 표현 대상이 동일하다.

④ 서구의 미술가들은 인체 탐구를 통하여 신이 인간을 창조한 비밀을 찾으려 했다.

⑤ 서구의 미술가들은 인간의 욕망을 승화시키기 위해 누드를 평생의 소재로 삼았다.

2

글쓴이가 궁극적으로 말하고자 하는 것은?

① 서구 미술은 동양 미술의 정신을 본받아야 한다.

② 미술은 인체를 탐구하려는 정신이 전제되어야 한다.

③ 동서양의 고대 미술은 모두 종교적 속성을 바탕으로 하고 있다.

④ 고대 미술을 올바로 이해하기 위해서는 당대의 문화특성을 알아야 한다.

⑤ 동서양의 미술은 모두 표현 대상에 숨겨져 있는 본질을 탐구하고 있다.

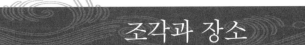

　근대 이전의 조각은 고유한 미술 영역의 독립적인 작품으로서가 아니라 신전이나 사원, 왕궁과 같은 장소의 일부로서 존재했다. 중세 유럽의 성당 곳곳에 성서와 관련 있는 각종 인물이 새겨지거나 조각상으로 놓였던 것, 왕궁 안에 왕이나 귀족의 인물상들이 놓였던 것이 그 예이다. 이러한 조각은 그것이 놓여 있는 장소의 성격에 따라 종교적인 분위기를 조성하거나 왕의 권력을 상징함으로써 사람들을 감화시키는 기능을 수행하였다.

　조각이 장소와 긴밀한 관련성을 지니고 그 장소의 맥락과 의미를 강조하는 수단으로 활용되는 경향은 근대에 들어서면서 큰 변화를 맞이했다. 종교의 영향력 및 왕권이 약화되면서 관련 장소가 지녔던 권위도 퇴색하여, 그 장소에 놓인 조각에 부여되었던 종교적, 정치적 의미도 약해진 것이다. 또 특정 장소의 상징으로서의 조각이 원래의 장소에서 물리적으로 분리되어 기존의 맥락을 상실하는 경우도 생겨났다. 이러한 상황이 전시 및 교육을 목적으로 하는 박물관, 미술관 등 근대적 장소가 출현하는 상황과 맞물리면서 조각에 대한 새로운 관점이 부각되기 시작했다. 조각이 박물관이나 미술관에 놓이면서 미적 감상의 대상인 '작품'으로서의 성격이 강조된 것이다. 사람들은 조각을 예술적인 기법이나 양식 등 순수한 미적 현상이 구현된 독립적인 작품으로 감상하게 되었다.

　이러한 경향은 19세기 이후 미술의 흐름 속에서 더욱 두드러졌고, 작품 외적 맥락에 구속되기보다는 작품 자체에서 의미의 완결을 추구하는 경우가 많아졌다. 그래서 작품 바깥의 대상을 지시하거나 재현하기보다는 감상자의 시선을 작품에만 집중시키는 단순하고 추상화된 작품들이 이 시기부터 많이 등장하였다. 이러한 작품들은 대개 미술 전시장의 전형적인 화이트 큐브, 즉 출입구 이외에는 사방이 막힌 실내 공간 안에서 받침대 위에 놓여 실제적인 장소나 현실로부터 분리된 느낌을 주었다.

　이렇게 조각이 특정 장소로부터 독립해 가는 경향 속에서 미니멀리즘이 등장하였다. 미니멀리즘은 1960년대에 미국을 중심으로 발달한 예술 사조로, 작품의 의미가 예술가의 의도에 의해 결정되는 것을 최소화하고 꾸밈과 표현도 최소화하여 극단적으로 단순화된 기하학적 형태를 추구했다. 미니멀리즘 작가들은 가공하지 않은 있는 그대로의 산업 재료들을 사용하는 등의 방법으로 무의도성과 단순성을 구현했기 때문에, 그 결과물은 작품이라기보다는 사물로 인식되기도 하였다. 또한 미니멀리즘 조각은 감상자들이 걸어 다니는 바닥이나 전시실 벽면과 같은 곳에 받침대 없이 놓임으로써 감상자와 작품 간의 거리를 축소하고, 동선에 따라 개별적이고 다양한 경험과 의미 형성이 가능하도록 하였다. 그 결과 미니멀리즘 조각은 단순성과 추상성을 특징으로 한다는 점에서 이전 시기의 추상 조각과 공통점을 지니면서도, 전시장이라는 실제 장소의 물리적 특성을 작품에 의도적으로 결부하여 활용했다는 점에서 차별성을 띠게 되었다. 이런 특징은 근대 이전의 조각이 장소의 특성에 종속되어 있었던 것과도 차별화된다.

　이후 미술에서는 미니멀리즘을 통해 부각된 작품과 장소 간의 관련성을 새롭게 실현하려는 시도들이 이어져 왔다. 미니멀리즘 작품이 장소와의 관련성을 모색하고 구현한 것이기는 해도 미술관이라는 공간 내부에 제한된다는 점을 간파한 일부 예술가들은, 미술관 바깥의 도시나 자연을 작업의 장소이자 대상으로 삼아 장소와의 관련성을 다양한 방식으로 실현하려 하였다. 대지 미술은 이러한 시도 중 하나로, 대지의 표면에 형상을 디자인하고 자연 경관 속에 작품을 만들어 냄으로써 지역이나 환경 자체를 작품화하였다. 구체적인 장소의 특성을 작품 의미의 근원으로 삼는 이러한 작품들에서는 작품과 장소, 감상자 간의 상호 작용을 통해 의미가 형성된다는 특징이 드러났다.

1

위 글의 논지 전개 방식으로 가장 적절한 것은?

① 논쟁이 벌어지게 된 배경을 다각도로 분석하고 있다.

② 통념에 대한 비판을 통해 특정 이론을 도출하고 있다.

③ 하나의 현상을 해석하는 대립적인 관점을 절충하고 있다.

④ 역사적 사건에 영향을 미친 요소를 구체적으로 나열하고 있다.

⑤ 논의의 대상이 변모해 온 양상을 시간적 순서로 설명하고 있다.

2

위 글의 내용과 일치하지 않는 것은?

① 대지 미술가들은 자연을 창작 작업의 장소이자 대상으로 삼았다.

② 화이트 큐브는 현실로부터 작품이 분리된 느낌을 완화해 주는 역할을 하였다.

③ 왕권이 약해짐에 따라 왕의 모습을 담은 인물상에 부여되는 상징적 의미가 변화되었다.

④ 19세기 이후의 추상 조각은 감상자의 시선을 작품 외적 맥락보다 작품 자체에 집중시키는 경향이 있었다.

⑤ 미니멀리즘 작가들은 가공하지 않은 산업 재료들을 사용하여 무의도성과 단순성을 구현하기도 하였다.

사진은 빛으로 빚는 예술이다. 따라서 사진가는 자신의 의도 곧, 주제를 살리기 위해 빛을 잘 다룰 수 있어야 하는데, 빛을 잘 다룬다는 것은 피사체에 비친 빛의 특성을 알고 그 빛을 잘 활용할 줄 안다는 것이다. 사진가들이 사진을 찍을 때 다루어야 하는 빛은 그 방향에 따라 정면광, 측면광, 후면광, 하향광, 상향광 등으로 나눌 수 있다.

정면광은 피사체가 정면에서 받는 빛으로 사진가가 가장 보편적으로 이용해 왔다. 이 빛은 컬러 사진의 색 재현에 가장 알맞은 것으로, 모든 형태가 자연스럽게 재현되어 일상적 시각에 부담을 주지 않는다. 입체감이 살지 않는 단점은 있으나 정면에서 바라본 피사체의 모든 면을 세세하게 살려주기 때문에 다큐멘터리 사진에 많이 이용된다. 측면광은 피사체의 좌우 측면에서 들어오는 빛으로, 물체의 작은 굴곡도 놓치지 않고 그림자를 만들어 주어 입체감과 질감을 효과적으로 묘사해 준다. 배경과 피사체가 한데 붙은 것처럼 보여 피사체가 부각되지 않을 때, 측면광은 효과적으로 이들을 분리시켜 피사체를 부각시킬 수 있다. 후면광은 피사체의 뒤쪽에 빛이 있어 배경은 밝으나 정작 피사체는 상대적으로 어둡게 보여 피사체의 묘사에 실패할 우려가 높다. 자칫하면 렌즈에 빛이 직접 닿아 사진이 뿌옇게 나오거나 형태가 분명하지 않게 만들어질 수도 있다. 하지만 오히려 이러한 효과를 역이용하여 독특한 분위기의 아름다운 사진을 연출하는 경우도 있다.

정면광, 측면광, 후면광이 수평 방향의 빛이라면 하향광과 상향광은 이와 다른 방향의 빛이다. ㉠하향광은 피사체 위에서 쏟아져 내리는 빛으로 태양이 위에서 비추는 것처럼 대체로 우리들 눈에 자연스러운 빛으로 인식된다. 그런데 빛이 피사체 바로 위에서 내리쬐게 되면 짙은 그림자를 만들어 부자연스러운 느낌을 만든다. 하지만 빛을 받은 밝은 피사체와 그것이 만들어 낸 어두운 그림자의 선명한 대비가 오히려 강한 인상을 줄 수도 있다. ㉡상향광은 피사체의 아래쪽에서 위를 향해 비추는 빛으로 자연 상태에서는 찾아보기 힘들고 흔히 인공 빛에 의한 조명으로 만들어 사용하는 경우가 많다. 따라서 부자연스럽고 낯선 느낌을 주기도 하지만 동시에 신비감이나 공포감을 주기도 한다.

1

위 글에 대한 설명으로 가장 적절한 것은?

① 빛의 기능을 통해 사진의 본질을 규명하고 있다.

② 빛의 역할을 강조하며 사진의 목적을 탐구하고 있다.

③ 사진 촬영 시 빛 이용 방법의 변화 과정을 제시하고 있다.

④ 빛 이용의 한계를 제시하며 사진의 특성을 탐색하고 있다.

⑤ 사진에 활용되는 빛을 분류하고 그 특성과 효과를 설명하고 있다.

2

㉠, ㉡에 대한 이해로 적절하지 않은 것은?

① ㉠은 다큐멘터리 사진에 주로 활용된다.

② ㉠은 선명한 대비로 인한 효과를 줄 수도 있다.

③ ㉡은 자연 상태에서 찾아보기 힘들다.

④ ㉡은 신비감이나 공포감을 주기도 한다.

⑤ ㉡은 조명으로 만들어 사용하는 경우가 대부분이다.

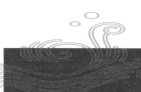
관객은 영화를 보면서 영상의 흐름을 어떻게 지각하는 것일까? 그토록 빠르게 변화하는 앵글, 인물, 공간, 시간 등을 어떻게 별 어려움 없이 흥미진진하게 따라가는 것일까? 흔히 영화의 수용에 대해 설명할 때 관객의 눈과 카메라의 시선 사이에 일어나는 동일시 과정을 내세운다. 그러나 동일시 이론은 어떠한 조건을 기반으로, 어떠한 과정을 거쳐서 동일시가 일어나는지, 영상의 흐름을 지각할 때 일어나는 동일시의 고유한 방식이 어떤 것인지에 대해 의미 있는 설명을 제시하지 못하고 있다.

칸트의 '무관심성'에 대한 논의에서 이에 대한 단서를 얻을 수 있다. 칸트는 미적 경험의 주체가 '객체가 존재한다'는 사실성 자체로부터 거리를 둔다고 주장한다. 이에 따르면, 영화관에서 관객은 영상의 존재 자체에 대해 '무관심한' 상태에 있다. 영상의 흐름을 냉정하고 분석적인 태도로 받아들이는 것이 아니라, 영상의 흐름이 자신에게 말을 걸어오는 듯이, 자신이 미적 경험의 유희에 초대된 듯이 공감하며 체험하고 있다. 미적 거리 두기와 공감적 참여의 상태를 경험하는 것이다. 주체와 객체가 엄격하게 분리되거나 완전히 겹쳐지는 것으로 이해하는 통상적인 동일시 이론과 달리, 칸트는 미적 지각을 지각 주체와 지각 대상 사이의 분리와 융합의 긴장감 넘치는 '중간 상태'로 본 것이다. 이러한 유희적 동일시 이론은 영화만이 아니라 다른 예술의 수용에도 적용될 수 있다. 그러나 이러한 미적·유희적 동일시만으로 영화의 수용에서 나타나는 동적인 체험 양상을 온전히 이해하기는 어렵다.

관객이 영상의 흐름을 생동감 있게 체험할 수 있는 이유는, 영화 속의 공간이 단순한 장소로서의 공간이라기보다는 '방향 공간'이기 때문이다. 카메라의 다양한 앵글 선택과 움직임, 자유로운 시점 선택이 방향 공간적 표현을 용이하게 해 준다. 두 사람의 대화 장면을 보여 주는 장면을 생각해 보자. 관객은 단지 대화에 참여한 두 사람의 존재와 위치만 확인하는 것이 아니라, 두 사람의 시선 자체가 지닌 방향성의 암시, 즉 두 사람의 얼굴과 상반신이 서로를 향하고 있는 방향 공간적 상황을 함께 지각하고 있는 것이다.

영화의 매체적 강점은 방향 공간적 표현이라는 데에만 그치지 않는다. 영상의 흐름에 대한 지각은 언제나 생생한 느낌을 동반한다. 관객은 영화 속 공간과 인물의 독특한 감정에서 비롯된 분위기의 힘을 늘 느끼고 있다. 따라서 영화 속 공간은 근본적으로 이러한 분위기의 힘을 느끼도록 해 주는 '감정 공간'이라 할 수 있다.

이렇게 볼 때 영화 관객은 자신의 눈을 단순히 카메라의 시선과 직접적으로 동일시하는 것이 아니다. 관객은 영화를 보면서 영화 속 공간, 운동의 양상 등을 유희적으로 동일시하며, 장소 공간이나 방향 공간 등 다양한 공간의 층들을 동시에 인지할 뿐만 아니라 감정 공간에서 나오는 독특한 분위기의 힘을 감지하고, 이를 통해 영화 속의 공간과 공감하며 소통하고 있는 것이다.

1

위 글의 내용과 일치하지 않는 것은?

① 영상의 흐름을 분석적으로 지각하지 않아도 영화의 수용이 가능하다.

② 칸트의 '중간 상태'는 다양한 예술 형식의 수용에서 경험할 수 있다.

③ 유희적 동일시는 미적 거리 두기와 공감적 참여의 상태를 통해 가능하다.

④ 동일시 이론은 관객의 눈이 카메라 시선과 동일시되어 영상의 흐름을 지각한다고 설명한다.

⑤ 유희적 동일시 이론은 미적 주체가 객체와의 융합을 통해 미적 유희를 경험한다고 설명한다.

2

〈보기〉는 글쓴이가 위 글을 쓰기 위해 생각한 단상들이다. 이를 바탕으로 위 글의 논지 흐름을 정리한 내용으로 적절하지 않은 것은?

〈보기〉

ㄱ. 관객은 자신의 눈과 카메라의 시선을 동일시한다.

ㄴ. 관객은 자신을 영상의 흐름과 미적 · 유희적으로 동일시한다.

ㄷ. 영화 속 공간은 방향 공간이다.

ㄹ. 영화 속 공간은 감정 공간이다.

화제 : 관객은 영상의 흐름을 어떻게 지각하는가

↓

① ㄱ의 설명에 어떤 문제점이 있는지 지적한다.

↓

② ㄴ을 통해 ㄱ의 한계를 지적하고 화제에 대해 설명한다.

↓

③ ㄷ을 통해 ㄴ의 한계를 보충하며 화제에 대해 설명한다.

↓

④ ㄹ을 근거로 하여 ㄴ, ㄷ의 설명이 타당함을 뒷받침한다.

↓

⑤ ㄴ, ㄷ, ㄹ을 종합하여 화제에 대해 설명한다.

글과 그림을 이용해서 이야기를 전달하는 만화의 기본 기능은 '칸'이라는 공간 속에 어떤 이미지를 넣어 움직이게 만드는 것이다. 그런데 이미지를 '칸'이라는 틀에 넣기 위해서는, 이야기의 흐름 속에서 포착된 사건들을 부분 부분으로 나눈 후 연속적으로 배열해야 한다. 이 부분을 틀 또는 칸으로 부르는데, 영화의 프레임과는 그 성격이 다르다. 영화의 각 프레임 단위는 동일한 공간인 스크린에 연속적으로 투사되지만, 만화의 각 칸은 각기 다른 공간을 차지한다. 칸으로 구획된 공간이 곧 영화에서의 시간의 역할을 하게 되는 것이다. 칸을 구성하기 위해서는 골조를 짜 맞추고, 말풍선과 지문을 끼워 넣는 작업이 필요하다. 이런 작업을 통해 만화는 특유의 시간과 공간을 연출하는 '연속 예술'인 것이다. 칸을 구성하는 작업은 이처럼 테크놀로지의 결과가 아니라, 창조 과정의 일부인 것이다.

　만화에서는 칸 자체가 가장 기본적인 다이어그램이며 중요한 아이콘이라는 것을 간과해서는 안 된다. 만화의 칸들은 시간과 공간을 분할한다. 그렇게 함으로써 분절된 순간들의 스타카토 리듬을 보여주게 되며, 독자는 완결성 연상 효과에 의해 이 분절된 순간들을 연결시켜 지속적인 것으로 받아들인다.

　시간이 정지된 예술에서 어떻게 시간의 작용을 나타낼 수 있을까? 현대 만화는 초창기부터, '정적인 매체에서 어떻게 움직임을 보여줄 것인가'하는 문제를 고민했다. 만화에서는 물체가 바로 조금 전, 앞의 장소에 있음을 나타냄으로써 그림에 이야기의 '연속적 기능'을 갖게 하였다. 그림 속의 인물이 다음 순간 어디에 있게 될 것인가에 대한 기대감을 전상(前像, pre-image)이라 하면, 전상은 잔상(殘像, after-image)을 예비하는 형태인 것이다. 어떤 순간, 하나의 물체는 한 장소에만 존재할 수 있다. 따라서 움직임은 정지되어 있는 순간들의 연속이라 볼 수 있다. '순간적인 시간'을 선택하여 움직임을 표현하기 위해 작가들은 처음에는 형상을 연속적으로 배열하는 것에 초점을 맞추었으나, 나중에는 하나의 칸에서도 소리나 동작선을 통해 움직임이나 시간의 흐름을 얼마든지 나타낼 수 있게 되었다.

　시간의 흐름을 표현하기 위해 칸을 사용하는 것처럼 생각과 개념, 행위, 그리고 위치와 장소를 담기 위해서는 공간 속을 움직이는 일련의 이미지들을 칸 속에 집어넣어야 한다. 작가는 쉴 새 없이 이어지는 행동의 흐름을 자의적으로 해체한 다음 고정된 장면들로 분할하고, 그것들을 틀이나 칸에 집어넣는다. 어떤 행위를 칸에 집어넣음으로써 그 행동 반경을 정의할 수 있을 뿐만 아니라, 이 장면에서 독자가 어떤 위치에 있는지를 정하고 사건이 지속되는 시간을 나타낼 수 있는 것이다.

　만화의 칸은 시간과 공간을 결정하는 일종의 표지로서 ㉠저마다의 칸을 부수고 틀을 해체하여 폭발하기 일보 직전의 역동적인 생명감을 보여주고 있다. 이는 곧 칸과 틀에 의한 '시·공간의 흐름'에 의해 가능한 것이며, 칸이 과거와 미래 사이에 독자적인 구조를 갖고 있음을 보여주는 것이다.

1

위 글의 중심 화제로 가장 적절한 것은?

① 만화의 예술적 조건

② 만화와 영화의 차이점

③ 만화의 칸이 지니는 기능

④ 만화에 나타난 시간의 의미

⑤ 만화에서의 움직임 구현 방법

2

㉠의 논리적 전제로 가장 타당한 것은?

① 만화는 특별한 테크놀로지에 의해 칸을 구성한다.

② 만화는 글과 그림의 두 매체를 이용한 시각 예술이다.

③ 만화는 말풍선을 통해 언어적 상상력을 극대화하고 있다.

④ 만화는 독자들의 완결성 연상을 통해 칸을 연결 · 통합한다.

⑤ 만화는 하나의 물체는 하나의 장소에만 존재한다는 일회성을 중시한다.

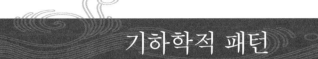

기하학은 사물의 형(形)과 크기를 취급하는 과학, 혹은 공간의 수리적 성질을 연구하는 수학의 한 분야이다. 기하학적 형이란 원, 삼각형, 사각형 등으로 간결하며 응축된 단순화된 형태들이다. 패턴이라는 용어는 동사로 쓰였을 때, '무늬를 놓다.'라는 의미가 있으므로 기하학적 패턴은 '기하학적 형을 연구하는 것'이라고 할 수 있다.

기하학적 패턴은 원시 사회의 주술적인 사고에서 비롯된 것으로 대상을 상징하는 기호로서의 의미를 포함하고 있다. 또한 기하학적 패턴은 인류와 시작을 같이 하는 문양이지만 현대적인 감각이다.

조형 표현에 있어서 기하학적 패턴은 20세기 이후 여러 예술가들의 작품을 통해 재구성되어 현대적인 이미지를 나타내는 중요한 모티브가 되고 있다.

기하학적 패턴의 모티브가 되는 기본 유형은 곡선적인 형과 직선적인 형으로 분류할 수 있다. 가구에 적용될 수 있는 기하학적 형 중에 원형(圓形)은 무한한 움직임의 순간과 회전의 항상성을 가진 동적 형태인 동시에 특정한 방향을 갖지 않는 정적인 형태로 편안해 보이며 밝은 느낌을 준다. 사각형(四角形)은 수직, 수평에 의해 차가움과 따뜻함의 이미지를 동시에 지니며 견고함과 안정감이 느껴진다. 좌우로 긴 직사각형은 밖에서 압력을 받는 이미지인 반면에 상하로 긴 직사각형은 상승과 경쾌한 이미지를 동시에 느낄 수 있다. 특히 사각형은 침착한 이미지와 중량감이 느껴져 가구의 밑단에 가장 많이 활용된다. 삼각형(三角形)은 꼭짓점이 위에 하나 있는 삼각형의 경우 정점의 방향으로 상승하는 이미지로서 안정감과 중후함을 느낄 수 있는 반면, 공격적이고 자극적인 성격도 지니고 있다. 꼭짓점이 위에 두개가 있는 역삼각형은 불안정한 느낌과 강한 역동감을 느낄 수 있다. 또한 삼각형은 정점의 각을 달리 하여 방향성의 강약을 조절할 수 있다.

기하학적 패턴의 단순하고 간결한 형태는 외형뿐만 아니라 문양 장식을 통하여 새로운 아름다움을 창출하고 있다. 문양 장식의 단순성은 절제(節制)되고 이성적이며 현대적인 세련미와 잘 어울린다. 이렇듯 기하학적 패턴을 활용한 가구 문양은 원, 삼각형, 사각형 등의 기하학적 도형들을 이용하여 단순함의 미(美)로 현대인에게 만족감을 준다. 기하학적 패턴은 규칙적이고 단순 명료하여 시각적으로 강렬한 효과를 유도하며 ㉠운동감과 속도감이 주는 역동성으로 3차원적인 ㉡공간감으로 확장되기도 한다. 이로 인해 ㉢주목성이라는 특성이 나타나게 되는데, 가구에서도 이러한 기하학적 패턴을 이용한 문양 장식은 강한 주목성으로 시각적인 즐거움을 준다. 또한 기하학적 형태는 반복적인 재현 가능이라는 특징을 지닌다. 이는 ㉣우연성의 요소에 근거해서 만들어지는 형태가 아니기 때문에 객관화될 수 있으며 반복적으로 정확한 재현이 가능하다. 이러한 ㉤반복성은 가구를 만드는 많은 디자이너들에게 영향을 주었으며 가구의 문양에 중요한 소재가 되고 있다.

모든 예술은 시대적인 요구와 상황에 의해 항상 변화되어 왔다. 오늘날의 가구는 기존의 미적 가치를 포용하면서도 현대 문명의 발달과 함께 실험적인 시도를 거듭하고 있다. 이렇게 가구에 기하학적 패턴을 적극 활용함으로써 현대 가구도 독자적인 조형 예술의 한 분야로서 그 가치와 위상을 정립해 가고 있다.

1

위 글의 내용과 일치하는 것은?

① 삼각형 유형은 안정감과 불안감이 공존하고 있다.
② 기하학적 패턴은 합리적인 사고에서부터 비롯되었다.
③ 문양 장식의 단순함은 현대인의 미의식과 거리가 있다.
④ 기하학적 패턴은 현대의 예술가들에 의해 처음 활용되었다.
⑤ 기하학적 패턴은 시간이 흐를수록 활용 영역이 줄어들고 있다.

2

㉠~㉤ 중, 〈보기〉의 내용과 가장 거리가 먼 것은?

〈보기〉

옵티컬 아트(Optical art)는 시각적인 미술의 약칭으로, 정적이었던 색과 형이 사람의 심리에 영향을 주어 눈의 활성화를 도모하는 예술이다. 이는 기하학적 패턴의 점층으로 대담한 그래픽 효과를 제시하여, 이것을 지속적으로 관찰할 때 떨리는 안구의 작용에 의해 어지러움을 느끼게 되는 새로운 예술적 체험을 보여준 것이다.

① ㉠   ② ㉡   ③ ㉢   ④ ㉣   ⑤ ㉤

10장

기타

왜 과학을 하는가? 이렇게 묻지 않는다. 왜 학문을 하는가? 이렇게 묻는다. 왜 이렇게 묻는가?

과학은 'science'의 번역어이고, 학문(學問)은 조상 전래의 용어이다. 과학은 탐구 자체이고, 학문은 탐구하고 검증하는 사람의 행위를 문제 삼는다. 과학은 자연과학을 본래의 영역으로 하고 사회과학에도 적용되지만 인문학과는 거리가 있다. 학문에서는 인문학문·사회학문·자연학문이 대등한 관계를 가지고 공통점이 중요시된다.

나는 인문학문을 하면서 학문이란 무엇이며 왜 하는지 줄곧 생각하고 학문일반론을 이룩하려고 애써왔다. 기존의 과학철학을 넘어서서 훨씬 높이 올라가는 학문일반론이 가능한가? 이 의문을 해결하는 길을 왜 학문을 하는지 따지면서 찾고자 한다.

왜 학문을 하는가? 즐거워서 한다. 즐겁지 않으면 학문을 해야 할 이유가 없다. 먹고 살기 위해, 이름을 내서 행세하려고, 이득을 노리고 하는 학문은 즐겁지 않고 괴롭기 때문에 목적을 달성하지 못할 것 같으면 그만두고, 목적을 어느 정도 달성했다고 생각되어도 그만둔다. 아무 소용이 없을 것 같고, 하지 않아도 될 것 같은 학문을 지칠 줄 모르고 하는 것은 특별한 즐거움이 있기 때문이다.

학문을 하는 즐거움은 어떤 점이 특별한가? 학문은 계속 새롭게 창조되어, 일정한 방식과 내용으로 되풀이해서 하는 다른 행위에서는 찾을 수 없는 즐거움이 있다고 말할 수 있다. 새롭게 하지 않은 것은 학문이 아니므로 학문하는 즐거움이 있을 수 없다. 학문 흉내나 학문 구경은 학문이 아니다.

㉠학문을 새롭게 한다는 것은 전에 모르고 있던 이치를 찾아낸다는 말이다. 논리적인 추구에서 하는 작업에 때로는 뜻하지 않은 비약이 있다. 미리 헤아리지 못한 깨달음이 어딘지 모르는 곳에서 닥쳐와 득도하는 것과 같은 과정을 겪게 한다. 감격을 느끼면서 들떠 있다가 정신을 차려, 논리를 초월한 발견을 논리로 나타내어 불가능한 것을 가능하게 한다. 이 경지에 이르러야 학문의 진면목을 알고 최대의 즐거움을 누린다.

학문의 즐거움은 학문이 무엇이며 왜 즐거운지 알고 하는 즐거움이다. 즐거움을 자각하고 학문을 하니 더욱 즐겁고, 잘하면 즐거움을 키울 수 있다. 자기 경험을 근거로 삼아 분명한 논거를 확보하고 멀리 있는 분야의 사정까지 함께 다루어 보편성을 확보하면 학문일반론에 이를 수 있다. 그렇지만 비약적 깨달음의 정체, 논리를 초월한 논리의 가능성에 대한 해명은 끝나지 않아 학문일반론은 언제나 미완성인 채로 열려 있다.

1

위 글의 내용과 일치하지 않는 것은?

① 과학은 사회과학에도 적용되는 부분이 있다.

② 기존 과학을 넘어서는 학문일반론은 완성되었다.

③ 학문을 새롭게 하는 것은 득도의 과정과 유사하다.

④ 학문의 즐거움은 보편성을 확보해 가는 과정에도 있다.

⑤ 논리를 초월한 발견을 논리로 나타내는 것이 학문이다.

2

㉠의 예로 가장 적절한 것은?

① 밤낮으로 연습한 끝에 올림픽 마라톤 선수로 참가하게 되어 무척 기뻤어.

② 15년을 근무하니 모범운전기사가 되었고, 교통질서 확립 운동에도 앞장서게 되었어.

③ 30년 동안 공장에서 기계를 다루다 보니, 새로운 기계를 만지더라도 두려움이 없게 되었어.

④ 20년 동안 학생들을 성실히 가르쳤더니, 해마다 졸업생들이 찾아와 꽃을 달아주고 고마움을 전하더군.

⑤ 달의 위상이 변하는 모습을 오랫동안 관찰하고 이를 다른 행성과 비교해 보면서 행성의 운행 원리를 알게 되었어.

우리가 일상생활, 특히 학문적 활동에서 추구하고 있는 진리란 어떤 것인가? 도대체 어떤 조건을 갖춘 지식을 진리라고 할 수 있을까? 여기에 대해서는 대응설, 정합설, 실용설의 세 가지 학설이 있다.

　　'대응설'에서는 어떤 명제나 생각이 사실이나 대상에 들어맞을 때 그것을 진리라고 주장한다. 우리는 특별한 장애가 없는 한 대상을 있는 그대로 정확하게 파악한다고 믿는다. 가령 앞에 있는 책상이 모나고 노란 색깔이라고 할 때 우리의 시각으로 파악된 관념은 앞에 있는 대상이 지니고 있는 성질을 있는 그대로 반영한 것이라고 생각한다.

　　그러나 우리의 감각은 늘 거울과 같이 대상을 있는 그대로 모사하는 것일까? 조금만 생각해 보아도 우리의 감각이 언제나 거울과 같지는 않다는 것을 알 수 있다. 감각 기관의 생리적 상태, 조명, 대상의 위치 등 모든 것이 정상적이라 할지라도 감각 기관의 능력에는 한계가 있다. 그래서 인간의 감각은 외부의 사물을 있는 그대로 모사하지는 못한다.

　　'정합설'은 관념과 대상의 일치가 불가능하다는 반성에서 출발한다. 새로운 경험이나 지식이 옳은지 그른지 실재에 비추어 보아서는 확인할 수 없으므로, 이미 가지고 있는 지식의 체계 중 옳다고 판별된 체계에 비추어 볼 수밖에 없다는 것이다. 즉, 새로운 지식이 기존의 지식 체계에 모순됨이 없이 들어맞는지 여부에 의해 지식의 옳고 그름을 가릴 수밖에 없다는 주장이 바로 정합설이다. '모든 사람은 죽는다.'라는 것은 우리가 옳다고 믿는 명제이지만, '모든 사람' 속에는 우리의 경험이 미치지 못하는 사람들도 포함된다. 이와 같이 감각적 판단으로 확인할 수 없는 전칭 판단*이나 고차적인 과학적 판단들의 진위를 가려내는 데 적합한 이론이 정합설이다.

　　하지만 정합설에도 역시 한계가 있다. 어떤 명제가 기존의 지식 체계와 정합할* 때 '참'이라고 하는데, 그렇다면 기존의 지식 체계의 진리성은 어떻게 확증할 수 있을까? 그것은 또 그 이전의 지식 체계와 정합해야 하는데, 이 과정은 무한히 거슬러 올라가 마침내는 더 이상 소급할 수 없는 단계에까지 이르고, 결국 기존의 지식 체계와 비교할 수 없게 된다.

　　실용주의자들은 대응설이나 정합설과는 아주 다른 관점에서 진리를 고찰한다. 그들은 지식을 그 자체로 다루지 않고 생활상의 수단으로 본다. 그래서 지식이 실제 생활에 있어서 만족스러운 결과를 낳거나 실제로 유용할 때 '참'이라고 한다. 관념과 생각 그 자체는 참도 아니고 거짓도 아니며, 행동을 통해 생활에 적용되어 유용하면 비로소 진리가 되고 유용하지 못하면 거짓이 되는 것이다.

　　그러나 진리가 행동과 관련되어 있다는 것은, 행동을 통한 실제적인 결과를 기다려야 비로소 옳고 그름의 판단이 가능하다는 뜻이 된다. 하지만 언제나 모든 것을 다 실행해 볼 수는 없다. 또한 '만족스럽다'든가 '실제로 유용하다'든가 하는 개념은 주관적이고 상대적이어서 옳고 그름을 가리는 논리적 기준으로는 불명확하다. 바로 이 점에서 실용설이 지니는 한계가 분명하게 드러나는 것이다.

*전칭 판단: 대상의 모든 범위에 걸쳐서 긍정하거나 부정하는 판단.
*정합할: 모순이 없이 꼭 들어맞을.

1

위 글이 어떤 과제물의 내용이라고 할 때, 주어진 과제의 제목으로 가장 적절한 것은?

① 진리 추구의 목적을 구체화하여 설명하라.

② 학문의 성립과 진리 사이의 관계를 밝히라.

③ 진리 여부의 판정이 필요한 이유들을 설명하라.

④ 학문의 발전 과정을 역사적 관점에서 정리하라.

⑤ 진리의 판단과 관련된 학설들을 구체적으로 소개하라.

2

위 글의 내용과 일치하지 않는 것은?

① 대응설에서는 사실이나 대상과의 일치 여부로 진리를 판단한다.

② 대응설은 인간의 감각이 불완전하다는 점에서 근원적인 한계를 지니고 있다.

③ 정합설에서는 경험을 통한 검증 가능성을 진리 판단의 핵심 기준으로 삼는다.

④ 정합설은 전칭 판단이나 과학적 판단의 진위를 가리는 데 유용하게 이용된다.

⑤ 실용설에서는 실제 생활에서의 유용성을 진리 판단의 기준으로 삼는다.

지식의 본성을 다루는 학문인 인식론은 흔히 지식의 유형을 나누는 데에서 이야기를 시작한다. 지식의 유형은 '안다'는 말의 다양한 용례들이 보여 주는 의미 차이를 통해서 드러나기도 한다. 예컨대 '그는 자전거를 탈 줄 안다'와 '그는 이 사과가 둥글다는 것을 안다'에서 '안다'가 바로 그런 경우이다. 전자의 '안다'는 능력의 소유를 의미하는 것으로 '절차적 지식'이라고 부르고, 후자의 '안다'는 정보의 소유를 의미하는 것으로 '표상적 지식'이라고 부른다.

어떤 사람이 자전거에 대해서 많은 정보를 갖고 있다고 해서 자전거를 탈 수 있게 되는 것은 아니며, 자전거를 탈 줄 알기 위해서 반드시 자전거에 대해서 많은 정보를 갖고 있어야 하는 것도 아니다. 아무 정보 없이 그저 넘어지거나 다치거나 하는 과정을 거쳐 자전거를 탈 줄 알게 될 수도 있다. '자전거가 왼쪽으로 기울면 핸들을 왼쪽으로 틀어라'와 같은 정보를 이용해서 자전거 타는 법을 배운 사람이라도 자전거를 익숙하게 타게 된 후에는 그러한 정보를 전혀 의식하지 않고서도 자전거를 잘 탈 수 있다. 자전거 타기 같은 절차적 지식을 갖기 위해서는 훈련을 통하여 몸과 마음을 특정한 방식으로 조직화해야 한다. 그러나 특정한 정보를 마음에 떠올릴 필요는 없다.

반면, '이 사과는 둥글다'는 것을 알기 위해서는 둥근 사과의 이미지가 되었건 '이 사과는 둥글다'는 명제가 되었건 어떤 정보를 마음속에 떠올려야 한다. '마음속에 떠올린 정보'를 표상이라고 할 수 있으므로, 이러한 지식을 표상적 지식이라고 부른다. 그런데 어떤 표상적 지식을 새로 얻게 됨으로써 이전에 할 수 없었던 어떤 것을 하게 될지는 분명하지 않다. 이런 점에서 표상적 지식은 절차적 지식과 달리 특정한 일을 수행하는 능력과 직접 연결되어 있지 않다.

표상적 지식은 다시 여러 가지 기준에 따라 나눌 수 있는데, 그중에서도 '경험적 지식'과 '선험적 지식'으로 나누는 방법이 대표적이다. 경험적 지식이란 감각 경험에서 얻은 증거에 의존하는 지식으로, '그는 이 사과가 둥글다는 것을 안다'가 그 예이다. 물리적 사물들의 특정한 상태, 즉 사과의 둥근 상태가 감각 경험을 통해서 우리에게 입력되고, 인지 과정을 거쳐 하나의 표상적 지식이 이루어진 것이다. ㉠우리는 감각 경험을 통해 직접 만나는 개별적인 대상들로부터 귀납추리를 통해 일반 법칙에 도달할 수 있다. ㉡따라서 자연 세계의 일반 법칙에 대한 지식도 경험적 지식이다.

한편, 같은 표상적 지식이라 할지라도 '2+3=5'를 아는 것은 '이 사과가 둥글다'를 아는 것과는 다르다. '2+3=5'라는 명제는 감각 경험의 사례들에 의해서 반박될 수 없는 진리이다. 예컨대 물 2리터에 알코올 3리터를 합한 용액이 5리터가 안 되는 것을 발견했다고 해서 이 명제가 거짓이 되지는 않는다. 이렇게 감각 경험의 증거에 의존하지 않는 지식이 선험적 지식이다. 그래서 어떤 철학자들은 인간에게 경험 이외에 지식을 산출하는 다른 인식 능력이 있다고 생각하며, 수학적 지식이 그것을 보여 주는 좋은 예가 된다고 믿는다.

1

위 글의 내용과 일치하지 않는 것은?

① '앎[知]'이란 어떤 능력이나 정보의 소유를 의미한다.

② 절차적 지식은 다른 지식 유형의 기반이 된다.

③ 표상적 지식은 특정한 수행 능력으로 바로 이어지지는 않는다.

④ 경험적 지식은 표상적 지식의 일종이다.

⑤ 감각 경험의 사례를 근거로 선험적 지식을 무너뜨릴 수는 없다.

2

㉠으로부터 ㉡을 도출하는 과정에서 생략된 전제로 가장 적절한 것은?

① 귀납추리는 일반 법칙에 기초해 있다.

② 귀납추리는 자연에 대한 지식을 확장해 준다.

③ 귀납추리는 지식의 경험적 성격을 바꾸지 않는다.

④ 귀납추리는 지식이 경험 세계를 넘어서도록 한다.

⑤ 귀납추리의 결론은 전제로부터 필연적으로 도출되지 않는다.

생물학자인 월슨은 21세기 과학 기술의 시대에 인류가 당면한 여러 문제들은 복합적인 성격을 띠고 있어서 어느 한 가지 학문만으로는 그것을 해결할 수 없다고 보았다. 이에 그는 다양한 학문 간 '통섭(統攝)'을 대안으로 제시하였다. 그가 말한 통섭이란 물리학, 화학, 생물학 등 자연과학과 철학, 심리학 등 인간을 연구 대상으로 삼는 인문학을 통합하여 하나의 지식 체계를 형성하는 것을 의미한다.

인문학과 자연과학이 어떻게 만날 수 있을까? 월슨의 통섭을 지탱해 주는 것은 바로 환원주의이다. 이는 복잡한 대상을 구성하는 근본적 요소를 밝히려는 노력으로, 월슨은 모든 존재의 근본적 요소는 관찰과 실험을 통한 자연과학적 법칙으로 설명이 가능하다고 주장한다. 그에 의하면 인간 역시 자연과학으로 환원이 가능하기 때문에 인문학은 자연과학으로 완벽히 포섭될 수 있다. 예를 들어 물체의 운동을 물체와 땅 사이의 마찰력으로 설명하는 것과 같이 인간의 고유한 특성인 사랑이나 사회 조직의 작동을 호르몬이나 유전자와 같은 자연과학적 법칙에 의한 결과로 설명할 수 있다는 것이다.

이러한 월슨의 주장은 많은 학자들의 관심을 끌었지만 동시에 인문학자들로부터 비판을 받기도 하였다. 인문학자들은 인문학의 대상과 자연과학의 대상은 동일하게 취급할 수 없음을 지적하며 통섭이 불가능함을 설명한다. 인간은 자연물과 달리 자연과학적 법칙의 지배를 받기만 하는 존재가 아니라 동시에 어떤 의도와 목적을 가지고 선택하며 살아가는 존재이기 때문이다. 예를 들어 물체의 낙하는 중력이라는 자연과학적 법칙으로 충분한 설명이 가능하지만, 번지 점프와 같은 인간의 낙하는 중력보다는 신체 단련이나 즐거움 등 개인의 특별한 목적이 더 중요한 원인으로 작용한다는 것이다.

다음으로 인문학자들은 인문학이 탐구하는 대상의 본질은 관찰과 실험을 통해 파악되는 객관적 실체가 아님을 지적한다. 인간의 마음이나 정신은 물리적 현상처럼 객관적으로 관찰하기가 어렵고, 사람마다 다 다르기 때문이다. 따라서 자연과학의 대상 인식 방법인 관찰과 실험은 인문학에서는 대상의 본질을 연구하는 충분한 방법이 되지 못한다. 인문학자들은 관찰 주체가 지닌 관점에 따라 대상은 다르게 인식될 수 있으며, 관찰자의 관점이 배제된 객관적 대상이란 존재하지 않는다고 본다.

이처럼 자연과학과 명백한 경계선을 갖는 인문학적 관점이 월슨의 생각처럼 자연과학으로 완전히 포섭되기란 어렵다는 것이 인문학자들의 주장이다. 현실의 문제 해결을 위해 인문학적 지식과 자연과학적 지식이 소통하여야 한다는 월슨의 지적에는 동의하지만 그 소통의 방법이 통일된 지식 체계를 세우는 것이라면 이는 불가능한 꿈에 지나지 않는다는 것이다. 이들은 학문 간의 균형 잡힌 시각이 필요함을 강조하면서 인문학의 고유한 정체성은 더욱 중시되어야 한다고 주장한다.

1

위 글을 이해한 내용으로 적절하지 않은 것은?

① 윌슨은 현상의 원인을 일관된 관점으로 설명하고자 하였다.

② 윌슨은 학문 간 통섭을 통해 현실의 문제를 해결하고자 하였다.

③ 인문학자들은 인문학의 정체성이 더욱 중시되어야 한다고 주장한다.

④ 인문학자들은 물체의 낙하와 인간의 낙하를 동일하게 설명하고자 한다.

⑤ 인문학자들은 인문학과 자연과학의 통섭은 실현이 불가능하다고 전망한다.

2

윌슨의 주장을 뒷받침하는 사례로 적절한 것은?

① 인간의 정서적 작용은 뇌의 화학적 작용의 결과임이 밝혀지고 있다.

② IT 기술의 발달로 컴퓨터 속 가상공간과 현실 세계의 경계선이 무너지고 있다.

③ 동물이 개체 번식에 유리한 행동을 하도록 만드는 유전자가 있음이 밝혀지고 있다.

④ 자동 번역 시스템이 고안되어 서로 다른 언어를 자동으로 번역하는 일이 가능해지고 있다.

⑤ 인지심리학의 발전으로 인간의 행동에 관여하는 다양한 심리학적 동기가 밝혀지고 있다.

이성에 바탕을 둔 합리성을 추구하는 현대인의 사고 방식으로 본다면, 신화는 인류가 지난날 한때 만들어낸 허구적 창안물에 불과하다. 더구나 자연물에 인격성, 나아가 신성을 부여하는 신화적인 발상은 현대인의 사고 방식에서는 미신으로 치부(置簿)된다. 하지만 신화는 현대 사회의 탈마법화라는 구호에도 불구하고 현대인들에게 강력한 영향력을 행사하고 있으며, 심지어 신화적인 세계를 갈망하게 만들기도 한다. 신화에 어떤 힘이 있기에 이런 현상이 나타나는 것일까?

　신화의 힘은 무엇보다도 나와 인류, 나아가 우주에 대한 근원적인 진실을 보여준다는 데에 있다. 한 신화학자의 표현을 빌리자면, 신화는 삶의 무수한 다양성을 보여주며 역사와 신성의 밀접한 관계를 알게 해준다. 신화 속의 신들은 인간 세계에서 원초적 의미를 갖고 있는 총체적 경험을 형상화한 것이다. 인간은 신화를 통해 삶의 뿌리를 찾으며 고립된 개체를 넘어선 집단적 정체성을 부여받기에 이른다.

　우리가 오늘날 과거의 신화를 뒤적이는 것은 허황한 전설에 대한 탐닉(耽溺)이 아니라 현실을 바로 보고 비판하기 위해 늘 대조하고 참고하지 않으면 안 될 전거의 확보라는 의미를 지니고 있다. 고대 그리스 신화가 문학·철학·인류학·정신분석학·사회학 등 여러 분야에서 계속 소진(消盡)될 줄 모르는 해석과 논쟁의 진원지 역할을 해 온 사실이 이를 잘 뒷받침해 준다. 패륜아 오이디푸스는 현대 심리학에서 다시 부활하였고, 자신을 본 남자들을 돌로 변하게 하는 메두사는 현대 페미니즘 담론(談論)의 발전을 이끌어왔다. 신화는 이처럼 인류 정신 문화의 토양을 형성하며 끊임없이 확대 재생산되고 있다.

　신화가 지니는 또 다른 힘은 신화가 현대인의 사고 방식과 다른 인식의 틀을 지니고 있다는 것이다. 자신은 누구인지, 이 우주는 어떻게 만들어졌으며 어떻게 움직이고 있는지에 대해 과학적이고 합리적인 사고는 아주 부분적인 해답을 내놓을 뿐이다. 현대인의 심리 근저에 자리 잡고 있는 자기 존재에 대한 불안감은 여기에서 연유한다. 그런 면에서 뇌성과 더불어 번쩍이는 번갯불에서 제우스를 보고, 기다리던 봄의 도래에서 페르세포네의 귀환을 보았던 고대 그리스인들이 현대인들보다 더 풍성하고 총체적인 인식의 틀을 갖추고 있었던 셈이다. 신화적인 인식은 비(非)이성적인 것이 아니라 전(前)이성적이라거나, 신화는 생명 연대 의식을 바탕으로 하고 있다는 신화학자들의 언급은, 과학적이고 합리적인 사고의 틀만으로 불안하게 버티고 있는 현대인들로 하여금 그동안 자신들이 비워두었던 인식의 틀이 무엇인지를 되돌아보게 한다.

　신화는 인간 역사를 재조명하고 반대로 인간 역사는 시간의 흐름 속에 침전(沈澱)되어 신화가 된다. 독선과 불안이 만연한 현대 사회에서 신화적 인식은 우리들에게 근원적 반성의 기회를 제공해 준다. 또한 갖가지 병폐를 만들어 내고 있는 인간 중심적인 관점에서 벗어나 생명 연대 의식을 바탕으로 한 총체적인 시각을 아울러 제시해 주며, 하나의 틀로만 세계를 바라보던 인간들에게 균형 잡힌 인식의 틀을 잡아줄 것이다.

1

위 글의 내용과 일치하지 않는 것은?

① 인간의 이성적 사고는 한계를 지니고 있다.
② 신화는 민족성을 형성하는 핵심적인 요소이다.
③ 현대인들은 신화에 대해 이중적인 태도를 보인다.
④ 신화적인 인식의 틀과 현대인의 인식의 틀은 다르다.
⑤ 신화는 다양한 분야에서 참고해야 할 전거로 활용되고 있다.

2

위 글을 바탕으로 할 때, 〈보기〉에 대한 해석으로 적절하지 않은 것은?

〈보기〉

「트로이」는 그리스 신화를 바탕으로 한 호머의 서사시 「일리아드」를 소재로 만든 영화이다. 이 영화에서 신에 의지하는 트로이의 왕과 사제들은 신적인 존재에 냉소적인 그리스 군에 의해 비참한 최후를 맞는다. 사랑하는 여인을 되찾아 오려다 촉발된 것으로 알려진 이 트로이 전쟁은 20세기 초 역사학계의 조사 결과 역사적으로도 실재했을 것으로 추정되고 있다.

① 서사시 「일리아드」는 역사와 신성이 함께 담겨 있는 신화의 속성을 뒷받침할 수 있겠네.
② 영화의 소재로도 활용된다는 것은 신화가 오늘날까지 문화적인 토양이 된다는 것을 보여주는 것이지.
③ 한 여인을 둘러싼 사랑과 그로 인한 전쟁 등은 신화가 다양한 삶의 장면들을 담고 있다는 것을 보여주는 거야.
④ 트로이 전쟁은 신화적인 세계에 대한 그리스인의 갈망이 표출된 것이라고 볼 수 있지.
⑤ 신에 의지하지 않는 인물들이 신에 의지하는 인물들을 제압한다는 것은 탈마법화라는 현대인의 관점에서 사건을 해석한 것이라고 할 수 있지.

그리스 인과 로마 인들이 지어낸 수많은 신화는 그들의 사고 방식과 예술 작품을 이해하는 데 역사 만큼이나 중요하다. 인간이 경험할 수 있는 범위를 뛰어넘은 것도 있기는 하지만, 그들의 신화는 그리스와 로마의 사회 제도 및 구조와 매우 복잡하게 얽혀 있기 때문이다. 만약 이들 신화가 없었다면 현대인들은 그리스·로마 시대 이후의 문화를 이해하기가 무척 어려웠을 것이다. 고대 상상력의 산물인 이러한 신화들은 후대의 독창적 작품에 영감을 불어넣는 데 끊임없이 이용되어 왔고, 이러한 작품들은 세계의 전체 문화유산에서 매우 중요한 부분을 차지하고 있다. 때로는 개작한 작품들과 응용 작품들이 등장인물과 작품의 진의(眞意)면에서 원전의 전통과 아주 동떨어진 것처럼 보일 때도 있지만, 그 작품들 역시 고대의 원전에 직접적으로 뿌리를 둔 것이며 원전 없이는 생각하기 힘들다.

현대에 와서 많은 국가들은 그들의 국가에 적합한 신화를 만들어내고 있는데, 이것은 예전에는 결코 상상하지도 못했던 일이다. 또한 20세기 작가들은 비극으로부터 신문의 연재 만화에 이르기까지 참신하고 역동적인 작품을 창작하고 있다. 그리고 이렇게 형성된 신화와 작품의 뿌리에는 고대 신화의 원형들이 존재한다. 이처럼 끊임없는 탐구 과정을 거쳐 작품으로 변용되어 온 고대 신화들은 다원화된 세상에서 인간이 추구하는 삶의 보편적 진실들을 찾아가는 실마리가 되고 있다.

그리스·로마 신화가 전달해 주는 신비롭고 낭만적인 분위기는 인간의 삶을 한 단계 고양시켜 준다. 그 이유는 그것이 인간들에게 견디기 힘든 일상으로부터의 탈출구를 제공함으로써 새로운 힘을 주기 때문이다. 그렇다고 해서 이것이 흔히 말하는 현실도피와 같은 것은 아니다. 이것이 인간의 평범한 삶을 지배하는 실재보다 훨씬 인상적인 다른 실재로 안내해 주기 때문이다. 때로 이 신화들을 받아들이는 자세가 능동적일 경우에는 신화들은 강력하게 작용하여, 빛나는 보편적인 진실들을 만들어내고 발산시키기도 한다. 현대인들이 인식하고 있는 한 그러한 진실들이 그리스 인이나 로마 인들이 자신의 신화에서 보았던 종교적인 진실들은 물론 아니다. 그러나 그것들은 때로는 거센 힘으로 사상과 감정에 여전히 영향을 주고, 인간 삶의 여러 국면들을 조명하는 진실로서 가치가 있다.

그리스·로마 신화는 현실성이 부족하고 시사성(時事性)도 떨어지기 때문에 합리성에 의존한 논리적인 인식 수단으로 파악하기는 매우 어렵다. 그렇다고 이를 한 시대의 유물로 고착시키는 것은 잘못된 일이다. 왜냐하면 신화는 현재와 관련이 있는 만큼 다른 시대와도 관련이 있기 때문이다. 물론 신화가 먼 과거의 어떤 틀 안에서 다루어지고 있는 것은 사실이지만, 신화는 여전히 다른 시대에 지속적으로 강력한 영향을 미치고 있다. 그리스·로마 신화는 기원이나 형태는 고대의 것이지만 그것이 인간과 맺고 있는 연관성은 현재에도 여전히 강력하다.

신화가 지니는 이미지들은 일단 인간의 지각을 자극하면, 시간의 제약을 넘어 눈에 보이지 않는 새로운 차원의 것으로 바뀐다. 우리는 그리스·로마 신화를 읽음으로써 그리스 인과 로마 인들이 만들어 놓은 흥미롭고 초자연적인 차원의 세계를 경험할 수 있게 된다. 이 신화의 세계는 끝이 없는 광대한 바다이며, 시간과 공간이 사라진 무차원의 광장이다.

1

그리스 · 로마 신화에 대한 글쓴이의 견해로 적절하지 않은 것은?

① 힘든 일상을 극복할 수 있는 힘을 준다.
② 삶의 진실을 깨닫는 실마리를 제공한다.
③ 그리스와 로마의 문화 이해에 도움을 준다.
④ 사회 현실에 대한 비판적 관점을 제시한다.
⑤ 적극적 수용자에게는 강력한 영향을 미친다.

2

〈보기〉를 읽은 독자가 위 글에 대해 보일 수 있는 반응으로 가장 적절한 것은?

〈보기〉

로마의 신 중에는 그리스 신화에는 등장하지 않는 '콘코르디아'란 신이 있다. 조화, 융화, 협조란 뜻의 여신인 '콘코르디아'는 로마에서 귀족계급과 평민계급이 화해한 것을 계기로 만들어졌다. 또 '비리프라카'란 신은 부부싸움을 관장하는 여신인데, 이 여신상 앞에서 부부가 한 사람씩 자기 주장을 말하면서 서로의 주장을 들으면 자신의 잘못을 깨닫는다고 한다. 부부싸움이라는 실생활을 주관하는 여신을 만든 로마인의 생각이 매우 독특하다. 그리고 그리스와는 달리 로마의 신은 윤리를 주관하지는 않는다. 물론 나쁜 사람에게 신이 벌을 준다는 신화는 있지만, 말 그대로 신화에 불과하다. 로마에서 윤리는 신화보다는 강한 영향력을 가지고 있었다.

① 다른 지역의 신화와 그리스 · 로마 신화에 나타난 공통점을 언급하지 않았군.
② 문학 작품이 그리스와 로마인의 가치관 형성에 끼친 영향을 탐색하지 않았군.
③ 사회 계층에 따라 신화의 내용에 접근하는 태도가 다르다는 것을 놓치고 있군.
④ 그리스와 로마의 문화 차이로 인해 나타난 두 신화의 차이점을 고려하지 않았군.
⑤ 그리스 · 로마 신화가 현대인에게 주는 긍정적 측면만을 지나치게 강조하고 있군.

고고학자들이 발굴을 통해 얻은 유물 자료에는 과거 인간의 삶에 관한 극히 단편적인 정보가 남아 있다. 고고학은 이 자료를 통해 과거 인간의 삶을 복원하고자 여러 분야의 이론을 활용한다.

예를 들어, 진화고고학에서는 인간의 삶은 자연환경에 더욱 잘 적응하기 위한 선택이라고 보는 진화론에 초점을 맞추어 과거를 설명한다. 진화론이 적용된 사례를 토기의 변화에 대한 연구를 통해 구체적으로 살펴보자. 이 연구에서는 ㉠서기 1세기부터 약 1천 년 동안 어느 한 지역에서 출토된 조리용 토기들의 두께와, 토기에 탄화된 채로 남아 있던 식재료에 사용된 곡물의 전분 함량을 조사했다. 그 결과 후대로 갈수록 토기 두께가 상당히 얇아지고 곡물의 전분 함량은 증가한다는 사실을 발견했다. 진화고고학은 이렇게 토기 두께가 얇아진 이유를 전분이 좀 더 많은 씨앗의 출현이라는 외부 환경의 변화에 적응하였기 때문이라고 설명한다. ㉡이 설명은 두께가 얇은 토기는 상대적으로 열을 더 잘 전달하기 때문에 기능적으로 우수하다는 사실과 전분이 많은 씨앗들은 높은 온도에서 장시간 끓일 때 음식으로서의 가치가 크게 높아진다는 사실에 근거한다. 즉, 자연환경이 변화하여 껍질이 두껍고 전분 함량이 높은 씨앗이 많아짐으로써 씨앗의 채집량이 늘어날 수 있었고, 이 씨앗은 그 특성상 오래 가열해야 하므로 열전도가 빠른 토기가 사용되었다고 해석하는 것이다.

그러나 이후에 더욱 세밀한 연대 측정을 통해 토기 두께의 변화를 세밀하게 비교해 본 결과, 토기의 두께가 점진적으로 변화한 것이 아니라 4세기경 급작스럽게 변화하였으며, 그 이후에는 거의 변화가 없었다는 사실을 발견했다. 또한 전분 함량이 높은 음식이 보편화된 것은 5세기 이후부터였다는 사실도 알게 되었다. 이로 인해 토기의 두께 변화에 대한 자연 선택적 설명은 그 설득력이 약화되었다.

한편, 두께가 얇은 토기가 사용된 의미를 파악하기 위해서는 토기 두께의 변화를 초래한 원인을 찾는 것도 중요하지만 두께가 얇아진 토기가 장기간 사용된 이유에도 주목할 필요가 있다. 예컨대 전분 함량이 높은 곡물을 아기들의 이유식으로 이용한다면 여성들의 수유기가 단축됨에 따라 출산율을 높이는 데 도움이 되었을 것이라고 볼 수도 있다. 이러한 시각에서 본다면 두께가 얇은 토기가 오랫동안 사용된 원인을 자연 환경에 잘 적응하기 위한 선택이 아니라 이유식을 만들기 위한 인간의 능동적 선택에서 찾는 생태학적 이론에 입각한 설명도 가능하다. 생태학적 설명은 진화론적 관점에 근거하지만 인간의 이성적 사유 능력에 따른 선택 과정에 좀 더 주목한 것이다.

진화고고학과는 달리 유물의 의미를 해석할 때 기능적 요인보다는 개개의 유물이 사용된 맥락을 찾는 것이 더 중요하다고 보고, 그 유물을 사용한 사람의 사회적 위치와 기호 변화 등 사회문화적 요인으로 유물의 의미를 설명하려는 관점도 있다. 이 관점에서는 4세기경에 토기의 두께가 급격히 얇아지는 이유를 다음과 같이 설명한다. 집단 간의 활발한 교류로 새로운 토기가 유입되었고 사람들이 그것을 선호하게 되었기 때문이다.

이처럼 고고학에서는 발굴을 통해 유물 자료가 빠르게 축적되고, 주변 과학의 발달에 힘입어 새로운 측정 방법이 개발됨에 따라 다양한 해석이 제시된다. 따라서 특정한 이론에 집착하는 것보다는 새로운 자료와 방법을 적극적으로 이용하여 다양한 해석을 하고자 하는 열린 자세가 필요하다.

1

위 글의 설명과 부합하지 않는 것은?

① 고고학은 유물로부터 얻은 정보를 축적하여 다양한 해석을 시도한다.

② 발굴로 얻어지는 유물은 과거 인간의 삶에 대한 단편적인 정보를 담고 있다.

③ 유물에 대한 연대 측정 기술이 발달할수록 그에 비례하여 발굴되는 유물의 양이 늘어난다.

④ 개선된 측정 방법으로 유물의 정보를 세밀하게 분석하면 새로운 고고학적 해석이 가능해진다.

⑤ 고고학은 부분적인 정보가 들어 있는 유물들을 연구하는 과정에서 여러 분야의 이론을 활용한다.

2

ⓛ의 입장에서 ⓐ을 분석한 내용으로 적절하지 않은 것은?

① 토기의 두께가 얇을수록 열전도율은 더 높아진다.

② 곡물의 전분 함량 변화는 토기의 두께 변화에 영향을 미쳤다.

③ 토기 두께의 변화는 자연환경에 적응하기 위한 노력의 결과이다.

④ 토기로 조리한 음식의 종류는 당시의 자연환경을 추측하여 알아냈다.

⑤ 전분이 많은 씨앗을 조리하는 데에는 토기의 두께가 얇을수록 유리하다.

유럽인들에게 쫓겨 강제로 거주지를 옮겨야만 했던 케냐의 마사이 족은 새로운 정착지에 원래 살던 곳의 지명을 그대로 붙였다. 이와 비슷하게 유럽인들 역시 신대륙에 정착하면서 유럽의 지명들을 붙였다. 그들은 왜 새로운 곳에 예전의 지명을 붙였을까? 그것은 '공간'을 '장소'로 만든 것이라고 할 수 있다.

실증주의적 관점에 따르면 공간은 단순히 물리적으로 위치하고 있는 것으로, 인간이 머릿속에서 기하학적으로 측량하고 재단할 수 있는 것이다. 이러한 개념에서 공간은 인간이 활동하는 배경으로만 여겨지거나 인간의 활동과는 무관한 것으로 여겨졌다.

그러나 인본주의적 관점에 따르면 각각의 공간들은 다른 공간들과 구별되는 자연적·인문적인 특징을 가지고 있고, 이러한 특징으로 구성된 곳을 장소라고 한다. 공간이 보편적이고 일반적인 속성을 담고 있는 개념이라면, 장소는 특수하고 예외적인 속성을 담고 있는 개념이다. 즉 장소는 주관적이고 개성적이며 독특한 것을 담고 있는 곳이다. 인간은 일상생활 속의 공간에서 발생하는 다양한 현상들을 경험하고, 이를 해석하며, 의미를 부여한다. 이러한 일상적 경험을 통해 물리적인 '공간'이 인간의 감정이 이입된 상징적 '장소'로 바뀌는 것이다. 예를 들면 우리가 일상적으로 지나다니는 가로수 길이 그곳과 관련을 맺고 있지 않은 사람에게는 지나가는 '공간'이지만, 헤어진 연인과의 기억을 갖고 있는 사람에게는 추억의 '장소'가 되는 것이다.

인간에게 장소는 그곳의 실제적인 쓰임새보다 훨씬 더 깊은 의미를 갖는다. 이는 자신들의 장소를 파괴하려는 외부의 힘에 대항하는 개인이나 집단의 행동에서 명백하게 드러난다. 또 어떤 장소를 동경하거나 향수병을 겪는 사람들을 통해서도 알 수 있다. 결국 모든 사람은 태어나고, 자라고, 지금도 살고 있는, 또는 특히 감동적인 경험을 가졌던 장소와 깊은 관련을 맺고 있으며 그 장소를 의식하고 있는 것이다. 즉 인간답다는 것은 의미 있는 장소로 충만한 세상에서 산다는 것이며, 인간이 세계를 경험하는 심오하고도 복잡한 곳이 바로 장소라는 것이다.

이렇게 장소는 개인이나 집단에게 안정감을 주고 정체성을 갖게 한다. 따라서 의미 있는 장소를 경험하고, 창조하고, 유지하는 방법을 잃지 않는 것이 중요하다. 그런데 지금 이런 방법들이 사라지고 있는 탓에 ㉠몰장소성(沒場所性)이 확산되고 있다. 즉 장소가 지닌 독특하고 다양한 경험과 정체성이 약화되는 현상이 확산되고 있는 것이다. 특징적인 장소들을 훼손하는 현상과 규격화된 경관 만들기 현상이 그것인데 이런 몰장소화는 인간의 정체성을 흔드는 일이다. 몰장소성은 결국 뿌리를 잘라 내고, 다양성을 획일성으로, 구체적 장소를 개념적 공간으로 바꾸어 버리는 것이기 때문이다.

1

마사이 족과 유럽인들이 새로운 곳에 예전의 지명을 붙인 이유로 적절하지 않은 것은?

① 자신들의 정체성을 유지하기 위해서이다.

② 고향에 대한 그리움을 달래기 위해서이다.

③ 새로운 곳에 대한 낯섦을 덜기 위해서이다.

④ 새로 정착한 곳에서 빨리 안정감을 얻기 위해서이다.

⑤ 자신들을 쫓아낸 이들에게 저항감을 보이기 위해서이다.

2

〈보기〉에서 ㉠이 드러난 사례가 아닌 것끼리 짝지어진 것은?

〈보기〉

㉮ ○○시는 △△동을 한옥 보존 지구로 지정하였다.

㉯ ○○시는 간판의 모양과 규격, 디자인을 통일시켰다.

㉰ ○○시는 행정의 효율성 때문에 ㅁㅁ시에 통합되었다.

㉱ ○○시는 특정 거리에 있는 옛 건물의 외관과 틀은 그대로 두고 내부만 현대식으로 수리할 수 있도록 하였다.

---

① ㉮, ㉰   ② ㉮, ㉱   ③ ㉯, ㉰   ④ ㉯, ㉱   ⑤ ㉰, ㉱

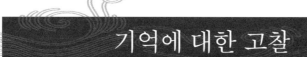

인간의 인지 활동은 기억을 바탕으로 이루어진다. 감각 기관을 통해 들어온 정보를 아주 짧은 시간 동안 유지하는 최초의 기억을 '감각기억'이라 한다. 이 기억은 주의를 기울이지 않으면 금세 사라지지만, 주의를 기울이면 '단기기억'으로 전이된다. 그리고 단기기억은 암기나 메모 등의 정교화 단계를 거치면 머릿속에 오랫동안 남아 있는 '장기기억'이 된다. 그리고 장기기억은 다시 감각기억이나 단기기억을 형성하는 데 영향을 미친다. 이처럼 세 가지 기억은 제각기 독립적인 것이 아니라 지속적으로 상호 작용하는 관계에 있다.

장기기억은 자신이 기억하고 있음을 의식하느냐 그렇지 않느냐에 따라 크게 둘로 나눌 수 있다. 전자에는 '의미기억'과 '일화기억'이 있으며, 후자에는 '절차기억', '점화', '조건형성'이 있다. 의미기억은 범주화 과정을 거쳐 형성되는 개념적 지식과 관련된다. 다양한 학술 용어들을 기억하고 있는 것이 그 사례이다. 일화기억은 특정 시공간이나 사건에 관한 기억으로, 종종 여러 가지 심상이 동반되기도 한다. 어떤 부모가 자식의 결혼식 날에 자식의 성장 과정을 회상하다가 갓 태어난 아이를 처음 품에 안던 순간을 떠올렸다면 이것은 일화기억에 속한다.

절차기억은 자전거 타기나 악기 연주 등과 같이 연습을 통해 습득되는 기술과 관련이 있다. 이러한 기술은 수행 과정에 필요한 정보를 기억하고 있다는 것을 의식하지 못한 상태에서도 능숙하게 발휘된다. 점화는 어떤 대상에 대한 경험이 이전 경험에 대한 기억을 불러일으키는 것이다. 가령 고향 어귀에서 버스를 내리자 예전 고향에서 살던 기억이 되살아났다고 한다면, 이는 고향에 도착해서 보게 된 나무나 집 등이 단서가 되어 이전의 기억들을 환기시켰기 때문이다. 한편 반복된 연합 경험이 기억을 남기는 것을 조건형성이라 한다. 그 대표적인 사례로 파블로프의 실험을 들 수 있다. 개에게 먹이를 줄 때마다 종소리를 울리면 개는 종소리와 먹이가 연합 관계에 있다는 것을 기억하게 된다.

이러한 기억은 부호화, 저장, 인출의 세 단계를 거쳐 형성된다. 부호화 단계는 기억하기 쉬운 형태로 정보를 등록하는 과정이고, 저장 단계는 부호화된 정보를 머릿속 저장소로 이동시키는 과정이다. 인출 단계는 저장된 정보를 꺼내거나 상기하는 과정을 말한다. 이 중 어느 단계에서든 이상이 생기면 기억 실패 혹은 망각으로 이어지게 된다.

따라서 기억을 잘 하기 위해서는 정보에 질서를 부여하여 효과적으로 부호화해야 한다. 자동적으로 부호화되는 불쾌한 사건이나 흥미로운 사실과 달리, 낯설거나 복잡한 정보를 부호화하기 위해서는 상당한 집중력과 노력이 필요하다. 수업 시간에 학습한 내용을 효과적으로 기억하기 위해 학습 내용을 필기하거나 요약해야 하는 것도 그 때문이다.

1

위 글의 서술 전략에 해당하는 것을 〈보기〉에서 골라 바르게 묶은 것은?

〈보기〉

ㄱ. 화제를 분류하여 내용을 체계적으로 제시하고 있다.

ㄴ. 구체적인 사례를 제시하여 독자의 이해를 돕고 있다.

ㄷ. 유추의 방법을 통해 개념을 알기 쉽게 전달하고 있다.

ㄹ. 화제의 여러 의미를 비교하여 공통점을 드러내고 있다.

① ㄱ, ㄴ　　　② ㄱ, ㄷ　　　③ ㄴ, ㄷ　　　④ ㄴ, ㄹ　　　⑤ ㄷ, ㄹ

2

위 글의 내용과 일치하지 않는 것은?

① 감각기억은 주의를 기울이지 않으면 단기기억으로 전이되지 않는다.

② 기억이 형성되는 단계에 이상이 있으면 기억 실패가 발생할 수 있다.

③ 불쾌한 사건은 부호화 과정 없이도 자동적으로 머릿속 저장소에 쉽게 저장된다.

④ 낯설거나 복잡한 내용을 잘 기억하기 위해서는 정보에 질서를 부여하려는 노력을 해야 한다.

⑤ 감각기억, 단기기억, 장기기억은 단독으로 작용하는 것이 아니라 서로 영향을 주고받으며 작용한다.

　구조주의란 사회에서 발생하는 다양한 현상들을 해석할 때 각각의 요소들 자체보다는 그 요소들이 기능적 연관을 이루는 하나의 구조를 우위에 두고 파악하려는 철학의 한 경향을 말한다. 이러한 구조주의를 바탕으로 언어를 연구하여 구조주의 언어학을 창시한 인물이 바로 소쉬르이다. 그에 따르면 언어는 그 사회의 관습에 의하여 결정되며 언어의 의미는 구조에 의해 생성된다고 보았다. 이는 발화 주체의 모든 생각과 언어 사용의 방식을 기본적으로 결정하는 요소들은 그 발화 주체가 속해 있는 사회와 밀접한 관련이 있다는 것을 보여 준다.

　우리가 만약 음운 체계나 문법 체계 등 사회의 언어 규제에 관한 지식이 없다면 상대방과의 원활한 의사소통은 어려울 것이다. 이와 같이 우리는 말을 할 때 일반적으로 보이지 않는 사회의 다양한 규제로부터 지배를 받게 된다. 소쉬르는 이런 규제를 랑그로 설명하였는데, 랑그란 언어 공동체 모두가 공유하는 약속이며 동시에 개인적 발화를 가능하게 하는 추상적 체계를 말한다. 소쉬르의 이러한 이론을 이어받아 발전시킨 사람이 프랑스의 구조주의 철학자인 롤랑 바르트이다.

　바르트는 언어의 보이지 않는 규제로 랑그 이외에 스틸이 있다고 말하였다. 스틸이란 개인이 가지고 있는 고유한 언어 감각으로, 이야기할 때의 속도나 리듬감, 음감, 운율, 호흡 등을 말하며, 글에서는 문자 형태로의 인상이나 비유, 문장의 호흡 등을 말한다. 그는 스틸이 개인의 무의식적 선호에 의한 것이며 이것이 개인을 규제하고 있다고 보았다.

　그리고 바르트는 또 하나의 규제인 에크리튀르라는 새로운 개념을 밝혔는데, 이는 글을 쓰는 방법 또는 어법을 의미한다. 바르트는 이것을 개인의 자유로운 선택에 따라 나타나는 것으로 보고 있다. 이러한 에크리튀르가 랑그나 스틸과 다른 점은 우리가 선택할 수 있다는 것이다. 또한 스틸이 개인의 무의식적 선호에 근거한 것이라면, 에크리튀르는 집단적으로 선택되고 실천되는 것이라고 하였다.

　예를 들어 한 학생이 글쓰기에서 1인칭 표현을 '나는'에서 '제가'로 바꾸었다. 그 이후 그 학생의 글쓰기는 좀 더 점잖아지고 그 학생의 글에는 어딘가 격식을 갖춘 사람들의 말투와 태도들이 스미게 된다. 그 학생은 자신도 모르게 '제가'를 사용하는 점잖은 사람들의 습관을 지니고 사고를 하게 된다는 것이다. 만약 그 학생이 어떤 지식인 집단의 에크리튀르를 선택하고 그에 익숙해지면 그 집단의 논리적이고 지적인 언어와 태도를 보이게 될 것이다.

　그런데 바르트는 에크리튀르가 광범위하게 쓰일 경우 특정한 사고를 유발하는 언어로 사용될 수 있다고 보았다. 어떤 에크리튀르가 사회적 차원의 어법으로 확대되어 그 집단의 구성원들이 아무 거리낌 없이 사용하게 되면, 그들은 그것을 객관적이고 가치중립적인 것처럼 느끼게 된다. 하지만 사실 그 안에는 무의식적으로 사회 집단이 공유하는 이데올로기나 사고가 숨어 있는 것으로 볼 수 있다는 것이다.

1

위 글에 대한 이해로 적절하지 않은 것은?

① 스틸은 개인의 언어 습관을 규제할 수 없다.

② 소쉬르는 바르트의 언어관에 영향을 주었다.

③ 문법 체계에 대한 지식은 의사소통을 원활하게 한다.

④ 랑그는 개인적 발화를 가능하게 하는 추상적 체계이다.

⑤ 구조주의는 사회 요소 간의 기능적 연관을 이루는 구조를 중시한다.

2

위 글에 나타난 '소쉬르'와 '바르트'의 공통된 생각으로 가장 적절한 것은?

① 언어는 이데올로기와 관련지을 수 없다.

② 언어의 가치는 개인의 생각에 의해 결정된다.

③ 언어에는 보이지 않는 규제가 작용하고 있다.

④ 언어는 연속되는 세계를 불연속적으로 나타낸다.

⑤ 언어는 지역에 상관없이 사용하는 말의 양상이 동일하다.

정답 · 해설

조하였다. ②랑케는 과거 사건들은 고유한 가치를 지
녔으며 변함없이 존재한다고 보았다. ④드로이젠은
사료 고증만으로는 과거에 대한 부분적이고 불확실
한 설명을 찾아낼 수 있을 뿐이라며 부정적으로 보았
다. ⑤드로이젠은 '인륜적 세계'라는 범주로서의 역
사가 역사가의 역사인식을 선험적으로 규정한다고
보았다.

2. (나)에서 랑케는 역사적 사실을 있는 그대로 기술
해야 하며, 목적을 앞세워 역사를 왜곡하지 말아야
한다고 주장하고 있다. ④에서 '과거에 일시 편입시
킨 영토에 대한 지배권 회복을 주장하기 위해'는 목
적을 앞세운 것이고, '러일전쟁 전후에 체결된 국제
조약 자료를 선별'한 것은 역사적 사실을 자기에게
유리하게 취사선택한 것이다. 그러므로 ④는 랑케가
비판할 수 있는 역사 연구 사례이다. 정답 ④.

오답 피하기 ①'주변 국가의 어휘들을 어휘군별로 분류'
한 것, ②'관리들의 장신구와 생활 용품 등을 수집'한
것, ③'영토 경계를 나타내는 비석의 문구를 채록'한
것, ⑤'임진왜란 전후의 토지제도 변천에 관련된 사
료를 정리'한 것 모두 사료의 고증과 확인을 중시한
랑케의 관점을 반영한 역사 연구 사례이다.

001 사실로서의 역사, 기록으로서의 역사

[출처] 역사를 위하여_ 강만길
2007학년도 4월 고3 전국연합학력평가

1. 제시문에 의하면 역사가는 자신과 자기 시대의
기준으로 후세 사람들에게 어떤 참고가 될 만한 일과
될 만하지 않은 일을 가려내어 기록하는 사람이지 미
래를 예견하는 사람은 아니다. 정답 ⑤.

2. 과거에 일어난 일들 중에서 기록해 둘 만한 중요
한 사실을 가려내는 사람의 생각과 처지에 따라 역사
는 다를 수 있다. 즉, 역사의 의미는 시대와 상황에
따라 평가 기준이 달라질 수 있기 때문에 전혀 다른
뜻으로 해석되기도 하는 것이다. 정답 ⑤.

002 랑케와 드로이젠의 역사인식

[출처] '역사란 무엇인가'를 넘어서_ 김기봉
2014학년도 4월 고3 전국연합학력평가

1. 드로이젠은 '인륜적 세계'를 자연 세계가 아닌 인
간의 의지와 행위에 의해 만들어진 것으로 보았다.
그러므로 드로이젠이 인륜적 세계와 자연 세계를 동
일한 개념으로 보았다는 것은 적절하지 않다. 정답
③.

오답 피하기 ①랑케는 사료에 대해 철저한 고증과 확인
을 거쳐 역사적 사실을 객관적으로 파악해야 함을 강

003 역사가의 역사 해석과 역사적 환경

[출처] '세 역사가-아리아노스, 플루타르코스, 쿠르티우스'
2014학년도 대학수학능력시험 예비 시행

1. 4문단에 의하면, 쿠르티우스는 로마 제정이 막
시작되었을 때인 1세기에 활동을 했고, 아리아노스
는 한 세기가 더 지나 로마 제정이 확립된 시기에 활
동을 했다. 그러므로 아리아노스와 쿠르티우스는 로
마 제정 시대에 활동했다는 공통점이 있음을 알 수
있다. 정답 ②

오답 피하기 ①3문단에 의하면, 플루타르코스는 로마의
속주였던 그리스 출신으로, 고향에서 신관으로 일했
기 때문에 정치와는 무관했다. ③3문단에서 아리아
노스가 '로마 제국의 고위직'에 올랐었음을 알 수 있
다. 그러나 1문단에서 알 수 있듯이 알렉산드로스는
기원전 323년에 사망하였고, 아리아노스는 1~2세
기에 활동한 역사가들 중의 하나이므로, 그가 알렉산
드로스의 정복에 위협을 느꼈다는 것은 잘못된 설명
이다. ④3문단을 통해 플루타르코스가 로마의 속주

였던 그리스 출신임을 알 수 있으나, 4문단에서 보듯이 쿠르티우스는 로마의 귀족이고 원로원 의원이었다. ⑤1문단에서 고대에 알렉산드로스에 대한 여러 전설이 만들어졌음을 확인할 수 있으나, 현대에 이르기까지 그러했는지는 알 수 없다. 또한 그에 대한 자료를 제공하는 고대 저술가들이 모두 그에게 호의적이었던 것은 아니라는 내용으로 보아 '찬미의 대상'이었다는 진술도 정확하지 않다.

2. 제시문에서는 1~2세기에 활동했던 세 역사가들이, 짧은 기간에 대제국을 건설하였던 마케도니아의 왕 알렉산드로스에 대해 가졌던 평가와 입장의 차이를 설명하고 있다. 세 역사가들은 알렉산드로스에 대해 호의적이거나 비판적인 태도를 보이는데, 이러한 입장 차이는 그들이 속한 역사적 환경과 밀접한 관련이 있다. 글쓴이는 역사가의 역사 해석은 개인적 가치관과 시대적 환경에 영향을 받는 것임을 전달하고자 한 것으로 볼 수 있다. 정답 ④

오답 피하기 ①제시문에서는 알렉산드로스가 죽은 후, 후세에 활동했던 세 역사가들의 그에 대한 평가와 입장 차이를 다루고 있다. 역사가들이 그들이 살았던 당대의 사건에 대해 판단을 유보했는지의 여부는 알 수 없다. ②세 역사가들은 알렉산드로스에 대해 서로 다른 평가를 하고 있는데, 이는 그들이 속한 역사적 환경과 밀접한 관계가 있다고 하였다. 이러한 내용으로 볼 때, 역사가가 서술 대상과 거리를 두고 냉엄하게 판단하고 있는 것은 아니다. ③제시문에 의하면 역사가는 역사적 대상에 대해 주관적 판단을 내리고 있으므로 적절하지 않은 진술이며, '대상을 철저하게 조사'하는지의 여부는 판단할 수 없다. ⑤동일한 대상이라도 역사적 해석이 달라지는 것은 역사가들이 속한 역사적 환경에 있음을 밝히는 데, 이 글의 서술 초점이 있다. 역사 서술의 목적과는 별 상관이 없다.

004 역사학과 주관의 개입
[출처] 역사는 왜 계속 새롭게 쓰여져야 하는가_ 이한구
2003학년도 3월 고3 전국연합학력평가

1. 제시문은 역사학이 안고 있는 '주관의 개입' 문제에 대해 심층적으로 분석하고 그에 대한 견해를 논리적으로 밝힌 글이다. 필자는 역사학에 작용하는 '편견'과 '개념적 체계'라는 주관적 요인 중에서, 전자는 배제해야 할 대상이나 후자는 역사 연구에 필요한 것이라고 주장하고 있다. 2~4문단에서 여러 차례 스스로 묻고 답하는 방식으로 논지를 전개하였고, 4~5문단에서는 '손전등'과 '죄수'라는 친숙한 경험을 가지고 개념의 필요성과 그 특성에 대해 유추해 내고 있다. 정답 ②.

2. 필자는 편견은 배제하고 개념적 체계는 필요하다고 주장한다. 그러나 그것이 제시문에서 필자가 궁극적으로 주장하는 바의 전부라고는 할 수 없다. 서두에서 역사학은 객관성을 추구하는 학문이라고 한 점, 그리고 마지막 문단에서 개념적 체계에 대하여 비판과 반성을 가할 수 있다고 한 점 등을 종합해 보면 결국 필자가 궁극적으로 주장하고자 하는 바는 역사 연구에 주관의 작용이 불가피하나 가급적 객관성을 유지하기 위해서는 비판과 반성을 통해 보다 엄정한 개념적 체계를 세우고 이를 바탕으로 역사 연구에 임해야 한다는 것으로 파악된다. 정답 ⑤.

005 역사학이란 무엇인가
[출처] 역사학은 문학인가 과학인가_ 조한욱
2004학년도 6월 고2 전국연합학력평가

1. 제시문은 '역사학이란 무엇인가'에 대한 물음에 답하는 내용이 중심을 이루고 있다. 글쓴이는 역사학이 문학성과 과학성의 두 가지 성격을 동시에 지니고 있으며, 이를 잘 조화시켜야 한다고 하였다. 따라서 중심 화제는 '역사학의 두 가지 성격'이 된다. 정답 ③.

오답 피하기 ①역사 서술에서 대중의 문제를 다루고는 있으나, 역사학의 과학성을 포함할 수 없다. ④역사학과 관련된 다른 사람의 견해도 인용하고 있다.

2. 글에 제시된 인물들은 역사학의 성격에 대해 각각 자신의 입장을 밝히고 있다. 그 중에서 매콜리는 문학성과 과학성을 조화시키기가 어렵다고만 했을 뿐, 어느 한쪽으로 치우쳐 있지 않다. 그런데 ④에서는 매콜리가, 문학성을 중시하는 입장의 중요한 근거인 대중성을 지지하는 태도를 취하고 있으므로 적절하지 않다. 정답 ④.

오답 피하기 ①이야기체 역사 서술의 중요성을 강조하고 있으므로 적절하다. ②일반적 법칙의 확립과 정확한 서술을 강조하여 과학성을 중시한 입장을 보였으

므로 적절하다. ③역사학은 근본적으로 과학이 될 수 없다는 입장이므로 옳다. ⑤감동을 강조하여 역사 서술의 대중성을 중시하는 입장을 보였으므로 적절하다.

006 역사 의식
[출처] 역사 의식이란 무엇인가_ 이삼열
2004학년도 5월 고2 학업성취도평가

1. 제시문에 의하면 역사 의식을 가진다는 것은 과거와는 다른, 과거보다는 발전된 오늘의 상황과 성격에 대한 올바른 시대 의식을 가지는 것을 말한다. 이를 위해서는 역사적 실천 의식과 가치관을 지녀야 한다. 정답 ④.
오답 피하기 ①첫 번째 단락에서, ②두 번째 단락에서, ③네 번째 단락에서, ⑤세 번째 단락에서 확인할 수 있다.
2. 제시문에 의하면 역사 의식이 지향하는 바는 역사적 사실로부터 실천적, 규범적인 진리를 찾아내는 것으로써 객관적 현실에 근거하면서 미래를 향한 실천적 의도를 내포한다. 정답 ④.
오답 피하기 ①, ②, ③, ⑤는 실체를 규명할 뿐이지 미래를 향한 실천적 의도를 포함하고 있지는 않다.

007 삶과 역사의 관계
[출처] 니체의 역사_ 이상엽
2014학년도 11월 고1 전국연합학력평가

1. 제시문의 중심 화제는 삶과 역사의 관계이다. 삶이 역사와 관계를 맺는 유형을 '기념비적 역사', '골동품적 역사', '비판적 역사'로 제시하고 각각의 장점과 단점을 설명하고 있다. 정답 ①.
2. 3문단에서 ㉢은 실증적 사실의 확인은 중요하게 여기지 않는다고 진술하고 있다. 정답 ④.
오답 피하기 ①㉠은 3문단에 언급된 비범한 대상에 대한 관심에서 시작한다는 내용을 통해 확인할 수 있다. ②㉡은 3문단에 언급된 민족 구성원 모두를 결합시킨다는 내용을 통해 확인할 수 있다. ③㉠은 2문단에 언급된 과거의 위대함에 대한 회상을 통해 새로운 위대함의 가능성을 촉진하고, ㉡은 4문단에 언급된

보존되고 전승된 과거와 투쟁을 벌여 새로운 관습과 본능을 창안한다는 내용을 통해 확인할 수 있다. ⑤㉢은 4문단에 언급된 과거를 부정하지만, ㉠은 과거를 숭상하고 ㉡은 과거를 보존한다는 내용을 통해 확인할 수 있다.

008 역사와 개연성
2004학년도 9월 고2 전국연합학력평가

1. 제시문은 역사학의 객관성, 공정성 등에 대해 의문을 제기하면서 시작하고 있다. 진정한 역사는 기록으로 끝나서는 안 되고 자료를 통하여 최소한의 안전장치로 개연성이 필요함을 밝히고 있다. 따라서 이 글은 ③과 같이 역사를 대하는 올바른 태도에 대한 생각을 전달하려는 것으로 볼 수 있다. 정답 ③.
2. 글쓴이의 관점은 역사가 기록되었다고 해서 절대적인 가치를 지니는 것이 아니라는 것이다. 『한중록』의 경우에도 객관성을 확보하려면 다른 기록을 참고하여 역사적 진실성을 검증해야 한다고 보고 있다. 이는 ②에서 확인할 수 있다. 정답 ②.

009 코젤렉의 개념사
[출처] 코젤렉의 개념사 연구_ 나인호
2012학년도 3월 고3 전국연합학력평가

1. 제시문은 어째서 개념사가 출현하게 되었는지, 개념사에는 개념을 어떻게 바라보는지, 개념사는 개념을 어떠한 방법으로 연구하는지 그리고 개념사는 어떤 의의를 지니는지 설명하고 있다. 정답 ②.
2. 개념사에서는 개념을 연구 대상으로 하면서, 역사가가 무엇을 어떠한 개념을 사용하면서 이야기하는지에 주목한다. 제시문은 개념사가 개념을 바라보는 독특한 관점에 대해 '개념은 실재의 지표이자 요소'라는 코젤렉의 말을 들어 잘 설명하고 있다. 이 말에서 개념은 실재를 반영하는 거울이므로, 개념이 역사 속의 정치적 사건이나 사회적 변화를 이해하는 토대가 됨을 알 수 있다. 동시에 '근대화'라는 개념이 실제로 근대화를 추진하는 동인이 되었다는 예에서도 알 수 있듯이, 개념이 우리가 세상을 바라보는 방식을 형성하여 실재를 변화시키는 원동력이 되기도

함을 알 수 있다. 따라서 개념은 사회가 추구했던 목표, 혹은 그 사회가 현재 추구하는 목표와 깊은 관련을 맺고 있다고 볼 수 있다. 정답 ②.

010 헤로도토스의 『역사』와 역사 서술
[19–22] 인문, '개념사란 무엇인가'
2012학년도년 6월 고3 모의평가

1. 헬레니즘과 로마 시대의 역사가들 중 상당수가 수사학적 역사 서술에 몰두하였고, 이 흐름이 중세 시대에도 어느 정도 지속되긴 했지만, 오늘날에 이르기까지 그 흐름이 이어진 것은 아니다. 제시문의 마지막 단락을 통해 15세기 이후 수사학적 역사 서술이 역사 서술의 장에서 퇴출되어다는 설명을 확인할 수 있다. 정답 ①

오답 피하기 ②2문단의 마지막 문장에서 헤로도토스는 과거의 사건을 직접 확인, 탐구하여 인과적 형식으로 서술했다고 말하고 있는데, 이를 통해 그는 그의 책 『역사』에서도 페르시아 전쟁의 원인과 결과를 사실적으로 서술했음을 알 수 있다. ③1문단에서 'histor'가 원래 '목격자', '증인'을 의미하는 법정 용어라 설명하고 있다. ④3문단을 통해 사람들이 역사를 '삶의 학교'로 인식한 것은 과거를 정확하고 객관적으로 서술하여 이를 통해 삶의 교훈을 얻을 수 있기 때문임을 알 수 있다. ⑤3문단의 앞 부분을 통해 역사 서술의 효용성이 과거를 통해 미래를 예측하게 하여 후세인에게 교훈을 주는 데 있다고 인식했음을 알 수 있다.

2. 객관적 서술 태도를 중시하는 관점에서는 호메로스의 『일리아스』가 정확하고 객관적인 사실만으로 기술된 것이 아니라 사실과 허구가 뒤섞인 형태로 제시되었다는 점을 비판할 수 있다. 따라서 『일리아스』가 객관적 서술 태도를 배제하지 못했다고 비판하는 것은 적절하지 않다. 정답 ②

오답 피하기 ①『일리아스』는 오랫동안 구전되어 온 트로이 전쟁에 대해 읊은 서사시이므로 직접 확인하지 않은 사실을 서술했다는 비판을 할 수 있다. ③트로이 전쟁을 서술하면서 객관적 사실을 실제 확인하지 않고 구전되어 온 이야기를 서술했기 때문에 이러한 비판을 받을 수 있다. ④『일리아스』를 통해 호메로스는 전쟁이 신의 뜻을 이루는 수단이 된다고 보았는데, 이러한 신화적 세계관은 과거에 대한 정확한 정보를 얻을 수 없게 함을 알 수 있다. ⑤과거의 사건을 객관적으로 진술하지 않았기 때문에 이러한 비판을 받을 수 있다.

011 철학과 과학
1996학년도 대학수학능력시험

1. 3문단 '과학은 사물의 현상과 작용을 밝히는 데 만족하고, 현존하는 사물의 성질과 과정에만 시야를 국한한다'에서 '현존'과 '현상'은 모두 과학의 속성이다. 정답 ⑤.

2. 제시문에 따르면 철학은 미지의 것 또는 부정확한 것에 대한 가설적 해석이고, 진리 세계를 탐구하는 최전선이다. 또 철학은 승리의 열매를 과학에게 넘겨주고 나서 아직도 탐구되지 않은 불확실한 지역으로 나아가고 있다고 하였다. 이로 볼 때 ㉠'거룩한 불만'은, 끊임없이 미지의 세계와 불확실한 진리의 세계를 탐구하고자 하는 철학의 속성을 의미한다. 철학은 진리에 대한 근본적 갈증에 의해 근원을 탐구하는 학문인 것이다. 정답 ③.

012 시간 관념의 형성과 인간의 자기 인식
[출처] 시간의 문화사_ G.J.휘트로
2005학년도 4월 고3 전국연합학력평가

1. ③의 경우 대상의 본질을 드러내기 위해 노력하고 있지만 일반적 인식의 모순을 비판하는 내용은 찾아볼 수 없다. 정답 ③.

오답 피하기 ①구석기시대 동굴 그림과 폴 라댕의『철학자로서의 원시인』사례를 제시하고 있다. ②3문단에서 '행동하는 인간'과 '생각하는 인간'으로 대상을 소개하고, 두 개념을 명확하게 드러내기 위해 속성을 구분하고 있다. ④1문단에서 인간은 오래 전부터 이미 기억과 목적의식을 지닌 존재였음을 드러내어 전체 글의 내용을 개괄적으로 소개하고 있다. ⑤3~4문단을 통해 '생각하는 인간'의 노력으로 시간 관념을 형성할 수 있는 계기가 되어 마침내 자기 인식에 이르게 되었음을 연관지어 설명함으로써 '인간의 자기 인식의 과정'이라는 화제를 강조하고 있다.

2. ㉠은 전후 문맥으로 보아 대상의 본질은 변하지 않는 것이라고 믿고 싶어하는 내용일 뿐만 아니라, 앞 단락의 '영원 불변의 형태를 정적인 어떤 것으로 만드는 행위'라고 본다면, 현재의 의미 있는 경험을 기록하려 한다는 의미로 유추할 수 있다. 정답 ②.

013 시간에 대한 철학적 성찰
[출처] 시간의 철학적 성찰_ 소광희
2014학년도 11월 고2 전국연합학력평가

1. 제시문은 시간 표상에 대한 인식의 차이를 '크로노스적 시간'과 '카이로스적 시간'으로 나누어 설명하고 있다. 인간이 주로 자연에 의존하여 사는 경우에 시간은 천체의 순환과 함께 원환적으로 표상되는 크로노스적 시간관을 갖게 되고, 인간이 주로 역사에 의존해서 사는 경우 시간은 직선적으로 표상되는 카이로스적 시간관을 갖게 된다. 그리고 마지막 문단에서 '우리는 이렇게 대립되는 것처럼 보이는 두 가지 시간 표상을 가지고 살아간다'고 하여 두 가지 시간관을 통합하는 관점을 제시하고 있다. 정답 ④.

2. '크로노스적 시간'과 '카이로스적 시간' 모두 인간의 삶을 반영한 시간에 대한 표상이다. ㉠은 시간에 대한 원환적 표상으로 자연을 중시하는 태도와 관련이 있고, ㉡은 시간에 대한 직선적 표상으로 역사를 중시하는 태도와 관련이 있다. 따라서 '㉡과 달리 ㉠은 자연보다 역사를 더 중시하는 태도로 나타난다.'는 것은 적절하지 않다. 정답 ⑤.

오답 피하기 ③4문단의 '신에 의해 창조된 인간의 삶은 최후의 심판과 심판 이후의 영원한 삶을 목표로 하여 진행되는 것이다.'에서 ㉡이 '삶의 종말 이후의 영원한 삶을 전제한다'는 것을 확인할 수 있다. ④1문단의 '시간은 천체의 순환과 함께 원환적으로 표상된다.'는 것으로 보아 ㉠이 주기적인 시간의 흐름과 관련되는 것을 확인할 수 있다.

014 실재론과 관념론
[출처] 박물관에서 꺼내 온 철학 이야기_ 이현구 · 김범춘 · 우기동
2005학년도 5월 고2 학업성취도평가

1. 2문단에서 '실재론과 관념론의 싸움은 철학이 생긴 이래 지금까지도 계속되고 있다. 이것은 계란이 먼저냐 닭이 먼저냐 하는 싸움과 비슷하다고 하겠다'고 하였다. 따라서 '현재 실재론이 우세하다'는 ①의 진술은 제시문의 내용과 일치하지 않는다. 정답 ①.
오답 피하기 ②2문단에서, ③5문단에서, ④2문단에서, ⑤3문단에서 확인할 수 있다.
2. 제시문에서는 철학의 이론적 배경과 학설을 활용하고, 분류를 통하여 인식 방법론을 설명하고 있다. 정답 ②.

015 감성적 인식과 이성적 인식
[출처] 철학 에세이_ 조성오
2005학년도 9월 고1 전국연합학력평가

1. 제시문은 인간의 인식은 감성적 인식이 대상에 대한 정보를 제공하면 그것에 기초해서 이성적 인식이 이루어진다는 것을 설명하고 있는 글이다. 감성적 인식과 이성적 인식은 대립적이지만 상호 의존적인 관계로 결합되면서 인간의 인식이 이루어지고 있음을 강조하고 있다. 따라서 제시문은 인간의 인식이 이루어지는 과정에 초점을 두고 있음을 알 수 있다. 정답 ④.
2. 감성적 인식은 감각 기관을 통해 대상의 외형적 측면을 단편적으로 인식하고, 이성적 인식은 이해력을 통해서 대상의 근본 성질(사물의 본질)을 인식하게 된다. 또한 이성적 인식은 감성적 인식이 없이는 불가능하지만 감성적 인식의 대상과 방향을 결정하게 된다. 감성적 인식과 이성적 인식은 모순 관계에 있는 것처럼 보이지만 상호 의존적인 관계로 결합되면서 인간의 인식이 이루어지는 것이다. 따라서 감성

적 인식과 이성적 인식의 이러한 특징을 바르게 이해한 것은 ②이다. 정답 ②.

016 사실 판단과 가치 판단
[출처] 내가 아는 것이 진리인가_ 김창호 엮음
2010학년도 6월 고1 전국연합학력평가

1. 제시문은 사실과 가치가 분명히 구분되는가에 대한 여러 가지 입장을 밝힌 글이다. 1문단을 보면, 많은 철학자들이 사실과 가치가 분명히 구분되지 않는다고 하면서, 서로 다른 견해를 취하는 입장을 소개하고 있다. 정답 ③.
2. 마지막 문단의 첫 부분과 끝부분에서, '사실과 가치를 판단할 때, 논리적으로는 구분이 가능하지만 실제의 지적 활동에서는 서로 결합될 수밖에 없다.', '사실과 가치를 판단할 때, 논리적으로는 구분되는 별개의 영역이지만 어떤 생각이나 판단을 할 때는 두 영역이 서로 맞붙어 있는 경우가 허다하다.'고 밝히고 있다. 정답 ②.

017 논증의 구분
[출전] 철학 읽기_ 강병기
2005학년도 11월 고2 전국연합학력평가

1. 제시문은 논증의 구조에 따른 구분을 다루고 있다. ①의 경우는 3문단에서 귀납 논증의 결론이 거짓일 가능성이 있다고 했으므로 내용과 일치하지 않는다. 정답 ①.
오답 피하기 ②와 ③은 4문단, ④는 2문단, ⑤는 5문단에서 확인할 수 있다.
2. 제시문은 '논증'에 관하여 쓴 설명문이다. 논증을 구조(전제의 결론 지지 정도 및 여부)에 따라 나누고, 지지하는 경우를 다시 연역 논증과 귀납 논증으로 나누며, 거의 지지하지 않거나 결코 지지하지 않는 경우를 오류 논증이라고 설명하고 있다. 그리고 결론의 참을 확립하기 위해서는 건전한 논증이 필요함을 말하고 있다. 즉 핵심 개념인 논증을 체계적으로 정리하여 독자의 이해를 돕고 있다. 정답 ④.

018 삼단논법

[출처] 논리와 사고_ 소홍렬
2014학년도 10월 고3 전국연합학력평가

1. 1문단에서 논리학에서의 타당성은 명제의 참, 거짓과 관계가 없다고 밝히고 있다. 정답 ④.

2. 제시문은 삼단 논법이 타당성을 갖기 위해서는 어떤 요소들이 필요한지를 주연 개념과 매개념을 중심으로 설명하고 있는 글이다. 매개념이 대전제와 소전제에서 모두 부주연되면 매개념이 두 전제에서 각각 대상의 서로 다른 부분을 지칭하게 되어 결론이 타당하게 도출될 수 없다. 정답 ⑤.

019 유추

[출처] 생각의 탄생_ 로버트 루트번스타인 외
2014학년도 3월 고1 전국연합학력평가

1. 제시문은 크게 두 부분으로 나뉘어 있다. 1, 2, 3문단에서는 유추의 일반적인 특성을 객관적으로 설명하고 있다. 즉 '유추란 무엇이고 어떤 방법으로 하는가'에 관한 내용인 것이다. 그런 다음에 '유추의 한계와 극복 방법', '유추의 필요성' 등을 밝히고 있는데, 이런 내용을 통해 그 유용성을 강조하려는 의도를 보이고 있다. 정답 ②.

오답 피하기 '유추의 활용 사례'는 언급되어 있으나, '유추의 유형'을 설명하고 있지 않으므로 ①은 옳지 않고, ③은 제시문에 전혀 언급된 내용이 아니므로 적절하지 않다. ④의 '유추의 문제점 지적', ⑤의 '유추의 본질' 등에 관한 언급은 있으나, '새로운 사고 방법의 필요성'이나 '유추와 여타 사고 방법들과의 차이점'은 제시문과는 관련이 없다.

2. 〈보기〉의 내용은 '화성에 생명체가 있을 것이다'는 결론을 내리기까지의 유추 과정을 보여주는 구체적 사례이다. 유추 과정은 크게 3단계로 되어 있다. 맨 처음에 할 것은 '알고자 하는 특성을 확정하는 것'이다. 그런데 ①에서 말한 '화성과 태양의 거리를 확인하는 것'은 '비교'를 통해 공통점을 파악하기 위한 것이다. 즉 〈보기〉에서 말한 바와 같이 '태양과 지구', '태양과 화성' 사이의 거리가 비슷하다고 했다. 이는 공통점을 파악한 것이다. 이 공통점을 파악하기 위해 각각의 정보를 확인해야 하는데 그 확인 과정이 '화성과 태양 사이의 거리를 확인함'이다. 맨 처음에 하는 '알고자 하는 특성의 확정'은 〈보기〉의 경우 '화성에 생명체가 존재할까?'이다. 정답 ①.

오답 피하기 ④3문단을 보면 유추의 결론을 내리기 전에 알고자 하는 대상에 알려진 특성을 확인한다고 되어 있다. 〈보기〉의 경우 '지구에는 생명체가 존재한다'는 특성을 확인하고 있다. 그러므로 ④는 올바른 이해라 할 수 있다.

020 쾌락에 대한 철학적 고찰

2007학년도 5월 고3 학업성취도평가

1. 쾌감은 인간의 욕구가 충족된 경우에 생기는 것이기는 하지만, 그 경우 쾌감의 정도가 어느 정도인지를 확인할 수는 없다. 정답 ②.

2. 제시문은 '인간이 궁극적으로 원하는 것은 쾌락이고, 이 목적의 달성에 기여하는 것은 선이다'라는 쾌락주의의 관점을 '사실'의 문제와 '가치'의 문제로 나누어 고찰해 보고 있는데, '쾌락 기계'의 경우를 가정하여 바람직한 쾌락을 얻기 위해서는 현실에 충실함으로써 부산물로서 쾌락을 얻는 것이 필요하다고 말하고 있다. 정답 ④.

021 소크라테스와 대화

[출처] 철학풀이, 철학살이_ 이왕주
2006학년도 10월 고1 학업성취도평가

1. 비유적으로 제시된 정보를 파악하는 문제이다. '산모'는 진리를 수태하고 있는 모든 사람들을 가리킨다. 정답 ②.

2. 제시문에 의하면 소크라테스는 설득이나 교육의 기술로서의 대화를 거부하고 순수하게 열린 대화를 지향했다. 정답 ③.

022 플라톤의 이데아론

[출처] 철학적 세계로의 입문_ 박희영
2005학년도 3월 고3 전국연합학력평가

1. 2문단에서 '개별적 사물의 공통된 모습의 의미는 무엇인가?' 라는 의문을 통해 이데아에 관한 논의를 확장하고 또 이에 대한 이해를 위해 인간의 예를 들고 있다. 또 '이데아'에 대한 설명을 바탕으로 논의를 전개하고 있으며, 3문단의 마지막 문장과 4문단의 첫 문장에서 현상계의 개념 이해와 관련하여 빚어질 수 있는 오해를 경계하고 있다. 그러나 '가설'에 해당하는 내용은 제시되어 있지 않으며, 이를 증명해 나가는 방식을 취하고 있지도 않다. 정답 ⑤.

2. 제시문은 플라톤의 이데아론의 올바른 이해와,

플라톤 철학이 학문적 인식 체계 속에서 차지하는 진정한 의의를 밝히려는 내용을 담고 있다. 정답 ③.

오답 피하기 ①플라톤 철학의 위대성에 초점을 맞추고 있지는 않다. ②플라톤의 초기 작품에서와 원숙기 작품에서의 이데아의 개념에 대한 설명이 나와있기는 하지만, 플라톤 철학에 대한 인식의 변화에 대한 설명이 제시문의 핵심 내용이라 하기는 어렵다. ④보편성과 개별성의 개념이 제시되어 있기는 하지만 사물 간의 관계를 탐구하는 것이 제시문의 핵심이라 하기는 어렵다. ⑤인간의 본성에 대해 다루고 있지 않다.

023 근대 인식론

[출처] 철학 이야기_ 강영계
2009학년도 10월 고3 전국연합학력평가

1. 개별 현상들에서 동일한 개념을 발견하려고 한 것은 합리주의가 아니라 경험주의이다. 정답 ②.

2. 경험주의 방법론의 오류를 이해할 수 있는가를 묻고 있다. ㉠은 한정된 경험으로 얻은 지식을 전체로 추론해서는 안 된다는 귀납법의 오류를 지적한 것이다. 마찬가지로 ⑤도 내가 맛 본 사과의 경험을 사과 전체의 맛으로 추론해서는 안 된다는 오류를 지적하고 있다. 정답 ⑤.

024 철학과 우상(偶像)

[출처] 해리의 발견_ 황경식
2004학년도 11월 고2 전국연합학력평가

1. ②는 1문단에서, ③과 ④는 3문단에서, ⑤는 2문단에서 확인할 수 있다. 그러나 ①은 4문단에서, "연역 논증을 통해 각종 진리를 도출하는 것에 반기를 들었다."고 말하고 있다. 정답 ①.

2. ①은 종족의 우상, ③은 시장의 우상, ④는 극장의 우상, ⑤는 동굴의 우상에 해당한다. 그러나 ②는 단순히 '개인의 판단'이 잘못된 경우일 뿐 베이컨이 말한 우상에 해당하는 사례로 볼 수 없다. 정답 ②.

025 데카르트와 방법적 회의

[출처] 우리는 과연 무엇을 알 수 있는가_ 김영건
2007학년도 9월 고2 전국연합학력평가

1. 제시문은 데카르트의 '방법적 회의'의 구체적 내용을 소개하고, '방법적 회의'가 어떤 의미에서 가치가 있는지 그 현대적 의의를 밝히고 있는 글이다. 특히 데카르트의 '방법적 회의'가 철학을 하고자 하는 사람뿐만 아니라 지혜를 추구하는 사람에게 어떤 의미가 있는지를 밝히고 있다. 정답 ②.

2. 제시문에 의하면 데카르트는 '방법적 회의'를 통해 지식의 정당성을 입증하여 진정한 지식을 추구하였다. 그는 구체적으로 이 세상에 있는 모든 지식을 세 종류로 나누고 그 지식을 의심할 데까지 의심하여 진정한 지식의 성격을 밝히려 하였다. 이러한 데카르트의 노력인 '방법적 회의'에는 지식의 정당성을 입증하려는 과정(회의하는 과정)과 도달하려는 목적(진정한 지식의 추구)이 담겨야 한다. 그러므로 '모든 것을 의심하라, 그리고 다시 시작하라!'에는 '방법적 회의'의 두 가지 성격이 다 들어 있다. 정답 ③.

026 경험론의 대표적 철학자 흄의 이론

[출처] 흄_ 최희봉
2018학년도 3월 고1 전국연합학력평가

1. 4문단의 '전통적인 진리관에서는 진술의 내용이 사실(事實)과 일치할 때 진리라고 본다.', '비록 경험을 통해 얻은 과학적 지식이라 하더라도 그것이 진리인지의 여부는 확인할 수 없다는 것이 흄의 입장이다.'라는 내용을 통해 보았을 때, 전통적 진리관에서 진술 내용과 사실(事實)이 일치할 경우를 진리로 본다는 것을 알 수 있다. 진리 여부를 판단하는 것이 불가능하다고 본 입장은 전통적 진리관이 아닌 흄의 입장에 해당한다. 정답 ②.

오답 피하기 ①,④1문단의 '이성을 중심으로 진리를 탐구했던 데카르트의 합리론에 비판하고'라는 내용을 통해 확인할 수 있다. ③2문단의 '흄은 지식의 근원을 경험으로 보고'라는 내용을 통해 확인할 수 있다. ⑤2문단의 '인상이 없는 관념은 과학적 지식이 될 수 없다고 주장하였다.'라는 내용을 통해 확인할 수 있다.

2. [A]에서 흄은 경험을 통해 얻은 과학적 지식이라 하더라도 그것이 진리인지 여부는 확인할 수 없다고 하여 진리에 대한 회의적인 태도를 보였다. 따라서 흄이 서양 근대 철학사에서 진리에 대한 극단적인 회의주의자로 평가받는 이유는 경험을 통해서 얻은 지식조차도 진리인지를 확인할 수 없다고 주장했기 때문이라는 것을 알 수 있다. 정답 ⑤.

오답 피하기 ①인상을 갖는 경험적 지식을 중시한 말로 회의주의적 태도와는 관련이 없다. ②흄은 이성만을 중심으로 진리를 탐구하는 합리론을 비판하였다. ③실재 세계는 인간의 의식에서 독립해서 객관적으로 존재하는 세계를 의미하는 것으로, 실재 세계의 모습이 끊임없이 변한다고 보는 것은 진리를 알 수 없다는 흄의 회의적인 태도와는 관련이 없다. ④흄은 진리를 판단하기 위해서는 객관적 세계가 어떤 모습인지 확인이 가능해야 하는데, 인간은 자신의 감각 기관을 통해서만 세상을 인식할 수 있기 때문에 세상이 어떤 모습인지는 여전히 남게 된다고 주장하였다. 따라서 주관적 판단으로 진리를 찾을 수 있다고 생각한 것은 아니다.

027 루소, 자연으로 돌아가자

[출처] 에밀 해설_ 곽광수
2000학년도 대학수학능력시험

1. 루소는 자연 상태에서 선하고 자유롭고 행복했던 인간이 문명에 들어서면서 약해지고 불행해졌다고 보고 있다. 문명의 발전으로 이기적 욕망이 확대되면서 인간은 타락하게 되었다는 것이다. '문명의 발전을 인성의 발전과 동일시 하였다'는 ①의 진술은 루소의 견해와 일치하지 않는다. 정답 ①.

2. 4문단과 5문단에 의하면 루소는 자연 상태의 인간이 본래의 천진무구함을 유지하면서 정신적 · 육체적으로 스스로를 도야해 가는 것을 교육의 원리로 삼았다. 즉, 지식보다는 자유롭고 능동적인 경험을 통해 정직과 미덕을 가진 도덕적 인간으로 육성시키는 것이 목적이라고 하였다. 따라서 이와 같은 내용을 충족시키는 것으로 ③의 '자아의 독립과 완전한 개성을 이루게 하려는 교육'을 들 수 있다. 정답 ③.

028 괴테, 진정한 인간성의 추구
1999학년도 대학수학능력시험

1. 4문단을 통해 괴테는 집단 의식보다는 개인의 존엄성을 더 중시했음을 알 수 있다. 정답 ②.

오답 피하기 ①은 3문단에, ③은 4문단에, ④는 1문단과 6문단에 각각 제시되어 있는 내용이다.

2. 1~2문단은 '괴테의 진정한 인간성의 개념'을 제시하고, 3~5문단은 '괴테의 사상을 토대로 본 현대인과 현대 사회의 문제점'을 설명하였으며, 6문단에서는 '괴테의 진정한 인간성 실천을 통한 현대 사회의 문제점 극복' 방안을 모색하고 있다. '핵심 개념의 제시→문제점 분석→해결 방안 모색'의 순서로 논지를 전개하고 있다. 정답 ④.

029 에우다이모니아
[출처] 목적론적 입장에서 본 행복_ 박찬국
2016학년도 11월 고1 전국연합학력평가

1. 5문단에서 '그는 에우다이모니아의 순간성, 역사성, 영원성은 서로 무관한 것이 아니므로'를 통해 확인할 수 있으므로 ⑤의 진술은 적절하지 않다. 정답 ⑤.

오답 피하기 ①1문단에서 '현대인들은 행복을 물질적인 것을 통해 느끼는 안락이나 단순한 쾌감과 동일시하는 경향이 있다'를 통해 확인할 수 있으므로 적절하다. ②1문단에서 '막스 뮐러는 아리스토텔레스가 말한 에우다이모니아에 시간적 속성을 부여하여'를 통해 확인할 수 있다. ③3문단에서 '인간은 공동체를 떠나서 에우다이모니아를 구하려고 해서는 안 된다'를 통해 확인할 수 있다. ④4문단에서 '관조란 쾌락을 목적으로 하는 향락적 활동이나 부를 목적으로 하는 영리적 활동이 아니라, 감각적으로 포착할 수 없는 영원불변한 진리를 학문을 통해 바라보는 영혼의 활동을 말한다.'를 통해 확인할 수 있다.

2. 2문단에서 '먹고 마시는 행위와 같은 신체적 감각을 통한 향유가 이성의 테두리 안에서 이루어질 때 얻게 되는 것이다'를 보면 ㉠은 정신을 배제한 신체적 감각을 중시한다고 볼 수 없으므로 ④의 설명은 적절하지 않다. 정답 ④.

오답 피하기 ①2문단에서 '다만 감각적 향유가 이성을 벗어나 타인을 배려하지 않고 극단적 탐닉에 빠질 때에는 부정적인 것으로 인식된다.'를 통해 감각적 향유로서의 에우다이모니아는 극단적 탐닉에 빠지지 않음으로써 실현될 수 있다는 것을 확인할 수 있으므로 적절하다. ②4문단에서 '인간이 세계의 영원한 질서를 인식하게 됨으로써 얻을 수 있는 것이다'를 통해 확인할 수 있다. ③1문단에서 '그는 에우다이모니아를 인간 고유의 기능인 이성을 발휘하여 그것을 완전하게 실현한 상태라고 규정하였다.'를 통해 확인할 수 있다. ⑤4문단에서 '시간적 한계를 뛰어넘는 영원성을 갖는다'라고 한 것으로 보아 ㉡은 순간성이 아니라 영원성에 의해 규정된다는 것을 알 수 있다. 하지만 2문단에서 '감각적 향유의 과정에서 실현할 수 있는 에우다이모니아는 순간적인 것으로 규정된다'라고 한 것으로 보아 ㉠은 순간성에 의해 규정되므로 적절하다.

030 니체, 신은 죽었다
[출처] 니체의 위험한 책, 차라투스트라는 이렇게 말했다_ 고병권
2008학년도 10월 고2 학업성취도평가

1. 제시문은 니체가 말한 '신의 죽음'에 대해 '신'과 '신의 죽음'의 의미를 종교적, 형이상학적, 역사적인 관점에서 다각적으로 분석한 글이다. 정답 ③.

2. 근대 정치는 '국가'라는 또 다른 절대적 대상을 만들어냄으로써 대중을 통제한다. '국가'는 개인의 삶의 의미를 평가절하하고 자신만의 절대적 진리를 주장하며 인간을 억압한다. 니체의 입장에서 보면, '국가'는 인간이 만들어 낸 또 다른 '신'의 한 형상이라고 볼 수 있다. 정답 ⑤.

4장

서양철학2

	1 2		1 2		1 2		1 2
031	⑤ ①	032	⑤ ④	033	⑤ ②	034	④ ②
035	① ③	036	③ ⑤	037	② ⑤	038	⑤ ④
039	① ③	040	③ ⑤				

031 베르그송의 시간 개념

[출처] 철학이 나를 위로한다_ 김선희
2013학년도 6월 고2 전국연합학력평가

1. 물리적인 시간과 의식의 시간을 대조시켜 설명했지만 변화 과정을 고찰한 것은 아니다. 정답 ⑤.

오답 피하기 ①의식의 시간인 '지속'의 개념을 설명하였다. ②물리적인 시간과 의식의 시간(지속)을 대조시켜 화제인 시간에 접근하고 있다. ③'지속'을 흘러가는 강물에 빗대어 설명했다. ④두 가지 '10시간', 길을 가다 만난 '친구'와 같이 구체적인 사례를 들고 있다.

2. 〈보기〉의 ⓐ는 시간을 끊어서 인식하는 것과 관련이 있고, ⓑ는 시간을 흐름으로 인식하는 것과 관련이 있다. 제시문에서 ⓐ에 대응하는 것은 물리적인 시간, 객관적인 시간, 동일한 시간이며, ⓑ에 대응하는 것은 의식의 시간, 진정한 시간, 지속 등이라고 볼 수 있다. 정답 ①.

오답 피하기 ②둘 다 ⓐ와 대응한다. ③둘 다 ⓐ와 대응한다. ④둘 다 ⓑ와 대응한다. ⑤'진정한 시간'은 ⓑ와 '동일한 시간'은 ⓐ와 대응한다.

032 철학적 인간학

[출처] 다시 읽는 서양철학사_ 박해용 외
2015학년도 11월 고1 전국연합학력평가

1. 1문단에서 '철학적 인간학'이라는 새로운 이론의 등장 배경을 소개하고 있고 2,3,4문단에서 이를 연구한 학자들의 견해를 밝히고 있다. 정답 ⑤.

오답 피하기 ① '철학적 인간학'의 한계를 설명하고 있지 않으므로 적절하지 않은 진술이다. ② 셸러, 플레스너, 겔렌의 견해를 밝히고 있지만 그들의 견해를 절충하지도 않았고, 새로운 대안을 제시하고 있지도 않으므로 적절하지 않은 진술이다. ③ '자아의식', '탈중심성' 등의 핵심 개념을 정의하고 있지만 이론의 발전 가능성을 언급하고 있지 않으므로 적절하지 않다. ④ '철학적 인간학'을 연구한 세 학자의 견해를 밝히고는 있지만 세 가지 이론의 우열을 가려 특정 이론을 구체적으로 서술하고 있지 않으므로 적절하지 않다.

2. 4문단에서 '겔렌'은 동물과 달리 인간만이 '행위'를 통해 자신의 부족한 부분을 보완하기 위해 문화를 만들고, 자신이 만든 문화에 다시 영향을 받아 충동을 억제하는 '행위'를 하기도 한다고 보았다. 2문단에서 '셸러'는 인간만이 '정신'을 가지고 있어 '자아의식'을 통해 충동적인 욕구에 따라 행동하지 않을 수 있다고 보았다. 정답 ④.

오답 피하기 ①1문단에서 경험과학적 연구 성과와의 밀접한 관련성을 바탕으로 인간의 본질을 규명하고자 한 학문이 '철학적 인간학'이라고 했으므로 적절하다. ②1문단에서 '철학적 인간학'이 다른 생명체와 차별화된 인간의 본질을 규명하고자 한 학문이라고 하였다. 2문단에서 '셸러'는 인간이 동물과 달리 '정신'을 가지고 있다는 점이, 4문단에서 '겔렌'은 인간이 '행위'를 통해 자신의 결핍된 부분을 보완한다는 점이 동물과 본질적으로 다른 인간의 특징이라고 했으므로 적절하다. ③'겔렌'과 달리 2문단에서 '셸러'는 인간의 '정신' 작용의 하나인 '자아의식'을 통해 인간만이 자신을 대상화할 수 있는 능력이 있다고 했으므로 적절한 진술이다. ⑤'셸러'와 달리 '겔렌'은 인간만이 신체적인 한계를 갖고 태어나 자연에 적응하기 어려운 결핍된 존재라고 했으므로 적절하다.

033 기억과 망각

[출처] 철학 vs 철학_ 강신주
2021학년도 9월 고2 전국연합학력평가

1. 제시문은 서양철학에서의 기억과 망각에 대한 논의를 피히테와 니체를 중심으로 기술한 글이다. 5문단에 따르면, 니체는 철저한 망각이 필요하다고 주장했던 것은 아니다. 정답 ⑤.

오답 피하기 ①1문단에 따르면, 플라톤은 기억이 이데아를 인식하는 긍정적인 능력으로 망각보다 뛰어나다는 가치론적 이분법을 설정하였음을 알 수 있다. ②1문단에 따르면, 하이데거가 진리는 기억이 지배하는 상태를 의미한다고 강조했음을 알 수 있다. ③3문단에 따르면, 니체는 망각을 능동적이며 창조적인 능력으로 인식하며 기억을 긍정적으로 보는 사유 전통을 거부하였음을 알 수 있다. ④3문단에 따르면, 니체는 음식물을 배설하지 못하면 건강한 삶을 살 수 없듯이 기억이 정신에 가득 차 있으면 새로운 인식이 불가능하다고 생각하였음을 알 수 있다.

2. ㉠은 기억, ㉡은 'A는 A이다'라는 동일성을 주장하는 명제, ㉢은 자기의식이다. ㉢이 있기 위해서는 ㉠을 바탕으로 과거의 '나'와 현재의 '나'가 같음을 의식해야 하므로, ㉠이 가능해야만 ㉢도 가능하다는 ②가 적절하다. 정답 ②.

오답 피하기 ①㉠이 있어야 ㉡에 의거한 주장이 가능하다. ④㉠을 통해 ㉢이 가능하다. ⑤㉢이 있기 위해서는 ㉡이 아닌 ㉠이 전제되어야 한다.

034 하이데거의 철학

[출처] 청소년을 위한 서양 철학사_ 서용순
2013학년도 9월 고2 전국연합학력평가

1. 제시문의 핵심 논지는 인간이 삶의 유한성을 깨닫고 목적으로서의 삶을 살아가야 한다는 것이다. 정답 ④.

2. 제시문에서는 '불안'으로 인해 인간이 목적으로서의 삶을 살며, 〈보기〉에서는 '불안'으로 인해 인간이 신중함을 기르게 되었다고 한다. 정답 ②.

035 사물의 본질

[출처] 본질이란 무엇인가_ 강신주
2013학년도 7월 고3 전국연합학력평가

1. 글쓴이는 비트겐슈타인의 말을 인용하면서, 사물의 본질은 사후적 구성 논리에 의한 것이며 절대적인 것이 아님을 밝히고 있다. 정답 ①.

2. 불교에서의 '자성'은 본질을 의미하는 것이며, 불교에서는 '무자성'을 강조한다. 이는 본질이 없다는 것으로, 본질에 대한 맹신을 치유하기 위한 것이다. 비트겐슈타인은 본질이란 사후적 구성의 반복에 의해 형성된다고 하고 있으므로, 결국 본질에 대한 맹신은 사후적 구성이 반복됨으로써 생기게 된다고 할 수 있다. 정답 ③.

036 가다머, 선이해와 지평 융합

[출처] 진리와 방법2_ 한스 게오르그 가다머
2014학년도 3월 고3 전국연합학력평가

1. 제시문의 화제는 '세계에 대한 이해 방식'이고, 이와 관련한 핵심 개념은 '선이해'와 '지평 융합'이다. 1문단에서는 두 가지 핵심 개념인 '선이해'와 '지평 융합'에 대해 제시하고 있고, 2문단에서는 첫째 핵심 개념인 '선이해'를 계몽주의 학자들의 견해와 대비해서 설명하고 있다. 3문단에서는 두 번째 핵심 개념인 '지평 융합'의 개념을 설명하기 위해서 이와 관련된 '현재 지평'과 '역사적 지평'의 개념에 대해 설명하고 있고 마지막 문단에서는 앞서 논의된 핵심 개념을 종합하여 세계에 대한 이해의 과정적 속성에 대해 정리하며 논의를 마무리하고 있다. 정답 ③.

2. 계몽주의 학자들은 선입견을 올바른 이해를 가로막는 잘못된 생각으로 간주하였다. 그들은 선입견은 개인의 권위나 속단에서 비롯된 비이성적인 생각으로 보았는데, 이를 통해 계몽주의 학자들이 개인의 권위나 속단에서 비롯된 생각을 부정적으로 여겼음을 알 수 있다. 정답 ⑤.

오답 피하기 ③2문단에 의하면, 계몽주의 학자들은 이성적인 이해를 중시하였다.

037 몸, 푸코와 메를로퐁티

[출처] 몸 주체 권력_ 강미라
2014학년도 7월 고3 전국연합학력평가

1. 몸을 중심으로 인간의 존재를 규명하여, 행위하는 몸의 사회적 의미를 분석하고자 했다는 점에서 푸코와 메를로퐁티는 공통점을 갖는다. 하지만 푸코는 인간의 몸이 정치·사회적 권력에서 요구하는 행동 양식을 따르고 있다고 본 반면, 메를로퐁티는 인간의 몸이 우리를 둘러싼 환경인 세계에 주체적으로 적응한다고 보았다. 따라서 이 글은 몸을 중심으로 인간의 존재를 규명하고자 한 푸코와 메를로퐁티의 견해를 공통점과 차이점을 중심으로 소개하는 글이다. 정답 ②.

2. 푸코는 인간이 규정된 행동 양식을 따르게 되고, 이러한 규제는 몸에 각인되며 몸을 통해 실현된다고 보았다. 따라서 ㉠은 인간의 몸이 정치·사회적 권력이 요구하는 규제에 의해 규율화 되는 과정에 주목한다. 이와 달리 메를로퐁티는, 인간은 세계와 관계를 맺으며 세계에서 능동적으로 살아가는 주체라고 보았다. 따라서 ㉡은 인간의 몸이 세계와 적극적으로 상호 작용하면서 의미를 만들어 내는 과정에 주목한다. 정답 ⑤.

038 욕망, 코드화, 노마디즘

2012학년도 9월 고2 전국연합학력평가

1. 노마디즘적 사유와 행동은 욕망을 통제하고 이를 코드화하는 기존의 모든 사회체제로부터의 해방을 지향하므로 이를 통해 원시 사회의 형태로 돌아가게 된다는 ⑤번의 진술은 적절하지 않다. 정답 ⑤.

2. ㉠은 욕망을 '무의식적 에너지의 능동적 흐름'으로 보고 있다. 그런데 ④는 욕망을 '인간이 스스로 발산하는 능동적 정서'라고 설명하고 있다. 정답 ④.

039 하버마스, 의사소통적 이성

[출처] 광기의 시대, 소통의 이성_ 하상복(재구성)
2013학년도 3월 고2 전국연합학력평가

1. 제시문은 계몽주의와 프랑크푸르트학파의 관점을 비판한 하버마스의 이론을 소개한 글로서, 하버마스가 중시했던 '의사소통적 이성'의 특징에 대해 진술하고 있다. 정답 ①

2. 제시문에 따르면 프랑크푸르트학파는 계몽주의가 이성을 지나치게 중시하여 목적 달성을 위해 대상을 도구화하면서 여러 가지 병폐를 낳았다고 비판하였다. 정답 ③

040 알랭 바디우의 철학

[출처] 알랭 바디우_ 장태순
2019학년도 10월 고3 전국연합학력평가

1. 3문단에서 '개인이나 집단이 사회 안의 제도, 행위, 발언 등을 검토하여 그것이 사건을 이어 갈 수 있는 것인지 아닌지를 가려낼 수 있다고 보는 것이다.'라고 밝히고 있다. 따라서 바디우는 개인이 사회 안의 제도나 행위에 대해 검토할 수 있다고 보고 있음을 알 수 있다. 정답 ③.

오답 피하기 ②2문단에서 사건은 '사회에 엄청난 충격을 일으키지만 사회 전체에서 일어나는 것이 아니라 사회 내의 특정한 지점에서 발생한다.'라고 밝히고 있다. ④4문단에서 '바디우에게 있어 진리란 거짓에 반대되는 사실을 가리키는 것이 아니라, 사건을 계기로 이루어진 탐색의 결과'라고 밝히고 있다. 5문단에서는 진리가 만들어지는 과정이 진리 절차라고 언급하고 있다.

2. 2문단에서 '사건은 의도적으로 발생시킬 수 없는 것'이라고 설명하고 있다. 또한 6문단에서 바디우는 '사회 구조의 변화를 위해 중요한 것은 우연한 사건보다 시간의 경과 속에서 만들어지는 진리라고 말한다.'라고 밝히고 있다. 정답 ⑤.

오답 피하기 ①바디우에 따르면 사건을 계기로 진리가 만들어지고, 진리가 만들어지면서 사회 구조의 변화가 일어난다. 사건은 진리가 만들어지는 과정의 시발점이자 사회 구조 변화의 출발점인 것이다.

041 노자의 사상

[출처] 21세기의 동양 철학_ 이동철 외
2016학년도 3월 고2 전국연합학력평가

1. 노자에 따르면, '명'의 강화는 그 반대적 측면을 동반하게 되어 사회의 혼란을 심화시킬 수 있다. 따라서 '명'이 대상에 부여되어 그 대상이 지닌 상반된 속성을 사라지게 만든다고 말하는 것은 노자의 입장과 다른 것이다. 정답 ⑤.

오답 피하기 ①1문단을 통해 노자의 『도덕경』에 '상반된 것의 공존'에 관한 노자의 생각이 들어 있음을 알 수 있다. ②4문단에서 "법령이 더욱 엄하게 되면 도적도 더 많이 나타난다."라는 노자의 말을 인용해 설명하고 있다. ③5문단에서 문명사회를 탐욕과 이기심 및 이를 정당화시켜 주는 이념의 산물로 보았다. ④3문단에서 'A는 A이다.'와 같은 사유에 매몰되면 세계를 온전하게 이해하지 못한다고 하고 있다.

2. 노자는 '예'와 같은 이념이 그 반대되는 것을 동반해 사회 혼란을 심화시킬 수 있다고 하고 있다. 이러한 입장에서 보면, 지향해야만 하는 이상적 기준으로 '예'와 같은 것을 정해 놓고 그것이 현실에서 실현되어야 사회 질서가 안정된다는 주장은 설득력이 없다. 즉 노자는 '예'와 같은 이념의 실현을 지향하지 않아야 한다고 보는 것이다. 따라서 노자가 '예'와 같은 이념의 실현을 지향한다고 생각하는 것은 적절하지 않다. 노자는 '예'와 같은 이념의 실현을 지향하지 않았기 때문에, '예'와 같은 이념의 실현의 조건으로 이념을 지향해 초래되는 문제점들의 극복을 제시하지 않았을 것이다. 정답 ②.

오답 피하기 ①노자는 '명'이 대상에 부여된 것으로 존재나 사태의 한 측면만을 규정할 수 있을 뿐이라고 보았다. 이러한 관점에서, 지향해야만 하는 이상적 기준으로 '명'을 제시하는 것은 바람직하지 않다. 즉 '명'을 불변하는 이상적 기준으로서의 역할을 수행할 수 없다고 보는 것이다. ③노자는 '예'에 의해 오히려 사회의 혼란이 심화될 수 있다고 보았다. 〈보기〉에 따르면, 공자는 '예'에 의해 사회 혼란을 바로잡을 수 있다고 보았다. ④노자는 '명'을 부정하는 입장을 취했다. 〈보기〉를 보면, 노자와 달리 공자는 '명'에 부합해야 한다는 논리를 제시했다. ⑤노자는 당대 사회를 탐욕과 이기심이 넘치는 사회로 보았다. 노자는 '명'이 이러한 사회 혼란을 해소하는 데에 도움이 되지 않는다고 보았다. 그래서 그는 적은 사람들이 모여 욕심 없이 살아가는 소규모의 원시 공동체로 돌아가야 한다고 주장했다. 이는 노자가 사회의 혼란을 바로잡는 데 관심을 기울였음을 나타낸다. 〈보기〉를 보면 공자는 사회 구성원들이 예에 따라 자신이 맡은 역할을 제대로 수행해야 사회 혼란을 바로잡을 수 있다고 보았다. 이는 공자가 사회 혼란을 개선하는 데에 관심을 기울였음을 보여 준다.

042 장자 철학의 현대적 의미

[출처] 장자, 차이를 횡단하는 즐거운 모험_ 강신주
2013학년도 6월 고1 전국연합학력평가

1. 제시문은 '성심'을 중심으로 장자 철학에 대한 의미를 서술한 글이다. 주요 개념인 '성심'을 설명하기 위한 방법으로 1문단은 예화를 통해 '낯섦'의 개념을 제시하였고, 2문단은 질문하는 방식과 개념을 설명하는 방법으로 '성심'의 개념을 설명하였다. 3문단은 질문하는 방식을 통해 독자의 주의를 환기한 후, 예화를 통해 '성심'에 대한 개념 이해를 돕고 있으며, 4문단은 3문단에 제시된 예화의 의미를 설명하였다. 5문단에서는 '성심'을 버리고 '소통'에 이르자는 내용을 설명하기 위해 개념을 분석적으로 해석하였으며, 6문단은 장자 철학이 가지는 현대적 의의를 제시하

면서 글을 마치고 있다. 1,3문단에서는 각각 '낯섦'과 '성심'에 대해 예화를 인용하여 개념을 설명하고 있으며(ㄱ), 2,3문단에서는 질문을 하는 방식을 활용하여 독자의 주의를 환기하고 있다(ㄴ). 정답 ①.

오답 피하기 제시문은 장자 철학에서의 '성심'에 대한 개념을 설명하여 현대적 의의를 제시하는 글로, 핵심 쟁점에 대한 상반된 두 관점을 비교, 분석한 글(ㄷ)과는 거리가 있으며 또한 장자 철학의 변화 과정에 대한 글(ㄹ)이 아니다.

2. '성심'이란 온전한 마음이 아니라 치우친 마음으로 자기 입장을 극대화하여 고정된 자기 관점을 고집하는 것이다. '바닷새 이야기'에서의 '바닷새'는 노나라 임금에게 있어서 고유한 성질을 가진 낯선 대상이다. 이런 낯선 대상(타자)을 대함에 있어서 노나라 임금은 자신의 '성심'을 기준으로 바닷새를 대하다가 바닷새를 죽음에 이르게 한다. 따라서 ㉠은 노나라 임금이 '성심'으로써 바닷새를 대하는 행위를 의미하고, ㉡은 고유한 성질을 가진 새의 특성을 고려하여 자신의 '성심'에서 벗어나 대상을 대하는 태도를 의미한다. 정답 ①.

오답 피하기 ②㉠은 '성심'을 버리지 못한 행위로 각자의 관점을 절대적 판단 기준으로 삼는 것이며, ㉡은 성심을 버린 행위이므로, 절대적 관점이라는 설명은 적절하지 않다. ③'성심'은 타자와의 소통과 조화를 방해한다고 하였고 '성심'을 버리면 타자와 실질적인 소통이 가능하게 된다고 하였으므로 잘못된 설명이다. ④'성심'은 사물을 있는 그대로 보지 못하는 관점이므로 ㉠과 ㉡의 설명이 잘못 연결되었다. ⑤㉠에서 말하는 고정된 자기 관점을 고집하는 것이 '성심'이므로 적절하지 않은 진술이다.

043 인간 욕망에 대한 세 입장
[출처] 이천 년을 이어져 온 논쟁(재구성)
2016학년도 6월 고2 전국연합학력평가

1. 제시문은 인간의 욕망을 바라보는 관점과 그에 대한 대처 방안에 대해 맹자, 순자, 한비자의 입장을 소개하고, 이들의 입장을 공통점과 차이점에 따라 비교하고 있다. 정답 ①.

오답 피하기 ②일정한 기준에 따라 욕망의 유형을 분류하지 않았다. ③욕망에 대한 상반된 견해는 있으나,

그것의 현대적 의의는 언급되지 않았다. ④욕망이 나타나는 구체적인 사례가 제시되어 있지 않고, 욕망 이론의 타당성도 따지지 않았다. ⑤욕망을 조절하는 다양한 방법을 보여주고 있지만, 각각의 장단점은 밝히지 않았다.

2. 순자와 한비자 모두 인간의 본성이 이기적인 것은 인정하고 있다(ㄱ). 그리고 순자는 '예'를 통해, 한비자는 '법'을 통해 백성의 욕망을 다스려야 한다고 보았다(ㄴ). 정답 ①.

오답 피하기 순자는 사회적 규범인 '예'로 인간의 본성을 교화할 수 있다고 본 데 반해, 한비자는 그렇지 않다(ㄷ). 한비자만 인간의 욕망을 부국강병과 부귀영화를 이루는 수단으로 보았다(ㄹ).

044 도(道)에 대한 세 관점
[출처] 21세기의 동양철학_ 한형조 외
2013학년도 11월 고2 전국연합학력평가

1. 제시문은 동양철학의 핵심 개념 중 하나인 '도'에 대한 여러 학자들의 관점을 비교하여 설명하는 글이다. 공자의 '도'의 개념을 설명한 후, 공자와 노자, 공자와 한비자를 비교하고 있다. 그러므로 표제로 '동양철학에서의 도', 부제로 '여러 사상가들의 관점 고찰'이라 한 것은 적절하다. 정답 ③.

2. ㉠은 '공자가 말하는 도'이고, ㉡은 '노자의 도'이다. 4문단의 '규정할 수 없는', '공자의 인위적 규범인 도와 달리' 등으로 보아 ②는 적절한 진술이다. 정답 ②.

오답 피하기 ①2문단의 '도는 인간의 내면에서 연유될 수밖에 없다'로 보아 적절하지 않은 진술이다. ③2문단의 '인간이 없으면 성립되지 않는다'로 보아 적절하지 않다. ④4문단의 '그는 도를 만물이 생성하는 근원이라 보고'로 보아 적절하지 않다. ⑤2문단의 '객관화된 인간의 행동규범'과 4문단의 '노자의 도는 공자의 인위적 규범인 도와 달리 자연 그 자체를 의미한다고 볼 수 있다'로 보아 적절하지 않다.

045 인성론의 세 가지 학설
[출처] 철학 VS 철학_ 강신주
2019학년도 6월 고1 전국연합학력평가

1. 제시문에는 전국 시대의 혼란한 상황 속에서 인성론이 대두하게 된 배경과 고자의 성무선악설, 맹자의 성선설, 순자의 성악설 등 주요 사상가들의 견해가 제시되어 있다. 정답 ②.
오답 피하기 ①성무선악설, 성선설, 성악설 등 각각이 갖는 장단점에 대한 비교는 드러나 있지 않다. ③인성론의 역사적 의의와 한계는 드러나 있지 않다. ④인성론이 등장한 시대적 상황은 언급되어 있으나 구체적 자료는 제시되어 있지 않다. ⑤인성론의 두 견해를 절충한 새로운 이론이 소개되어 있지 않다.
2. [A]를 보면, 맹자의 성선설은 호족들과 지주들이 국가 공권력에 저항하기 위한 논거로 사용되었고, 순자의 성악설은 군주가 공권력을 정당화하는 논거로 사용되었다고 드러나 있다. 이처럼 인성론은 집단의 정치적 입장을 정당화하기 위한 이념적 근거로 작용하기도 하였다. 정답 ③.
오답 피하기 ①사회의 발전을 위한 갈등 유지의 당위성을 인정하지 않았다. ②권력자의 선악과 통치력의 상관관계는 드러나 있지 않다. ④초자연적 존재와 대비되는 인간 본성의 우위를 추구하지 않았다. ⑤인간의 본성을 유지하거나 순치하기 위한 인위적 노력을 긍정하였다.

046 택선고집, 신독, 충서
[출처] 유학사상_ 최근덕 외
2010학년도 4월 고3 전국연합학력평가

1. 제시문은 '택선고집', '신독', '충서'에 대해 설명하고 있는데, 이를 행함으로써 하늘의 도리인 '성'을 인간 사회에 실현할 수 있다고 하였다. '형식'에 대해서는 구체적으로 언급한 바 없다. 정답 ②.
오답 피하기 ①'인간의 내면에 있는 선을 선택한다는 것은 인간에게 내재한 본성을 자각하는 인식의 단계를 의미한다.'고 했다. ③하늘의 도리가 '성'이므로 하늘의 도리를 본받는다는 것은 '성'을 실현하는 것을 의미한다. 1문단에서 언급한 '택선고집'은 성을 실현하는 것이라고 했으므로 제시문의 내용과 일치한다. ④

'택선고집', '신독', '충서'는 인간의 천부적인 도덕성을 자각하고, 이를 실현하기 위한 실천론에서 출발한다고 하였다. 천부적인 도덕성이란 본성을 뜻하는 것이고 '택선고집', '신독', '충서'는 모두 윤리적 실천이라 할 수 있으므로 적절한 진술이다. ⑤2문단을 통해서 확인할 수 있다.
2. 〈보기〉의 사례에서 근로자가 임금 동결에 동의한 것은 '역지사지(易地思之)'의 마음이 행동으로 나타난 것이라 할 수 있다. 제시문에서 '서(恕)'는 '역지사지의 마음을 지닌 상태'라고 설명했다. 정답 ⑤.

047 양주와 한비자
[출처] 철학 vs 철학_ 강신주
2014학년도 7월 고3 전국연합학력평가

1. 양주는 인간이 자신만을 위한다는 위아주의를 강조하였고 한비자는 인간을 자신의 이익을 추구하는 이기적 존재로 간주하였다. 이를 바탕으로 인간이 자신의 이익을 중시하는 존재라는 것에 양주와 한비자 모두 동의한다고 추론할 수 있다. 정답 ①.
2. 양주는 강력한 공권력을 독점한 국가에 의해 개인의 삶이 일종의 수단으로 전락할 수 있다고 보기 때문에 사회의 제도와 문화를 인위적인 허식으로 생각한 것이다. 정답 ①.

048 묵가 사상의 이해
[출처] 강의_ 신영복
2007학년도 10월 고2 학업성취도평가

1. 묵가는 어지러운 춘추전국시대를 살면서 민중의 고통에 주목하여 이를 해결하기 위해 실천적인 노력을 하였다. 정답 ④.
2. 묵가는 자기와 다른 사람을 차별하는 '별애'에서 사회적 혼란이 비롯된다고 보았다. 그러므로 누구든지 잘못이 있다면 동등한 처벌을 받아야 한다고 생각하는 것이 묵가의 입장이다. 따라서 다른 사람에게 피해를 입혔다면 '아비'도 그에 따른 처벌을 받는 것이 당연하다고 보았을 것이다. 정답 ③.

049 리(理)와 기(氣)

[출처] 한국사상사의 인식_ 유초하
2011학년도 9월 고2 전국연합학력평가

1. 3문단에서 이황은 리의 발현을 통한 보편적 선의 지를 강조, 4문단에서 이이는 개별적 기의 작용을 통한 선의지를 강조하고 있음을 확인할 수 있다. 정답 ③.

2. 〈보기〉는 '본성은~아니며'를 통해 이황의 사상과 '선악의~아니다'를 통해 이이의 사상을 모두 비판하면서 인간의 주체성을 강조하고 있다. 정답 ③.

050 조선시대 지행론의 변화

2010학년도 대학수학능력시험

1. 1문단에서 조선 성리학자의 지행론, 2문단에서 18세기 홍대용의 지행론, 3,4문단에서 19세기 최한기의 지행론을 설명하고 있다. 따라서 3문단~4문단은 지행론의 변화를 말하고 있다. 5문단에서 '서로 다른 지행론은 그들의 학문 목표와 관련이 있다.'고 했으므로 이는 변화의 배경에 해당한다. 정답 ④.

2. 2문단에서 홍대용은 지행병진을 전제한다고 했고 지는 도덕적 법칙만이 아닌 실용적 지식을 포함한다고 하였다. 이는 지를 확대시킨 것이다. 정답 ②.

오답 피하기 ①1문단에서 '만물의 이치가 마음에 본래 갖추어져 있다'고 했으므로 외부가 아닌 마음의 내부에 있다고 해야 한다. ③2문단에서 홍대용은 '행이 지보다 더욱 중요한 것이었다.'고 하였고, 3문단에서 최한기는 '행이 지보다 우선적인 것임을 강조하였다.'고 하였으므로 홍대용과 최한기는 행을 우선시한다. ④5문단에서 '실학자들은 피폐한 사회 현실을 개혁하고자 하는 학문적 문제 의식'을 가지고 있다고 하였으므로 오답이다. 도덕적 수양은 성리학자의 학문 목적이다. ⑤4문단에서 '선천적인 지식이 따로 없고 모든 지식이 경험을 통해 산출된다'고 하였으므로 오답이다.

6장 윤리학

	1	2		1	2		1	2		1	2
051	⑤	③	052	③	①	053	④	②	054	②	②
055	④	②	056	④	③	057	③	②	058	⑤	①
059	③	⑤	060	①	②						

051 고대 그리스에서의 정의 개념

[출처] 개념-뿌리들 2_ 이정우
2014학년도 4월 고3 전국연합학력평가

1. 제시문은 고대 그리스에서 정의 개념이 다양한 분야에 적용되다가 점차 윤리와 정치라는 특정 분야에 주로 적용되었다는 양상을 설명하고 있다. 그리고 정의 개념이 다양한 분야에 적용되는 양상을 구체적으로 설명하기 위해 아낙시만드로스, 히포크라테스의 정의 개념이 윤리와 정치 분야에 적용되는 양상을 구체적으로 설명하기 위해 아리스토텔레스의 정의 개념을 예로 들고 있으므로 적절한 진술이다. 정답 ⑤.

오답 피하기 ①정의 개념의 통시적인 변화를 설명하고는 있지만, 앞으로 일어날 변화 양상을 설명하지는 않으므로 적절하지 않은 진술이다. ④아낙시만드로스, 히포크라테스, 아리스토텔레스의 이론과 관련된 개념들을 설명하고는 있지만, 각 이론에 대한 근거들의 적절성을 판단하지는 않으므로 적절하지 않다.

2. 2문단의 '그런데 아낙시만드로스는 불의가 그 상태에 머물러 있지 않기 때문에 이전에 미약했던 것들은 강해지고 막강했던 것들은 약해져서 다시 우주의 질서가 돌아온다고 보았고, 이것이 곧 우주가 정의를 되찾는 것이라고 설명했다.'로 보아 적절하지 않은 진술이다. 정답 ③.

오답 피하기 ①1문단의 '더 나아가 그들은 대립자들의 조화가 정의를 가져온다고 생각했다.'로 보아 적절한 진술이다. ②2문단의 '그에 따르면 힘의 균형이 깨지면 우주의 질서가 무너지게 되는데 그것이 불의(不義)이다.'로 보아 적절하다. ④2문단의 '히포크라테스 의학의 요점은 병이 났을 때의 치유 방법에 있다기보다는 식이요법을 통한 예방에 있다.'로 보아 적절하다. ⑤2문단의 '그에게 건강은 몸 전체를 이루고 있는 부분들 사이의 조화였다.'로 보아 적절하다.

052 도덕적 상황과 윤리적 판단
[출처] 도덕적 상황과 윤리적 사고(思考)_ 황경식
2003학년도 5월 고2 학업성취도평가

1. ①은 6문단에, ②는 5문단에, ④는 4문단에, ⑤는 마지막 문단에 언급돼 있다. 그러나 ③은, 마지막 문단에서 '윤리적 상대주의'나 '윤리적 회의주의' 모두 경계의 대상이라고 말하고 있다. 정답 ③.

2. 제시문에는 개념어가 빈번히 등장한다. 다양한 상황에 걸맞은 적절한 사례를 들어 설명하여 준다면 독자의 입장에서 보다 이해하기 쉬운 글이 될 것이다. 정답 ①.

오답 피하기 ②는 논리적 근거가 제시되어 있다고 보아야 하며, ③은 '상황'이라는 대상에 객관적인 접근을 하고 있다고 보이며, ④는 1문단에서 보편적 상황을, 6,7문단에서 특수한 상황인 극단적인 딜레마 상황을 제시하고 있고, ⑤는 핵심적인 용어인 '딜레마'를 비교적 상세히 진술하였다고 보아야 한다.

053 이기주의와 이타주의
[출처] 전통문화와 미래사회_ 이송근 · 김성범
2009학년도 5월 고2 학업성취도평가

1. ④의 경우처럼 인간의 이타적 행위가 삶의 목표를 완성하지 못할 때 생기는 불안감에서 생긴다고 진술한 부분은 제시문에서 찾을 수 없다. 정답 ④.

오답 피하기 ①인간의 이타적인 행위에도 이기적인 심리가 내재되어 있다고 2문단에서 말하고 있다. ②인간은 본래적 기능을 잘 실현했을 때 진정한 만족을 얻을 수 있다고 1문단에서 말하고 있다. ③5문단에

서 자비나 동정심도 타인에 대한 우월감이 잠재되어 있다고 보고 있다. ⑤건전한 도덕은 마땅히 해야 할 일을 현실적으로 실행할 수 있을 때 의미를 지닌다고 1문단에서 근거를 찾을 수 있다.

2. [A]에서 인간은 행위는 본래 자신의 행복을 추구하는 것이며 인간의 모든 행위는 자신의 만족감을 얻기 위한 것이라고 진술한다. 다른 사람을 돕는 행위 역시 자기 자신의 행복과 만족감에서 비롯된다고 본다. 이기주의와 이타주의는 근본적으로 같다고 보며, 그것이 심리적 이기주의이다. 정답 ②.

054 스피노자의 윤리학과 코나투스
[출처] 에티카, 자유와 긍정의 철학_ 이수영
2018학년도 9월 고1 전국연합학력평가

1. 1문단의 정신과 신체를 서로 다른 것이 아니라 하나로 보았다는 내용에서, 정신과 신체의 관계는 확인할 수 있으나 유래는 확인할 수 없다. 정답 ②.

오답 피하기 ①1문단의 실존하는 모든 사물은 자신의 존재를 유지하기 위해 노력하는데, 이것이 바로 그 사물의 본질인 코나투스라는 것이라는 내용에서 확인할 수 있다. ③2문단의 감정을 신체의 변화에 대한 표현으로 보았다는 내용에서 감정과 신체의 관계를 확인할 수 있다. ④2문단의 기쁜 감정을 느꼈을 때 코나투스가 증가하고, 슬픈 감정을 느꼈을 때 코나투스가 감소한다는 내용을 통해 감정과 코나투스의 관계를 확인할 수 있다. ⑤1문단의 인간은 자신의 충동을 의식할 수 있다는 내용에서 동물과 차이가 있다는 것을 확인할 수 있다.

2. 스피노자는 사물이 다른 사물과 어떤 관계를 맺느냐에 따라 선이 되기도 하고 악이 되기도 한다고 말했다. 그렇기 때문에 선악은 사물 자체가 지닌 성질로 보기 어렵다. 정답 ②.

055 니체, 도덕적 가치와 도덕적 삶
[출처] 처음 읽는 윤리학_ 서울대학교 철학사상연구소
2014학년도 9월 고2 전국연합학력평가

1. 5문단을 보면 노예적 개인이 양심의 가책을 받게 되면 자신의 약속이 무엇인지 알게 된다. 하지만 양

심의 회복을 위해서는 교육과 자신의 의지가 필요하다고 했으므로 양심의 가책을 느낀다고 해서 자연스럽게 양심이 회복되는 것은 아니다. 정답 ④.

오답 피하기 ①2문단에, ②1문단에, ③2문단과 3문단에, ⑤4문단을 통해 확인할 수 있다.

2. 2문단과 3문단을 통해 주인적 개인과 노예적 개인의 특성을 비교할 수 있다. 주인적 개인은 자신이 세운 삶의 원칙에 따라 행동하지만 노예적 개인은 자신이 세운 원칙이 아닌 무리의 평균적 가치를 따른다. 정답 ②.

오답 피하기 ①주인적 개인은 자신의 행위에 따르기 때문에 보편적 가치를 긍정한다고 볼 수 없고 노예적 개인은 보편적 가치를 부정한다고 볼 수 없다. ③주인적 개인은 외적으로 주어진 규범을 준수하는 것이 아니라 스스로 주체적인 의지를 발휘하여 행동한다. ④노예적 개인은 무리에 의존하므로 무리를 배척한다고 할 수 없다. ⑤주인적 개인은 욕구를 제어할 수 있고, 노예적 개인은 욕구를 제어할 수 없으므로 모든 욕구에 대한 긍정, 부정은 확인할 수 없다.

056 레비나스의 윤리학

[출처] 고통의 의미_ 박정호
2013학년도 10월 고3 전국연합학력평가

1. 제시문은 고통의 의미를 바탕으로 향유의 주체에서 책임의 주체로 전환할 것을 요구하는 레비나스의 윤리학에 대해 설명한 글이다. 3문단에서 레비나스는 개별적으로 존재하는 주체를 넘어 타인과 상호 관계를 맺고 타인에게 윤리적 책임을 느끼는 책임의 주체가 되어야 한다고 주장했음을 알 수 있다. 정답 ④.

오답 피하기 ①1문단에 신이 정의롭다는 전제 하에 고통이 선을 더 두드러지게 한다고 보는 변신론의 입장이 나타나 있다. ②4문단에서 레비나스는 타인과의 관계에서 이성적 판단이 아니라 감성이 중요하다고 보았음을 알 수 있다. ⑤2문단에서 변신론적 사고가 역사의 비극적 사건들로 인해 경험적으로 설득력을 잃었다고 하였다.

2. 4문단에서 타인의 호소에 직접 노출되어 흔들리고 영향 받는 것은 감성이라고 하였다. A는 노숙인의 고통에 영향을 받아 안타까움을 느낀 것으로 볼 수

있다. 정답 ③.

오답 피하기 ①2문단에서 고통은 어떠한 쓸모도 없는 부정적이며 고독한 경험이라고 하였다. ②노숙인과 마주친 것이 A에게 윤리적 감정을 불러일으키고 타인에게 책임 있는 존재가 되게 하였으므로, '타인의 얼굴'에 직면한 것으로 볼 수 있다. ④A의 외투는 3문단에 나타난 음식, 공기, 잠 등과 같이 A가 향유의 주체로서 즐기고 누리던 대상이라고 할 수 있다. ⑤A는 노숙인에게 자신의 외투를 기꺼이 벗어 주며 윤리적 의무를 실행하였으므로 노숙인을 '환대'한 것으로 볼 수 있다.

057 아담 스미스의 도덕 감정론

[출처] 도덕 감정론_ 아담 스미스
2016학년도 3월 고3 전국연합학력평가

1. 제시문은 '동감'이라는 핵심 개념을 중심으로 아담 스미스의 도덕 감정론에 대해 설명하고 있다. 정답 ③.

2. 제시문에서는 개인이 이기적인 감정을 느끼거나 이기적인 행위를 하게 되는 이유에 대한 아담 스미스의 견해를 확인할 수 없다. 정답 ②.

오답 피하기 각 질문에 대한 아담 스미스의 견해는 다음과 같다. ①이기적인 행위도 공평한 관찰자의 동감을 얻을 수 있다면 도덕적인 것으로 승인받을 수 있다. ③이성이 아니라 도덕 감정, 특히 동감 능력에서 사회 질서의 원리를 찾고 있다. ④관찰자는 행위자가 직면한 상황과 처지 속에서 자신이라면 어떤 감정을 느끼고 어떤 행위를 할 것인가를 상상해 본다. ⑤'가상의 공평한 관찰자' 혹은 '마음속의 이상적 인간'이라고 표현된 추상적 존재이다.

058 데이비드 흄의 윤리설

[출처] 인간 본성에 관한 10가지 철학적 성찰_ 로저 트리그
2009학년도 6월 고2 전국연합학력평가

1. 흄은 '사회적 공감'이라는 견해를 제시했지만, 그것이 '선천적으로' 타고난 것이라고 하지는 않았다. 정답 ⑤.

오답 피하기 ①2문단에, ②3문단에, ③2문단에, ④2문

단에 각각 제시돼 있다.

2. ㉠과 ㉡은 인간이 이기적인 생각을 하거나(㉠), 이타적인 생각을 하더라도(㉡), 그것이 이성에 따른 것이 아니라는 것이다. 정답 ①.

059 양심의 본질과 의의

[출처] 도덕적 가치에 대한 지진계-양심_ 베른하르트 그림
2004학년도 3월 고3 전국연합학력평가

1. 제시문에 따라 진정한 양심의 속성과 권위적 양심의 속성을 대비시켜 보면 다음과 같다. '자율적임:타율적임', '비판적임:무비판적임', '보편적 가치에 부합:보편적 가치를 무시하거나 소홀히 함', '타인을 배려함:타인을 배려하지 않음' 등. ③의 '사회의 요구에 부응하는 판단인가?'라는 것과 관련지어 볼 수 있는 '진정한 양심의 속성'은 이 글에서 언급되지 않았음을 알 수 있다. 정답 ③.

2. ⑤에서 일본 군인들은 주변 국가들에 대한 침략을 스스로 옳다고 믿고 있는 경우이다. 즉, 그들은 자기 집단의 논리에 따라, 그 행동이 옳다고 믿으면서 악행을 저지르며 다른 사람들에게 고통을 주고 있는 것이다. 정답 ⑤.

060 인간의 도덕성 발달 단계

[출처] 꼭 알아야 할 심리학의 모든 것_ 강현식
2015학년도 3월 고1 전국연합학력평가

1. 제시문은 인간의 도덕성 발달 단계에 대한 콜버그의 이론을 소개한 후 그의 이론이 유용한 도덕 교육의 틀을 제시하고 있다고 설명하고 있다. 그러므로 특정한 이론을 소개한 후 그 의의를 밝히고 있다고 할 수 있다. 정답 ①.
오답 피하기 ②권위자의 이론을 설명하고 있지만 장단점을 분석하고 있지 않다. ③,④콜버그의 이론을 소개하고 있을 뿐, 다양한 이론이나 상반된 이론을 소개하고 있지 않다. ⑤콜버그의 이론에 대한 통념을 소개하고 있지 않다.

2. ㉠은 행위자에게 미치는 직접적인 결과가 판단의 기준이 되는 수준으로 자기중심적인 단계라고 설명하고 있다. 그러므로 이 수준은 처벌이나 칭찬처럼 이기적인 욕망에 따라 도덕성을 판단하는 수준이라고 할 수 있다. ㉡은 ㉠의 수준을 넘어 집단의 기대나 법을 판단 기준으로 삼는 단계라고 설명하고 있다. 그러므로 자신이 속한 집단의 가치를 고려하는 수준이라고 할 수 있다. ㉢은 집단을 넘어 개인의 양심에 근거하는 단계로 인간 존엄과 같은 본질적 가치가 판단의 기준이 되는 단계라고 설명하고 있다. 그러므로 보편적인 도덕 원칙을 지향하는 수준이라고 할 수 있다. 정답 ②.

오답 피하기 ①콜버그에 따르면 도덕성 발달 단계는 순차적으로 이루어지므로 관습적 수준에 다다르기 위해서는 전 관습적 수준을 거쳐야 한다. ③집단의 질서를 지향하는 수준은 관습적 수준이다. ④개인의 자율성이 중시되는 단계는 후 관습적 수준이다. ⑤도덕 발달은 성장하면서 발달하는 것이므로 아동이 후 관습적 수준에서 많이 보일 수는 없다.

7장
심리학

	1 2		1 2		1 2		1 2
061	④ ④	062	③ ③	063	⑤ ②	064	③ ④
065	③ ②	066	③ ⑤	067	① ②	068	③ ③
069	④ ②	070	① ③				

061 꿈의 해석

[출처] 꿈의 해석_ 프로이트
2002학년도 대학수학능력시험

1. 3문단과 4문단에서 제시된 바와 같이 꿈은 깨어 있는 상태에서 미처 감지하기 어려웠던 미세한 정신적, 신체적 변화를 감지하여 인간의 내면 세계를 외면화하고 구체화하는 작용을 한다. 그러나 이것이 꿈꿀 때 내적 욕구가 강해진다는 것을 의미하는 것은 아니다. 정답 ④.

2. 제시문은 꿈이라는 현상이 외부 세계와 마찬가지로 우리 삶의 중요한 일부라는 점을 밝히고, 비유와 구체적 사례 제시를 통하여 추상적인 내용을 설명하고 있다. 꿈에 대해 일관된 관점에서 구체화하고 있으므로 ④는 제시문의 전개 방식으로 보기 힘들다. 정답 ④.

오답 피하기 ①제시문은 꿈의 기능 및 역할을 설명한 후 마지막 문단에서 다시 부연함으로써 전달하고자 하는 내용을 강조하고 있다. ②'수면상태의 나르시시즘', '꿈의 과장성', '투사' 등의 용어를 사용해 글의 내용을 정리해주고 있다. ③1문단, 2문단, 4문단에서 찾아볼 수 있다. ⑤'의식의 세계', '꿈' 등 추상적인 내용을 '옷', '몸' 등에 비유해 이해를 돕고 있다.

062 융의 분석 심리학

[출처] 융 심리학 입문_ 김형섭
2006학년도 4월 고3 전국연합학력평가

1. 제시문은 융의 심리학에 대한 소개의 글로서 글쓴이는 '정신'이라는 대상을 '의식', '개인 무의식', '집단 무의식'으로 구분지어 설명하고 있을 뿐만 아니라, '의식'이나 '원형'도 하위 항목으로 나누어 설명하며 대상의 성격을 드러내고 있으므로 ③의 진술이 적절하다. 정답 ③.

2. '자아'는 무의식에 포함되는 것이 아니라 의식에서 비롯되는 것이므로 ③의 '개인 무의식은 상황에 따라서 자아에 포함되는 개념'이라는 진술은 적절하지 않다. 정답 ③.

오답 피하기 ①[A]에서 '자아는 자각하고 있는 지각(知覺), 기억, 생각, 감정으로 구성되며, 자아에 의해 존재로 인정되지 못하면 그것들은 자각될 수 없다 '는 내용을 통해 '생각'은 자아에 의해 존재로 인정받아야 자각된다는 진술은 적절하다. ②와 ⑤는 [A]의 앞 부분에서 ④는 [A]의 뒷 부분에서 확인할 수 있다.

063 교류분석

[출처] 상담심리학의 이론과 실제_ 노안영
2009학년도 7월 고3 전국연합학력평가

1. 제시문은 교류분석의 원리와 단계를 설명하는 글이다. 또한 이 설명을 통해 의사소통에서 발생하는 역기능적 대인 관계 양상을 해소하는 것이 교류분석의 의의라고 말하고 있다. 다시 말해, 교류분석은 역기능적 대인관계를 개선하는 방법이라는 것이다. 정답 ⑤.

2. 두 개념을 비교하여 관계를 파악하는 문제이다. ㉠, ㉡은 교류분석의 두 가지 단계로, ㉠은 개인에 초점을 맞춰 분석하는 단계이고 ㉡은 구체적인 대화 상황에서의 타인에 대한 반응 방법을 분석하는 단계이다. 정답 ②.

064 과잉정당화 효과

[출처] 심리학 오디세이_ 장근영
2010학년도 11월 고2 전국연합학력평가

1. 과잉정당화 효과는 자기 내부로부터의 보상보다는 외부로부터 주어지는 보상과 관련이 있다. 정답 ③.

오답 피하기 ①성취도에 따라서 체계적으로 주어지는 보상은 과잉정당화 효과가 잘 나타나지 않는다고 하였다. ④과잉정당화 효과는 자기가 하는 행동을 관찰하고, 자신이 어떤 상태인지를 파악하는 인간의 특성 때문에 나타난다.

2. 과잉정당화 효과는 지나친 보상이 내적 동기를 약화시킨다는 것인데, 과연 어느 정도의 보상이 지나친 것인지 판단할 수 있는 기준이 제시되어 있지 않다. 보상의 지나침 여부는 상황이나 사람에 따라 달라질 수 있을 것이다. 정답 ④.

오답 피하기 ①과잉정당화 효과가 나타나는 실험은 여러 심리학자들에 의해서 다양한 조건으로 변형되어 반복되었고 그때마다 거의 비슷한 결과가 나타났다.

065 조작적 조건화의 기본 원리

[출처] 현대 심리학 이해_ 현성용 외
2013학년도 6월 고2 전국연합학력평가

1. 제시문은 조작적 조건화의 원리인 강화와 처벌에 대해 설명하고 있다. 강화가 외부 자극을 통해 어떤 행동의 발생 가능성을 증가시키는 사건이라면, 처벌은 외부 자극을 통해 행동의 발생 가능성을 감소키는 사건이다. 이 문제와 관련하여 3문단을 보면 강화물은 강화를 유도하는 자극을 가리키며 상황에 따라 변할 수 있다고 나와 있다. 정답 ③.

오답 피하기 ①1문단에 조작적 조건화의 원리로 강화와 처벌을 들고 있고 마지막 문단에 강화와 처벌은 외적 자극을 통해 반응자의 행동을 변화시킨다고 했다. ②2문단에 강화는 반응자의 행동이 미래에도 반복해서 나타날 가능성을 높인다고 했다. ④4,5문단에 나타난 처벌의 사례를 보면 처벌은 반응자의 부정적 행동을 감소시키고 있다. ⑤마지막 문단에 처벌은 강화와 결합해서 사용하면 더 효과가 있다고 했다.

2. 조작적 조건화의 기본 원리인 강화와 처벌은 사람에게 외적 자극을 주어 그 행동을 변화시키려는 것이다. 즉 외적 자극 없이 사람이 스스로 판단하여 바람직한 행동을 하거나 또는 바람직하지 않은 행동을 자제하는 것에 대해 고려하지 않은 것이다. 이는 인간의 자율적 의지를 간과한 것으로 볼 수 있기 때문에 이를 통해 조작적 조건화를 비판할 수 있다. 정답 ②.

오답 피하기 ③조작적 조건화는 인간의 물질적 욕망을 강화물로 사용하기도 했지만 그 목적은 물질적 욕망의 추구가 아닌, 행동의 변화에 있다. ④조작적 조건화는 강화물을 이용해 반응자의 행동을 변화시키는 것이지 인간이 만든 강화물을 무시의 대상으로 삼지 않는다.

066 상담 이론의 이해

[출처] 상담 심리학의 기초_ 이장호 외
2014학년도 3월 고2 전국연합학력평가

1. 다양한 상담 이론 중 대표적인 3개의 상담 이론을 다루고 있다. 각 상담 이론을 시대 순으로 나열하여 현재까지 어떻게 흘러왔는지 보여 주며, 각 이론에서 인간을 어떻게 바라보고, 어떻게 치료하는지 기술되어 있다. 정답 ③.

2. 인간중심적 상담은 내담자의 고민과 문제를 충분히 들어주고 공감하는 상담이라는 것을 추론할 수 있다. 내담자를 존중해 주고 스스로 깨닫도록 돕는 것이 중요하다고 진술되어 있는 것에서 이러한 사실을 유추할 수 있다. 따라서 문제 해결 방법을 제시한다는 ⑤의 진술은 옳지 않다. 정답 ⑤.

오답 피하기 ②정신분석적 상담에서 무의식은 과거의 경험에서 형성된 것이다. 내담자는 자신의 과거 경험들이 어떠한 의미를 가지는지 알지 못하여 심리적 문제를 겪고 있기 때문에 상담자는 내담자의 경험 중 유의미한 것들을 가려 해석해 준다. 이러한 과정을 통해 무의식을 이해하게 되고 심리적 문제를 해결하게 된다. ③,④인간중심적 상담에서는 내담자 자체를 중요시한다. 그리하여 내담자가 스스로 자신의 가치를 깨닫게 돕는다. 내담자가 자신의 가치를 알지 못하는 것은 외적으로 부여된 가치에 얽매여 있기 때문이다. 따라서 상담자는 무조건 존중하는 자세로 내담자를 대해 내담자의 외적 가치를 깨닫게 하고 스스로 해체하도록 한다.

067 감정노동
[출처] 감정노동과 감정조절 전략(재구성)
2018학년도 6월 고2 전국연합학력평가

1. 제시문은 감정노동 종사자들의 감정에 영향을 미치는 요인과 감정노동의 양상, 감정조절 전략 등을 설명한 글이다. 감정조절이 필요한 상황에 대한 언급은 있으나 감정조절이 불가능한 상황은 글의 내용을 통해 확인할 수 없다. 정답 ①.
오답 피하기 ②1,3문단에서 확인할 수 있다. ③4문단에서 확인할 수 있다. ④3문단에서 확인할 수 있다. ⑤6문단에서 확인할 수 있다.
2. 주의를 분산시키는 감정조절 전략은 회피·분산 전략에 해당한다. 마지막 문단에 의하면, 회피·분산 전략은 지지 추구 전략과 함께 일시적인 감정조절에 유용한 전략이다. 궁극적인 감정조절을 위해서는 능동 전략을 활용하는 것이 바람직하므로 적절하지 않은 반응이다. 정답 ②.
오답 피하기 ①6문단에서 확인할 수 있다. ③,⑤2문단에서 확인할 수 있다. ④5문단, 6문단에서 확인할 수 있다.

068 자아상태와 스트로크
[출처] 자아상태와 스트로크(재구성)
2019학년도 6월 고2 전국연합학력평가

1. 제시문은 1~6문단에서 교류 분석 이론을 이해하기 위한 주요 개념으로 '자아상태'와 '스트로크'를 설명하고 있으며, 7문단에서 이 개념들을 활용한 교류 분석 이론의 의의를 제시하고 있다. 정답 ③.
2. 6문단에서 긍정적 스트로크가 충분하지 않으면 부정적 스트로크라도 얻으려고 하며, 어떤 스트로크든 스트로크를 받지 못하는 것보다는 낫다는 내용을 확인할 수 있다. 정답 ③.
오답 피하기 ①2문단에서 확인할 수 있다. ②5문단에서 확인할 수 있다. ④2문단에서 확인할 수 있다. ⑤5문단에서 확인할 수 있다.

069 사후 과잉 확신 편향
[출처] 사후 과잉 확신 편향과 인과 추론_ 최인철
2015학년도 3월 고3 전국연합학력평가

1. 제시문에서 글쓴이는 사후 과잉 확신 편향이란 어떤 일의 결과를 알고 난 후에 마치 처음부터 그 일의 결과가 그렇게 나타나리라는 것을 알고 있었던 것처럼 믿게 되는 현상을 의미한다고 하여 사후 과잉 확신 편향의 개념을 정의한 다음, 그 발생 원인을 동기적 설명과 인지적 설명으로 나누어 설명하고 있다. 동기적 설명에서는 사후 과잉 확신 편향의 발생 원인을 '통제감'과 자기 과시 동기와 관련짓고 있으며, 인지적 설명에서는 어떤 일의 결과가 사람들의 정신적 표상에 잠입한다고 보는 '잠입적 결정론'과 관련짓고 있다. 정답 ④.
2. 제시문에서는 사후 과잉 확신 편향에 대해서만 설명하고 있을 뿐, 그 밖의 편향에 대해서는 설명하고 있지 않다. 정답 ②.

070 프랭클의 심리학과 심리치료
[출처] 현대 심리치료(재구성)
2022학년도 6월 고2 전국연합학력평가

1. 제시문의 중심 화제는 프랭클의 심리학과 심리치료 기법으로, 이를 프로이트와 아들러의 심리학과의 관계 속에서 설명하고 있다. 2~3문단은 프로이트의 이론과 그와 차별화되는 프랭클 이론의 특징을 설명하고, 4~5문단은 아들러의 이론과 그와 차별화되는 프랭클 이론의 특징을 설명하고 있다. 정답 ①.
2. 아들러는 인간의 원초적 욕구를 권력 의지로 보고, 인간의 타고난 기질적 불완전성으로 인해 우월성에 대한 추구(권력 의지)가 자동적으로 열등감을 발생시킨다고 설명하였다(4문단). 따라서 열등감으로 인해 권력 의지가 생긴다고 본 것은 적절하지 않다. 정답 ③.
오답 피하기 ①프로이트는 사람의 행동, 사상, 정서는 오직 쾌락 의지가 원인이 된 결과라고 생각하였다(2문단). 또한 프랭클은 프로이트가 인간을 단순히 성적 본능이나 공격성 등에 따라 행동하는 존재로 파악하는 점에 한계가 있다고 보았다(3문단). ②아들러는 인간은 누구나 타고난 기질적 불완전성을 갖기 때문에 원초적 욕구인 권력 의지를 추구하는 것이 자동적으로 열등감을 발생시킨다고 보았다. 이 열등감을 극복하려는 노력이 부적절한 삶의 목적을 지향하거나 부적응적 행동을 선택하게 될 때 신경증이 발생한다(4문단). 따라서 열등감 그 자체는 신경증으로 보지 않았다. ④프랭클은 인간을 본능과 충동의 차원을 넘어선 영적 존재로 생각하였으며, 인간의 무의식 속에는 본능과 충동만 있는 것이 아니라 책임감, 양심 등이 감추어져 있다고 보았다(3문단). ⑤프랭클은 프로이트의 이론에 동의하여 무의식이 인간의 본질을 규명하는 중요한 요소라고 보았다(3문단).

8장 미학

	1	2		1	2		1	2		1	2
071	②	①	072	⑤	③	073	②	①	074	⑤	①
075	③	①	076	⑤	④	077	⑤	②	078	②	④
079	③	④	080	③	③						

071 미와 추
[출처] 추의 역사_ 움베르트 에코
2010학년도 9월 고2 전국연합학력평가

1. 20세기 초 아방가르드 예술이 '추'를 중시했다고 해서 앞으로의 예술이 추를 중시하는 방향으로 나아간다고 볼 수는 없다. 정답 ②.
2. 제시문은 차이점을 중심으로 '그 자체로의 추'와 '형식적 추'의 개념, '추의 예술적 묘사'와 '예술적 추'의 개념을 구체적으로 설명하고 있으며(ㄱ), '배설물, 썩은 과일' 등과 같은 구체적 대상이나 특정 예술작품, 예술가 등을 통해 예를 들고 있다(ㄴ). 정답 ①.

072 미적 무관심성
2008학년도 9월 평가원 모의수능평가

1. 제시문은 대상의 아름다움을 판정할 때 요구되는 순수하게 심미적인 심리 상태를 가리키는 '미적 무관심성'과 여기서 더 나아간 개념인 '미적 무욕성'의 특징을 살핀 글이다. 글쓴이는 여기에 덧붙여 예술의 고유한 가치만을 옹호해서는 안 되고 진리나 선(善)과 같은 가치 영역들과 조화를 이루어야 한다는 점을 강조하고 있다. 이러한 문맥에 쓰인 ⓜ은 곧 예술의 고유한 순수한 가치를 추구하는 태도를 말한다. 정답

⑤.

2. 칸트는 대상의 내재적인 미적 형식만이 관심의 대상이 되는 '미적 무관심성'을 옹호하는 입장을 취하고 있다. 답지들 중에서 영화의 내적 형식을 중시한 입장은 ③이다. 이를 제외한 나머지 답지들은 시대 상황의 반영 반영론이나 감상자에게 주는 효용성 효용론 등 외적인 요소들에 초점을 맞추어 영화를 감상하고 있다. 정답 ③.

073 예술의 본질
2007학년도 9월 평가원 모의수능평가

1. 제시문은 우리에게 친숙한 예술 작품, 가족 구성원, 실로 꼬아 만든 밧줄 등의 사례를 통해 예술의 본질이 무엇인가를 밝히고 있다. 제시문에서는 여러 관점들이 소개되고 있지만, 이러한 관점들이 상반된다고 볼 수 없으며 장단점의 분석 또한 찾을 수 없다. 정답 ②.

오답 피하기 ④예술의 본질이라는 추상적 개념을 구체화하기 위해 게임의 개념, 가족의 유사성, 밧줄 등에 유추하고 있음을 확인할 수 있다.

2. 5문단에서 언급하고 있듯이 와이츠의 이론에서 예술의 개념은, 가족의 개념과 같이 구성원의 유사성이 인정된다면 그 점을 근거로 하여 개념의 범위를 확장할 수 있는 '열린 개념'이다. 따라서 예술의 개념이 아무런 근거없이 확장된다는 견해는 잘못된 것이다. 또 이는 예술이라는 개념이 없어지는 것이 아니라 개념의 테두리가 열려 있음으로 해서 그 범위가 확장될 수 있다는 것을 의미한다. 정답 ①.

074 예술의 미적 기능과 사회적 기능
[출처] 예술의 자연성과 그 기능_ 조연현
1994학년도 제2차 대학수학능력시험

1. 제시문은 예술이 지니는 미적 기능과 사회적 기능의 관계에 대해 서술하고 있는 글로, 예술 자체의 본원적인 기능은 미적 기능이며, 사회적 기능은 그러한 미적 기능과 결부되어 있는 것이지 사회적 기능 자체가 예술의 전적인 기능이거나 목적이라고 할 수 없다고 주장하고 있다. 마지막에서 두 번째 단락을

보면 '여러 가지 형태의 사회적 기능에도 불구하고~ 예술을 다른 문화적 사상과 구별하는 것은 예술의 사회적 기능은 예술의 미적 기능과 항상 결부되어 있는 까닭이다'라는 진술이 있다. '미적 기능과 연관되지 않은 사회적 기능은 예술의 기능이라 할 수 없다'는 것이다. 정답 ⑤.

2. '행운과 불행, 운명에 대한 무지와 깨달음이라는 반어적 구조'는 작품이 지닌 미적 기능에 대한 언급이고, '일제 강점기의 궁핍한 시대상과 사회상을 보여준다'는 것은 작품의 사회적 기능에 대한 언급이다. 정답 ①.

오답 피하기 ②,④,⑤는 작품의 사회적 기능, ③은 작품의 미적 기능에만 한정해서 설명하고 있다.

075 예술과 감정
2008학년도 6월 평가원 모의수능평가

1. 4문단을 보면 콜링우드는 예술을 한 개인의 감정을 정리하는 수단이라고 보았다. 따라서 예술을 통해 우리의 감정이 정리되었으면 굳이 타인하게 전달하지 않더라도 예술은 그 소임을 충분히 완성한 것이다. 키츠가 그처럼 말한 이유를 콜링우드의 견해를 바탕으로 설명하면 불면의 밤을 보낼 정도로 혼란스런 감정을 시를 쓰면서 정화했기 때문에 굳이 남들에게 보여주지 않고 불태워버려도 된다고 볼 수 있다. 정답 ③.

2. 제시된 관점은 예술은 그 자체의 아름다움을 가진 독립된 세계라는 점에 바탕을 두었다는 것(절대주의적 관점)을 보여주고 있다. 한편 예술에 좋은 감정을 담아서 세상의 발전에 기여해야 한다고 본 톨스토이나 개인의 감정을 정리하는 데 예술의 가치가 있다고 본 콜링우드의 관점은 예술을 그 자체로 보지 않고 감상자 혹은 창작자와 연결지어 평가하고 있다. 즉 제시된 관점은 예술 작품의 내적 측면을 중시하는 데 반해 본 제시문에서는 작품의 외적 측면을 중시하는 것이다. 정답 ①.

076 과학과 예술
1997학년도 대학수학능력시험

1. 제시문은 많은 사람들이 과학과 예술은 완전히 다르다고 생각하지만 실상 그 근원은 같다는 요지의 글이다. ⑤의 경우 (마)에 과학과 예술활동이 중첩된다는 언급이 있긴 하지만, 그 부분에 진정한 진리가 존재한다는 언급은 없다. 정답 ⑤.

2. 제시문 (라)는 '한편'이라는 접속어로 시작되고 있는데, '한편'은 논의의 방향을 다른 쪽으로 돌릴 때 쓰는 접속어이다. (라)는 논의의 대상이 과학에서 예술로 바뀐 것이지 앞의 내용을 반대하는 것은 아니다. 정답 ④.

077 사르트르의 미술론
[출처] 사르트르의 미술론_ 지영래
2015학년도 7월 고3 전국연합학력평가

1. 사르트르와 근대 철학자들의 입장이 다른 이유는 이미지가 지각과 독립적인 의식인가 이미지가 지각에 속한 의식인가에 대한 판단에 차이가 있기 때문이다. 대상을 인식하는 주체는 지각이든 상상이든 동일하다. 정답 ⑤.

오답 피하기 ④3문단에 의하면 사르트르는 이미지를 인식된 그 순간부터 온전한 전체가 되며 이는 우리가 아는 만큼만, 혹은 우리가 의도한 만큼만 구성되기 때문에 변하지 않는 특징을 지닌다고 하였다.

2. 2문단에 의하면 본질적으로 같은 세계를 인식 방법의 차이에 따라 나누어 인식하며, 이와 같이 나누어진 세계가 동시에 인식되지 않는다. 정답 ②.

오답 피하기 ①실재 세계와 상상 세계는 인식 방법에 따라 나뉜다고 하였다. ③두 세계가 구분되는 이유는 인식 방법의 차이이다. ⑤분리된 두 세계는 독립적인 관계이며, 인과관계가 아니다.

078 미적 지각
[출처] 미적체험의 현상학_ 미켈 뒤프렌
2015학년도 11월 고2 전국연합학력평가

1. 1문단에서 미적 지각이 시작될 때 예술 작품이 미적 대상이 된다고 하면서 미적 지각을 강조하고 있고, 나머지 문단의 내용이 미적 지각의 변화 양상을 단계별로 설명하고 있다. 따라서 미적 지각의 단계가 표제로 적절하다. 그리고 미적 지각 단계마다 미적 대상으로서의 예술 작품을 어떻게 이해할 수 있는지를 서술하고 있어 미적 대상과의 관계가 부제로 적절하다. 정답 ②.

오답 피하기 ①미적 대상의 특성은 부차적인 정보로 각 문단에서 간략히 언급되고 있으므로 적절하지 않다. ③미적 체험의 형성 과정은 언급되지 않았으므로 적절하지 않다. ④미적 지각과 미적 대상의 관계를 설명하고 있으나 부제로 제시된 감상자의 감정은 마지막 문단에서만 나오기 때문에 적절하지 않다. ⑤미적 대상의 역동성은 글에서 언급하지 않았으므로 적절하지 않다.

2. 3문단에 따르면 시공간적인 내용을 덧붙이는 것은 상상력에 의한 표상의 지각 단계이고, 4문단에 따르면 감상자가 작품 속에 직접 참여하는 것은 공감적 반성의 지각 단계이므로 적절하지 않다. 정답 ④.

오답 피하기 ①1문단에서 미적 지각이 시작될 때 미적 대상이 된다고 언급하고 있고, 2문단에서 미적 지각의 시작인 현전은 신체적으로 반응하면서부터임을 언급하고 있으므로 적절하다. ②4문단에서 공감적 반성에서 작품의 의미를 진심으로 받아들이면서 감동을 얻는다고 언급하고 있다. ③3문단에서 객관적인 작품 분석을 통해 상상력이 만든 표상을 검증한다고 하였고, 2문단에서 표상의 상상력은 환상으로 이어진다고 하였으므로 적절하다. ⑤3문단에서 예술가의 제작 의도를 파악하는 비평적 반성만으로는 작품의 내면적 의미를 이해할 수 없다고 언급하고 있다.

079 예술의 다양성과 단일성
[출처] 예술의 다양성과 단일성_ 박이문(재구성)
2009학년도 9월 고2 전국연합학력평가

1. 문맥을 고려할 때, '이상'은 예술 작품 해석의 궁극적인 목표, 즉 예술 작품에서 단일한 의미를 찾는 것이다. 그렇지만 이것이 꼭 실현될 수 있는 것은 아니다. 그렇더라도 글쓴이는 그런 '이상'을 부단히 지향해야 한다고 진술하고 있다. 정답 ③.

2. 글쓴이는 예술 작품은 유일하게 해석되어야 한다는 관점을 갖고 있다. 반면 〈보기〉는 예술 작품의 의

미가 수용자에 의해 완성된다는 견해이다. 따라서 〈보기〉의 관점에서 위 글을 비판할 때 활용할 수 있는 자료로는 ④가 적절하다. 정답 ④.

080 예술 작품의 존재 방식과 감상
[출처] 미술감상과 미술비평교육_ 박휘락
2011학년도 7월 고3 전국연합학력평가

1. 제시문은 철학자 하르트만의 층이론을 바탕으로 예술 작품의 존재 방식을 설명하고, 바람직한 예술작품의 감상은 어떤 것인지에 대해 설명하고 있다. 정답 ③.
2. 5문단에서 예술 작품의 감상은 감상자가 예술 작품을 통해 새로운 가치를 발견하고 정신을 살찌게 하는 것이라야 한다고 했다. 정답 ③.

9장
예술

	1 2		1 2		1 2		1 2
081	② ③	**082**	③ ①	**083**	④ ②	**084**	② ⑤
085	④ ⑤	**086**	⑤ ②	**087**	⑤ ①	**088**	⑤ ④
089	③ ④	**090**	① ④				

081 음악과 감정
[출처] 서양음악의 이해_ 노정희
2012학년도 9월 고1 전국연합학력평가

1. 2문단에 나와 있듯이 '다성음악양식'은 내용을 전달하는 데 적합하지 않다. 정답 ②.
2. 4문단을 통해서 볼 때, ㉠은 누구나 느낄 수 있는 객관적 감정과는 달리 자신의 내면에서 나오는 개인적 감정을 표현하는 것이다. 정답 ③.

082 미술 사조의 변화
[출처] 3일 만에 읽는 서양 미술사_ 홍태희
2014학년도 9월 고2 전국연합학력평가

1. 4문단을 보면 사실주의는 평범한 세속의 삶이 예술 전반의 본격적인 소재로 등장했다는 내용이 있다. 정답 ③.
오답 피하기 ①사실주의가 사진술과 관련이 있다는 내용을 제시문에서 찾을 수 없다. ②3문단에서 낭만주의가 대상을 감성적이며 격정적으로 드러냈다는 내용이 있으므로 '객관적 묘사'는 적절하지 않다. ④신고전주의 경향과 사실주의의 계승 관계는 제시문에서 찾을 수 없다. ⑤5문단에서 미술 작품의 감상을 통해 세상을 이해하고 삶을 가치 있게 실현해 나갈 수 있다고 했지만 공동체의 가치관을 실현한다는 내용은 없다.

2. 쿠르베의 관점은 시대를 살아가는 평범한 사람들의 삶을 드러내는 것이 진정한 예술이라고 보았다. 유치진의 「토막」은 이런 관점을 보여주므로 관점이 같다. 정답 ①.

오답 피하기 ②는 꿈의 세계를 그림의 소재로 하였고, ③은 환상의 세계를 표현하였다. ④는 현실을 과장되고 실험적인 방법으로 표현하였으며, ⑤는 이국적인 배경을 소재로 왕자의 낭만적 사랑을 다루고 있으므로 현실을 사진으로 기록하듯 사실적으로 드러냈다고 할 수 없다.

083 회화의 통일성
[출처] 조형의 원리_ 데이비드 A.라우어, 스티븐 펜탁
2016학년도 7월 고3 전국연합학력평가

1. 회화에서 통일성을 잘 구현한 작가들의 작품에 대해서는 언급하고 있지 않다. 정답 ④.

오답 피하기 ①은 1문단, ②는 2문단, ③은 3문단, ⑤는 4문단에서 확인할 수 있다.

2. 1문단에서 회화의 통일성은 화면의 여러 조형 요소들에 일관성을 부여하여 질서를 갖추게 하는 조형 원리임을 확인할 수 있다. 따라서 회화의 통일성은 조형 요소가 아니다. 또한 작품에 다양성을 부여한다고 보는 것도 적절하지 않다. 정답 ②.

오답 피하기 ①은 2문단, ③은 1문단, ④는 3문단, ⑤는 4문단에서 알 수 있다.

084 동양화와 동양적 사고
[출처] 동양화란 무엇인가_ 조용진 외
2008학년도 3월 고1 전국연합학력평가

1. 제시문은 서양화에 비해 동양화(옛 서화)에 나오는 과학적으로 이치에 맞지 않는 표현들을 7가지 정도로 간략하게 열거한 다음, 그런 이상한 표현이 나오는 이유를 동양의 사고방식에서 찾고 있다. 즉 사생을 중시하는 서양화에 비해 동양화는 화가의 관념을 중시했기 때문이라고 밝히고, 그러므로 동양화는 동양적 시각으로 보아야 한다고 마지막 문단에서 마무리하고 있다. 이 문제와 관련하여 2문단을 보면 서양의 풍경화에서는 필수이다시피 한 빛의 표현과 건물의 명암과 나무들의 그림자가 동양의 산수화에서는 표현된 적이 없다고 하였다. 그러므로 동양의 산수화는 서양의 풍경화와 같이 빛의 표현을 중시하였다는 진술은 제시문의 내용과 일치하지 않는다. 정답 ②.

2. ㉠에서 동양의 그림에 이치에 맞지 않는 표현이 나오는 이유를 동양의 그림은 서양의 사생(본 대로 그리는) 기법과 달리 화가가 생각한 것이나 아는 것, 즉, 관념을 그린 그림이기 때문이라고 설명하고 있다. 이 진술을 사례로 보충하려면 화가의 생각이나 관념을 그린 그림을 들어야 한다. 그러나 ⑤의 풍속화는 서민들의 일상적인 삶의 모습을 사실적으로 그렸다고 했으므로 화가의 관념을 그린 것이 아니라 실제 모습을 그린 그림임을 알 수 있다. 정답 ⑤.

085 동서양 예술의 지향점
1996학년도 대학수학능력시험

1. 3문단에서 서구에서 주로 인체를 표현 대상으로 삼았던 것과 관련하여 '인체를 탐구하는 것은 그 속에 신이 인간을 창조한 모든 비밀이 숨어있다고 보았기 때문이다'라고 진술하고 있다. 따라서 ④가 일치하는 내용이다. 정답 ④.

2. 마지막 단락에서 '서구미술과 동양미술은 표현 대상은 다르지만 자연이 곧 인간이고 인간이 또한 자연이므로 그 본질, 본성을 탐구한다는 면에서 동서양의 미술은 결국 그 지향점이 같다'고 진술하고 있다. 따라서 이 글에서 글쓴이가 궁극적으로 말하고자 한 것은 '동서양의 미술은 모두 표현 대상에 숨겨져 있는 본질을 탐구하고 있다'라고 보는 것이 타당하다. 정답 ⑤.

086 조각과 장소
[출처] 현대 미술의 풍경_ 윤난지
2018학년도 3월 고2 전국연합학력평가

1. 제시문의 전체적 논의 대상은 조각과 장소의 관련성이다. 조각이 장소에 귀속되었던 근대 이전, 조각이 장소로부터 분리되기 시작한 근대, 조각이 미술

관에 전시되어 작품 외적 맥락보다 작품 자체의 미적 특성이 강조된 19세기 이후, 1960년대의 미니멀리즘, 그 이후 장소와의 관련성을 외부 장소에서도 실현한 대지 미술의 순서로 구성되어, 시간적 순서 속에서 조각과 장소의 관련성이 변모해 온 양상이 설명되어 있다. 정답 ⑤.

오답 피하기 ①서로 다른 의견이 쟁점화된 것이 아니므로 논쟁이 벌어진 배경을 분석한 것은 아니다. ②일반 사회에 널리 통하는 개념을 비판하는 내용은 이 글에 나타나 있지 않다. ③조각과 장소의 관련성이 긴밀했느냐 미미했느냐를 대립적 요소로 볼 수는 있으나, 이를 하나의 현상에 대한 대립적인 관점에서의 해석이라 할 수는 없다. ④역사적 사건과 그에 영향을 미친 요소를 나열한 부분은 나타나 있지 않다.

2. 3문단을 보면 화이트 큐브는 출입구 이외에는 사방이 막힌 실내 공간으로, 작품을 실제적인 장소나 현실로부터 분리된 것으로 느낄 수 있게 만든다. 따라서 분리된 느낌을 완화해 주었다고 설명한 ②는 제시문의 내용과 일치하지 않는다. 정답 ②.

오답 피하기 ①5문단에서 대지 미술은 대지의 표면에 형상을 디자인하고 자연 경관 속에 작품을 만들어 냄으로써 지역이나 환경 자체를 작품화했다는 내용이 확인된다. ③2문단에서 왕권이 약화되면서 관련 장소의 권위가 퇴색하고 그 장소에 놓인 조각의 정치적 의미도 약해졌다고 했다. ④3문단에서 19세기 이후 감상자의 시선을 작품에만 집중시키는 단순하고 추상화된 작품들이 많이 등장했다는 내용이 확인된다. ⑤4문단에서 미니멀리즘 작가들은 '가공하지 않은 있는 그대로의 산업 재료들을 사용하는 등의 방법으로 무의도성과 단순성을 구현'했다는 내용이 있다.

087 빛의 예술 사진

[출처] 사진과 빛_ 한정식
2014학년도 3월 고2 전국연합학력평가

1. 제시문은 사진에 활용되는 빛을 방향에 따라 정면광, 측면광, 후면광, 하향광, 상향광 등으로 분류하고 그 빛들의 특성과 효과를 설명하고 있다. 정답 ⑤.

오답 피하기 ③빛 이용 방법의 변화 과정은 언급하지 않고 있다. ④빛 이용의 한계를 통해 사진의 특성을 탐색하고 있는 것은 아니다.

2. 다큐멘터리 사진에 주로 활용되는 것은 정면광으로, 입체감이 살지 않는 단점은 있으나 정면에서 바라본 피사체의 모든 면을 세세하게 살려주는 특징이 있다. 정답 ①.

오답 피하기 ②빛이 피사체 바로 위에서 내리쬐게 되면 짙은 그림자를 만들어, 빛을 받은 피사체와 그것이 만들어 낸 어두운 그림자가 선명한 대비를 만들어 강한 인상을 줄 수도 있다. ③,④,⑤상향광은 자연 상태에서는 찾아보기 힘들고 흔히 인공 빛에 의한 조명으로 만들어 사용하는 경우가 많다. 따라서 부자연스럽고 낯선 느낌을 주기도 하지만 동시에 신비감이나 공포감을 주기도 한다.

088 영화의 이해

[출처] 영화–공간에 대한 미학적 고찰_ 하선규
2012학년도 3월 고3 전국연합학력평가

1. 유희적 동일시 이론은 미적 주체가 객체와의 '융합'만을 통해 미적 유희를 경험한다고 설명하지 않는다. 미적 주체와 객체의 분리와 융합의 '중간 상태'를 통해 미적 유희를 경험한다고 설명한다. 정답 ⑤.

2. 1문단에서 '관객은 영상의 흐름을 어떻게 지각하는가'라는 화제를 제시하고, 동일시 이론을 통한 설명(ㄱ)의 문제점을 지적한다. 둘째 문단에서 미적·유희적 동일시(ㄴ)를 통해, 동일시 이론(ㄱ)의 한계를 지적하고 화제에 대해 설명하고 있다. 셋째, 넷째 문단에서는 영화 속 공간의 특성인 방향 공간(ㄷ), 감정 공간(ㄹ)을 내세워 미적·유희적 동일시를 통한 설명(ㄴ)의 한계를 보충하며 화제에 대해 설명하고 있다. ㄹ을 근거로 ㄴ, ㄷ을 뒷받침하는 것은 아니다. 정답 ④.

089 만화의 칸

만화에서의 칸–시간과 공간의 상상력
2005학년도 6월 고2 전국연합학력평가

1. 제시문은 만화 예술에서 '칸이 갖는 의미 및 기능'에 대해 말하고 있다. 정답 ③.

2. ㉠은 칸이 지닌 역동성과 나누어진 칸을 뛰어넘

는 생동감 있는 의미 전개를 말하고 있다. 칸이 이러한 특성과 의미를 지니기 위해서는 칸과 칸을 연결하고 통합하는 독자의 의식 작용이 필요하며 이것이 바로 완결성 연상이다. 정답 ④.

090 기하학적 패턴
[출전] 기하학적 패턴을 활용한 패션디자인 연구_ 김신우
2007학년도 5월 고2 학업성취도평가

1. 기하학 패턴은 주술적 사고에서 시작되었으며 인류의 시작과 같이 했고 기하학적 패턴의 단순성은 현대적 세련미와 잘 어울린다. 기하학적 패턴을 현대 가구에 적극 활용함으로써 그 가치와 위상을 정립해가고 있다. 3문단에 삼각형은 안정감과 불안정한 느낌을 준다고 했다. 정답 ①.

2. 옵티컬 아트는 시각적인 미술로 색과 형을 이용한다. 또 기하학적 패턴의 점층으로 대담한 그래픽 효과를 제시하는 미술 분야이다. 시각적인 성격과 의도적인 미술 분야라 할 수 있으므로 우연성과는 거리가 멀다. 정답 ④.

	1	2		1	2		1	2		1	2
091	②	⑤	092	⑤	③	093	②	③	094	④	①
095	②	④	096	④	④	097	③	④	098	⑤	②
099	①	③	100	①	③						

091 왜 학문을 하는가
[출처] 왜 학문을 하는가?_ 조동일
2007학년도 10월 고1 학업성취도평가

1. 필자는 제시문의 마지막 부분에서 '학문일반론은 언제나 미완성인 채로 열려 있다.'고 말한다. 그러므로 학문일반론이 완성되었다는 진술은 글의 내용과 일치하지 않는다. 정답 ②.

2. 달의 위상을 관찰하여 그 안에서 행성 운행 원리를 알게 된 것은 전에 모르고 있던 이치를 찾아낸 것이고 이는 학문을 새롭게 한 것이다. 정답 ⑤.

092 진리란 무엇인가
[출처] 진리는 무엇일까_ 한전숙
2008학년도 3월 고1 전국연합학력평가

1. 제시문은 진리의 판단과 관련된 학설들을 구체적으로 소개한 글이다. 대응설과 정합설, 실용설에서 각각 진리 여부를 어떤 기준에 의해 판단하는지를 설명하고 그러한 학설들이 지닌 한계들을 지적하였다. '어떤 조건을 갖춘 지식을 진리라고 할 수 있을까?'라는 질문을 던진 후 이와 관련된 세 가지 학설들에 대해 설명하고 있다. 즉, 대응설과 정합설, 실용설에서 각각 진리 여부를 어떤 기준에 의해 판단하는지를 설명하고 그러한 학설들이 지닌 한계들을 지적하였다.

이러한 내용의 과제물이라면, 진리 여부를 판단하는 기준과 관련된 학설들을 구체적으로 소개하라는 과제에 응하여 작성된 것으로 보는 것이 적절하다. 정답 ⑤.

2. 4문단의 내용을 보면, 정합설에서는 새로운 지식이 이미 가지고 있는 지식의 체계 중 옳다고 판별된 체계에 모순됨이 없이 들어맞는지 여부에 의해 그 지식의 옳고 그름을 가린다고 설명하고 있다. 그러므로 정합설에서는 경험을 통한 검증 가능성을 진리 판단의 핵심적인 기준으로 삼는다고 한 ③의 진술은 적절하지 않다. 정답 ③.

093 절차적 지식과 표상적 지식
2007학년도 대학수학능력시험

1. 절차적 지식의 개념과 예는 2문단에서 확인할 수 있는데, 절차적 지식은 '안다'는 능력을 소유하는 것을 의미한다. 이를 가지려면 훈련을 통하여 몸과 마음을 특정한 방식으로 조직화해야 하며, 특정한 정보를 마음속에 떠올릴 필요는 없다. 절차적 지식이 정보의 소유를 의미하는 표상적 지식의 기반이 되는 것은 아니다. 정답 ②.

오답 피하기 ①1문단에서 '앎'이란 능력의 소유(절차적 지식)나 정보의 소유(표상적 지식)를 의미한다고 설명하고 있다. ③3문단을 보면 표상적 지식은 특정한 일을 수행하는 능력과 직접 연결되어 있지 않다고 하였다. ④4문단의 '표상적 지식은 ~경험적 지식과 선험적 지식으로 나누는 방법이 대표적이다.'는 내용으로 알 수 있다. ⑤5문단에서 감각 경험의 증거에 의존하지 않는 지식이 선험적 지식이라는 내용을 언급하고 있다.

2. ㉠은 개별 대상들로부터 얻은 경험적 지식에 대한 귀납추리를 통해 일반적인 법칙을 얻는다는 뜻이며, ㉡은 그러한 일반 법칙도 여전히 경험적 지식이라는 것으로 정리할 수 있다. 그러므로 ㉠으로부터 ㉡을 도출하는 과정에는 '귀납추리는 지식의 경험적 성격을 바꾸지 않는다.'는 전제가 있어야 한다. 정답 ③.

오답 피하기 ①귀납추리는 감각적 경험에 기초해 있다. ②귀납추리는 자연에 대한 감각적 경험을 일반 법칙

에 도달할 수 있게 해 주는 것일 뿐 자연에 대한 지식을 확장해 주는 것은 아니다. ④경험적 지식들이 귀납추리를 통해 일반 법칙에 도달하는 것이므로 경험 세계를 넘어설 수는 없다. ⑤㉠, ㉡의 내용과는 관련이 없다.

094 통섭(consilience)
[출처] 통섭과 지적사기_ 이인식(재구성)
2015학년도 6월 고2 전국연합학력평가

1. 제시문은 '통섭(consilience)'의 주창자인 윌슨의 주장과 이에 대한 인문학자들의 논의를 정리한 글이다. 3문단에서 인문학자들은 인문학의 대상과 자연과학의 대상이 동일하게 취급될 수 없음을 지적하였다. 물체의 낙하는 중력만으로 설명이 가능하지만 인간의 낙하는 중력보다는 인간의 의도와 목적이 더 중요하게 개입된다고 보았다. 정답 ④.

오답 피하기 ①윌슨은 현상의 원인을 자연과학적 법칙이라는 일관된 관점으로 설명하고자 하였다. ②1문단과 5문단에서 윌슨이 통섭을 통해 현대 인류가 당면한 여러 문제들을 해결하고자 하였음을 알 수 있다. ③5문단에 제시되어 있다. ⑤3~5문단에서 윌슨의 통섭을 불가능한 것으로 보는 인문학자들의 입장이 드러난다.

2. 2문단에서 윌슨은 자연과학으로 인문학을 포섭하는 통섭을 주장하였다. 따라서 인문학의 하나인 심리학의 문제를 뇌 과학으로 설명하는 사례는 이를 뒷받침할 수 있다. 정답 ①.

오답 피하기 ②,④기술이 가져온 변화이다. ③생물학이 밝혀낸 사실이다. ⑤인문학이 가져온 변화이다.

095 신화의 힘
[출처] 신화 속에 숨은 인간의 뿌리를 찾는다_ 남진우
2004학년도 10월 고3 전국연합학력평가

1. 신화가 민족성을 형성한다는 것은 제시문에 언급되지 않은 내용이다. 정답 ②.

오답 피하기 ①과 ④는 4단락과 5단락에서, ③은 첫 단락에서, ⑤는 3단락에서 확인할 수 있는 내용이다.

2. 〈보기〉의 트로이 전쟁은 신화적 세계에 대한 갈

망과는 관련이 없다. 정답 ④.

096 그리스 로마 신화
[출처] 그리스·로마 신화에 대하여_ 마이클 그랜트
2005학년도 9월 고2 전국연합학력평가

1. 제시문은 그리스·로마 신화의 성격 및 현재의 인간 생활과의 영향 관계를 서술한 글이다. 제시문에 그리스·로마 신화가 사회 현상에 대한 비판적 관점을 제시한다는 내용은 없다. 정답 ④.
2. 〈보기〉는 그리스 신화와 로마 신화가 지닌 차이점이 문화적인 차이에서 비롯되었다는 내용을 담고 있다. 그런데 제시문에서는 이러한 차이점을 고려하지 않고 내용을 전개하고 있으므로 ④의 반응이 가장 적절하다. 정답 ④.

097 고고학의 유물 자료 해석
2015학년도 대학수학능력시험 6월 모의평가

1. 3문단에 따르면, 고고학자들은 세밀한 연대 측정을 통해 토기 두께가 4세기경 급작스럽게 변화하였으며 그 이후에는 거의 변화가 없었다는 사실과, 전분 함량이 높은 음식이 보편화된 것이 5세기 이후부터였다는 사실을 알게 되었다. 이는 연대 측정 기술의 발달 덕분에 고고학자들이 이전보다 정확한 정보를 얻을 수 있었음을 의미한다. 따라서 유물에 대한 연대 측정 기술이 발달할수록 그에 비례하여 발굴되는 유물의 양이 늘어난다는 ③의 진술은 적절하지 않다. 정답 ③.
오답 피하기 ①2문단에서는 토기 두께가 얇아지고 곡물의 전분 함량이 증가한다는 정보를 바탕으로 한 진화고고학적인 해석이, 4문단에서는 두께가 얇은 토기가 오랫동안 사용되었다는 정보를 바탕으로 한 생태학적 설명이, 5문단에서는 4세기경에 토기의 두께가 급격히 얇아졌다는 정보를 바탕으로 한 사회문화적 접근이 제시되어 있다. 따라서 고고학은 유물로부터 얻은 정보를 축적하여 다양한 해석을 시도한다고 할 수 있다. ②1문단에서 고고학자들이 발굴을 통해 얻은 유물 자료에는 과거 인간의 삶에 관한 극히 단편적인 정보가 남아 있다고 언급하고 있다. ④3문

단에 따르면, 세밀한 연대 측정 결과 토기의 두께가 점진적으로 변화한 것이 아니라 4세기경 급작스럽게 변화하였으며 그 이후에는 거의 변화가 없었다는 사실과, 전분 함량이 높은 음식이 보편화된 것은 5세기 이후부터였다는 사실을 알게 되었다. 4문단에서는 이러한 사실 중 두께가 얇아진 토기가 장기간 사용된 이유를 생태학적 이론에 입각하여 설명한 내용을 제시하고 있고, 5문단에서는 4세기경에 토기의 두께가 급격히 얇아지는 이유를 사회문화적 요인으로 설명하려는 관점을 설명하고 있다. 따라서 개선된 측정 방법으로 유물의 정보를 세밀하게 분석하면 새로운 고고학적 해석이 가능해진다고 할 수 있다. ⑤2문단에서 진화고고학은 진화론에 초점을 맞추어, 4문단에서 생태학적 설명은 생태학적 이론에 입각하여 과거를 설명한다고 언급하고 있다. 또한 5문단에서는 사회 문화적 요인으로 유물의 의미를 설명하려는 관점을 소개하고 있으므로 고고학은 부분적인 정보가 들어 있는 유물들을 연구하는 과정에서 여러 분야의 이론을 활용한다고 할 수 있다.
2. 2문단에 따르면, 토기의 변화에 대한 연구에서는 토기에 탄화된 채로 남아 있던 식재료에 사용된 곡물의 전분 함량을 조사했다. 그 결과 후대로 갈수록 곡물의 전분 함량이 증가한다는 사실을 발견하였으므로 토기로 조리한 음식의 종류는 당시의 자연 환경을 추측하여 알아낸 것이라고 볼 수 없다. 정답 ④.
오답 피하기 ①2문단에서 두께가 얇은 토기는 상대적으로 열을 더 잘 전달하기 때문에 기능적으로 우수하다고 언급하고 있다. 따라서 토기의 두께가 얇을수록 열전도율은 더 높아진다고 할 수 있다. ②2문단에서 곡물의 전분 함량이 증가하여 토기 두께가 얇아졌다고 설명하고 있다. 따라서 곡물의 전분 함량 변화가 토기의 두께 변화에 영향을 끼쳤다고 할 수 있다. ③2문단에서 진화고고학은 토기 두께가 얇아진 이유를 전분이 좀 더 많은 씨앗의 출현이라는 외부 환경의 변화에 적응하였기 때문이라고 설명하고 있다. 따라서 토기 두께의 변화는 자연 환경에 적응하기 위한 노력의 결과라고 할 수 있다. ⑤2문단에서 전분 함량이 높은 씨앗은 그 특성상 오래 가열해야 하므로 열전도가 빠른 토기가 사용되었다는 해석이 제시되어 있다. 따라서 전분이 많은 씨앗을 조리하는 데에는 토기의 두께가 얇을수록 유리하다고 할 수 있다.

098 공간과 장소
[출처] 장소와 장소 상실_ 에드워드 렐프
2010학년도 3월 고3 전국연합학력평가

1. 물리적인 '공간'에 인간의 감정이 이입되면 상징적인 '장소'로 바뀌게 되며, 그 장소는 안정감 · 정체성을 갖게 한다. 따라서 새로운 곳에 옛 지명을 붙인 마사이족과 유럽인의 행위는 향수병을 달래고 안정감을 느끼며 정체성을 유지하기 위한 것으로 보아야 한다. 문제에서 '마사이 족과 유럽인들'을 함께 묶어서 물었다. 마사이 족의 행위는 자신들을 쫓아낸 이들에게 저항감을 보이기 위한 것으로 해석할 여지가 있으나, 유럽인의 행위는 저항감을 보이기 위한 것으로 볼 수 없다. **정답 ⑤.**

2. '몰장소성'은 특징적인 장소를 훼손하거나 규격화된 경관 만들기로 장소의 독특성과 정체성이 약화되는 현상이다. ㉮는 한옥을 그대로 보존하기로 결정된 곳이기 때문에 특정 장소를 훼손하거나 규격화된 경관 만들기에 해당되지 않는다. 따라서 몰장소성이 드러난 곳이 아니다. ㉯는 여러 간판을 하나로 통일시켰기 때문에 '규격화된 경관 만들기 현상'에 해당되므로 '몰장소성'이 드러나는 곳이다. ㉰는 ○○시가 ㅁㅁ에 통합되어 버린 것은 ○○시의 장소성이 없어진 것이므로 '몰장소성' 현상에 해당된다. ㅁㅁ시 또한 다른 요소가 섞여서 고유성이 사라지므로 '몰장소성' 현상에 해당된다고 할 수 있다. ㉱는 ○○시에서 '특정 거리'에 있는 옛 건물의 외관과 틀은 그대로 두라고 했으므로, 그 거리는 여전히 예전의 모습을 그대로 지니고 있는 곳이다. 따라서 몰장소성이 드러난 곳이 아니다. 따라서 ㉮와 ㉱가 '몰장소성'이 드러나지 않은 사례이다. **정답 ②.**

099 기억에 대한 고찰
[출처] 장기기억과 지식 표상의 종류_ 김영진(재구성)
2014학년도 6월 고2 전국연합학력평가

1. 제시문은 기억을 감각기억, 단기기억, 장기기억으로 분류하고, 다시 장기기억을 의식의 유무에 따라 5가지 종류의 기억으로 나누어 각각에 대해 체계적으로 설명하고 있다. 또한 장기기억의 5가지 종류를 예를 들어 설명하여 독자의 이해를 돕고 있다. 정답 ①.

2. 정보가 머릿속에 저장되기 위해서는 부호화가 되어야 하는데, 불쾌한 사건이나 흥미로운 사실은 자동적으로 부호화된다고 한다. 4문단에 의하면 부호화 과정이 없이 머릿속에 저장되는 것은 불가능하며, 부호화 과정이 없으면 기억 실패 혹은 망각으로 이어진다. **정답 ③.**
오답 피하기 ①은 1문단에서, ②는 4문단에서, ④는 5문단에서, ⑤는 1문단에서 확인할 수 있다.

100 구조주의 언어학
[출처] 지금 시작하는 인문학_ 주현성
2015학년도 7월 고3 전국연합학력평가

1. 3문단의 마지막 문장을 통해 스틸은 개인을 규제하고 있음을 확인할 수 있다. **정답 ①.**
오답 피하기 ②2문단을 통해 확인할 수 있다. ③2문단을 통해 확인할 수 있다. ④2문단에서 확인할 수 있다. ⑤1문단을 통해 확인할 수 있다.

2. 2문단에서 '우리는 말을 할 때 일반적으로 보이지 않는 사회의 다양한 규제로부터 지배를 받게 된다.'라는 것을 소쉬르는 '랑그'로 설명하였다. 2~3문단에서 바르트는 소쉬르의 이론을 이어나가 언어의 보이지 않는 규제로 랑그 이외에 '스틸'을 언급하고 있다. 따라서 '언어에는 보이지 않는 규제가 작용하고 있다.'라는 것을 두 학자의 공통된 생각으로 볼 수 있다. **정답 ③.**